« PAVILLONS »

Collection dirigée par Maggie Doyle

DU MÊME AUTEUR

chez le même éditeur

La Vie avant l'homme, 1981 ; « Pavillons Poche », 2017
La Servante écarlate, 1987 ; « Pavillons Poche », 2017
Œil-de-chat, 1990 ; « Pavillons Poche », 2017
La Voleuse d'hommes, 1994
Mort en lisière, 1996 ; « Pavillons Poche », 2017
Captive, 1998 ; nouvelle édition, 2017
Le Tueur aveugle, 2002
Le Dernier Homme, 2005
Faire surface, « Pavillons Poche », 2017
La Femme comestible, « Pavillons Poche », 2017
Le Fiasco du labrador, 2009
Le Temps du déluge, 2012
MaddAddam, 2014
C'est le cœur qui lâche en dernier, 2017

MARGARET ATWOOD

NEUF CONTES

nouvelles

traduites de l'anglais (Canada)
par Patrick Dusoulier

Robert
Laffont

Titre original : Stone Mattress

ISBN 978-2-221-19034-0
(édition originale : ISBN 978-1-4088-5716-8, Bloomsbury Publishing, Londres)

Dépôt légal : avril 2018

ALPHINLAND

La pluie verglaçante tombe telles des poignées de riz scintillantes lancées sur des mariés invisibles. Partout où elle s'abat, elle se cristallise en une fine couche de glace granuleuse. À la lueur des réverbères, le spectacle est féerique, comme si la rue se parait d'argent, songe Constance. Mais c'est normal qu'elle le pense : elle est bien trop portée sur les enchantements. La beauté est une illusion, une mise en garde aussi, car la beauté a une face sombre, comme les papillons venimeux. Elle devrait penser aux dangers, aux risques, aux malheurs que cette tempête de glace va infliger à tant de gens. Qu'elle leur inflige déjà, d'après les bulletins d'information.

Sa télévision est un modèle à écran plat, haute définition, qu'Ewan avait acheté pour regarder les matchs de hockey et de football. Constance préférerait retrouver le poste d'avant, avec ses gens aux étranges couleurs orangées, et sa façon d'onduler et de pâlir. Il y a des choses qui supportent mal la haute définition. Elle déteste les pores de la peau, les rides, les poils de nez, les dents d'une blancheur irréelle qu'on vous fourre sous les yeux, de sorte que vous ne pouvez pas les ignorer comme vous le feriez dans la vraie vie. Comme si on vous forçait à jouer le rôle d'un miroir de salle de bains, le genre grossissant. Rarement une expérience gratifiante, ces miroirs.

Heureusement, dans le bulletin météo, le personnel se tient bien en retrait. Ils ont leurs cartes à mettre en valeur, à grand renfort d'effets de manches comme ceux des serveurs dans les films glamour des années 30, ou ceux des magiciens s'apprêtant à dévoiler la dame flottant en apesanteur. Regardez ! De gigantesques nuées blanches qui balaient le continent ! Regardez donc leur ampleur !

Le spectacle se déplace à l'extérieur. Deux jeunes reporters – un garçon, une fille, tous deux vêtus d'une même parka noire à la mode, avec des halos de fourrure pâle autour du visage – sont recroquevillés sous des parapluies dégoulinants tandis que des voitures passent lentement devant eux, leurs essuie-glaces battant péniblement. Ils sont excités comme des puces. Ils disent qu'ils n'ont jamais rien vu de pareil. Bien sûr qu'ils n'ont jamais rien vu de pareil, ils sont trop jeunes. On passe ensuite à une série de catastrophes : un carambolage sur l'autoroute, un arbre abattu qui a détruit une partie d'une maison, un enchevêtrement de câbles électriques arrachés par le poids de la glace et parcourus d'étincelles menaçantes, une rangée d'avions couverts de givre bloqués dans un aéroport, un énorme camion qui s'est mis en travers de la route et qui s'est couché sur le côté – il en sort de la fumée. Une ambulance est sur les lieux, un camion de pompiers, un petit groupe de secouristes en ciré : il y a un blessé, un spectacle qui vous fait toujours battre le cœur plus vite. Un policier apparaît à l'écran, la moustache blanchie par des cristaux de glace. D'un ton sévère, il invite les gens à rester chez eux. « Ce n'est pas une plaisanterie, dit-il aux téléspectateurs. N'allez pas croire qu'on peut braver les éléments comme ça ! » Il y a de la noblesse dans ses sourcils froncés incrustés de givre. On dirait une de ces affiches des années 40, invitant à souscrire aux emprunts pour financer la guerre. Constance s'en souvient, ou croit s'en souvenir. Mais elle se souvient peut-être simplement des livres d'histoire, d'expositions dans des musées ou de documentaires : c'est si difficile, parfois, de localiser précisément ses souvenirs.

Et pour finir, une petite touche pathétique : on montre un chien errant à moitié gelé, enveloppé dans une couverture rose. Un bébé frigorifié aurait été mieux, mais à défaut, un chien fera l'affaire. Les deux jeunes journalistes y vont de leur expression *Oh, qu'il est mignon*. La fille caresse le chien, qui remue faiblement sa queue détrempée. « Ce petit gars a bien de la chance », commente le garçon. Sous-entendu, ça pourrait être *vous*, si vous êtes imprudent, sauf que vous, personne ne vous sauverait. Il se tourne vers la caméra et adopte un air grave, bien qu'en réalité on voie nettement qu'il savoure chaque instant. « Et ce n'est pas fini, dit-il. La partie principale de la tempête n'est même pas encore là ! C'est pire à Chicago, comme c'est si souvent le cas. Restez à l'écoute ! »

Constance éteint le poste. Elle traverse la pièce, tamise la lumière et va s'asseoir devant la fenêtre qui donne sur la rue. Elle scrute la nuit éclairée par les réverbères, regardant le monde se transformer en rivière de diamants : les branches, les toits, les conduites d'eau, tout brille et scintille.

« Alphinland, énonce-t-elle à voix haute.

— Tu vas avoir besoin de sel », dit Ewan juste derrière son oreille.

La première fois qu'il lui a parlé, ça l'a fait sursauter. Elle a même eu peur – Ewan n'étant plus en situation de vie tangible depuis au moins quatre jours –, mais à présent, elle est plus détendue, tout imprévisible qu'il soit. C'est merveilleux d'entendre sa voix, même si elle ne peut pas compter avoir une quelconque conversation avec lui. Ses interventions ont tendance à être à sens unique : si elle, elle lui répond, lui-même ne répond pas souvent. Mais ça avait toujours été plus ou moins comme ça entre eux.

Après, elle n'avait pas su quoi faire de ses vêtements. Au début, elle les avait laissés dans le placard, mais c'était trop insupportable d'ouvrir la porte et de les voir suspendus à leurs cintres, vestes et pantalons attendant sans rien dire qu'on leur enfile le corps d'Ewan pour les emmener se promener. Les tweeds, les pulls en laine, les chemises à carreaux... Elle ne pouvait se résoudre à les donner aux pauvres, ce qui aurait été la démarche la plus raisonnable. Elle était incapable de les jeter ; non seulement ça aurait été du gâchis, mais ça aurait aussi été trop abrupt, un peu comme arracher un sparadrap. Elle les avait donc pliés et rangés dans une malle au deuxième étage, avec des boules de naphtaline.

Dans la journée, ça va. Ewan a l'air bien, et sa voix, quand elle se manifeste, est assurée et joyeuse. Une voix impérieuse, qui montre le chemin. Une voix à l'index tendu, fermement pointé. *Va là-bas, achète ceci, fais cela !* Une voix légèrement moqueuse, une voix taquine : c'est ainsi qu'il était avec elle avant de tomber malade.

La nuit, en revanche, les choses se compliquent. Il y a de mauvais rêves : des sanglots venant de la malle, des plaintes lugubres, des suppliques pour pouvoir sortir. Des hommes étranges qui se présentent à la porte, avec la promesse d'être Ewan, et qui ne le sont pas. Au contraire, ils sont menaçants, vêtus de trench-coats noirs. En marmonnant, ils exigent quelque chose que Constance ne réussit pas à comprendre, ou pire, ils insistent pour voir Ewan et l'écartent d'une bourrade pour entrer, avec des intentions manifestement meurtrières. « Ewan n'est pas là », leur assure-t-elle malgré les appels au secours étouffés qui viennent de la malle du deuxième étage. Alors qu'ils commencent à se ruer dans l'escalier, elle se réveille.

Elle a beau savoir que les somnifères finissent par mener à l'insomnie, par effet d'accoutumance, elle a envisagé d'en prendre. Elle devrait peut-être vendre la maison et louer un appartement dans une résidence. Cette idée lui a été fortement suggérée par les garçons au moment de l'enterrement. Des garçons qui n'en sont plus, et qui vivent dans de grandes villes en Nouvelle-Zélande et en France, suffisamment loin pour leur permettre d'espacer leurs visites. Ils avaient été largement appuyés – avec une diplomatie toute professionnelle – par leurs épouses, la spécialiste en chirurgie esthétique et l'experte-comptable, de sorte qu'ils étaient à quatre contre une. Mais Constance a tenu bon. Elle ne peut pas abandonner la maison, parce que Ewan y est encore. Pourtant, elle s'est bien gardée de le leur dire. Ils l'ont toujours considérée comme un peu dérangée, à cause d'Alphinland, même si une fois qu'une entreprise gagne beaucoup d'argent, les doutes sur la santé mentale de l'entrepreneur tendent à s'effacer.

« Résidence » est un euphémisme pour « maison de retraite ». Constance ne leur en veut pas pour autant : ils désirent ce qu'il y a de mieux pour elle, pas simplement ce qu'il y a de plus commode pour eux, et il est normal qu'ils aient été troublés par le désordre qu'ils ont constaté, aussi bien chez elle – même s'ils ont fait preuve d'une certaine indulgence parce qu'elle était dans le paroxysme du deuil – que, par exemple, dans son réfrigérateur. Ce réfrigérateur contenait des choses pour lesquelles il n'y avait aucune explication rationnelle. Elle les entendait presque penser : *Quelle infection… Un foyer de botulisme… Un miracle qu'elle ne se soit pas rendue gravement malade…* Mais elle n'est pas tombée malade, bien sûr, parce qu'elle ne mangeait pas grand-chose les derniers temps. Biscuits salés, lamelles de fromage, beurre de cacahuète directement dans le pot.

Les épouses avaient géré la situation avec le maximum de délicatesse. « Est-ce que vous voulez garder ça ? Et ça ?

— Non, non, avait gémi Constance. Je ne veux rien ! Jetez tout à la poubelle ! »

On avait envoyé les trois petits-enfants, deux filles et un garçon, en une sorte de chasse aux œufs de Pâques, à la recherche des tasses de thé et de chocolat à moitié vides que Constance avait abandonnées un peu partout dans la maison, et qui étaient à présent couvertes de peaux grises ou verdâtres à différents stades de croissance. « Regarde, Maman ! J'en ai trouvé une autre ! » « Beurk, c'est dégoûtant ! » « Où est Grand-Papa ? »

Au moins, une maison de retraite lui procurerait de la compagnie. Et ça la soulagerait du fardeau, de la responsabilité, parce qu'une maison comme la sienne exigeait de l'entretien, de l'attention, et pourquoi devrait-elle continuer de supporter toutes ces corvées ? Telle était l'idée mise en avant dans le détail par les belles-filles. Constance pourrait se mettre au bridge ou au Scrabble, suggéraient-elles. Ou au backgammon, qui revenait à la mode, disait-on. Rien de trop fatigant ou d'excitant pour le cerveau. Un jeu de société paisible.

« Pas encore, dit la voix d'Ewan. Tu n'as pas encore besoin de faire ça. »

Constance sait que cette voix n'est pas réelle. Elle sait qu'Ewan est mort. Bien sûr qu'elle le sait ! D'autres gens – des gens récemment endeuillés – ont vécu la même expérience, ou quelque chose d'approchant. Une hallucination auditive, c'est comme ça que ça s'appelle. Elle a lu des choses là-dessus. C'est normal. Elle n'est pas folle.

« Tu n'es pas folle », reprend Ewan d'une voix rassurante.

Il peut être si tendre quand il pense qu'elle est angoissée.

Il a raison, pour le sel. Elle aurait dû penser à se constituer une réserve au début de la semaine, mais elle a oublié, et maintenant, si elle ne va pas en chercher, elle risque de se trouver prisonnière dans sa propre maison, parce que la rue va se transformer en une vraie patinoire d'ici demain matin. Et si la couche de glace mettait des jours et des jours à fondre ? Elle pourrait tomber à court de nourriture. Elle pourrait devenir une de ces statistiques – vieille recluse, hypothermie, inanition – parce que, comme Ewan l'a souvent fait remarquer, elle ne peut pas vivre de l'air du temps.

Elle va devoir s'aventurer au-dehors. Même un seul sac de sel suffira pour s'occuper des marches et de l'allée, et empêcher aussi d'autres gens de se tuer. Le mieux, c'est d'essayer la supérette du coin : elle n'est qu'à une centaine de mètres d'ici. Il faudra qu'elle prenne son chariot de courses, qui est rouge et aussi imperméable, parce que le sac de sel sera lourd. Ewan était le seul à conduire leur voiture. Son permis à elle était périmé depuis des dizaines d'années, car une fois plongée aussi profondément dans Alphinland, elle avait été trop distraite pour conduire. Alphinland exige beaucoup de réflexion. Il exclut les détails périphériques, comme les panneaux Stop.

Ça doit être déjà très glissant, dehors. Si elle tente cette escapade, elle pourrait se rompre le cou. Debout dans la cuisine, elle hésite.

« Ewan, demande-t-elle, qu'est-ce que je dois faire ?

— Ressaisis-toi », répond fermement Ewan.

Ce qui n'est pas très utile comme conseil, mais c'était sa façon habituelle de répondre à une question quand il ne voulait pas se trouver acculé. *Où étais-tu, j'étais si inquiète, tu as eu un accident ? Ressaisis-toi. Est-ce que tu m'aimes vraiment ? Ressaisis-toi. Est-ce que tu as une liaison ?*

Après avoir fouillé un peu dans les placards, elle trouve un grand sac de congélation. Elle en jette le contenu – trois carottes rabougries – et le remplit avec des cendres de la cheminée, en se servant de la petite pelle en cuivre. Elle n'a pas allumé de feu depuis qu'Ewan a cessé d'être présent sous une forme visible, parce que ça ne semblait pas approprié. Allumer un feu est un acte de renouveau, un commencement, et elle ne veut pas commencer, elle veut continuer. Non : elle veut revenir en arrière.

Il y a encore un tas de bûches et du petit bois. Il reste aussi deux bûches en partie calcinées dans l'âtre, datant du dernier feu qu'ils ont fait ensemble. Ewan était allongé sur le canapé, avec à côté de lui un verre de cette horrible boisson nutritive chocolatée. Il était chauve, à cause de la chimio et des rayons. Elle l'avait bien enveloppé dans le plaid de la voiture, et elle lui tenait la main, assise près de lui, les larmes coulant en silence sur ses joues, le visage tourné de côté pour qu'il ne puisse pas les voir. Il n'avait pas besoin qu'elle lui transmette sa détresse.

« C'est très agréable », avait-il réussi à formuler.

Il lui était difficile de parler : sa voix était si faible, comme tout le reste de son corps. Mais ce n'est pas la voix qu'il a maintenant. Celle qu'il a maintenant est redevenue normale : c'est sa voix d'il y a vingt ans, grave et sonore, surtout quand il rit.

Elle enfile son manteau et ses bottes, trouve ses moufles et un de ses bonnets de laine. De l'argent, elle va en avoir besoin. Les clés de la maison, ce serait idiot de se retrouver bloquée dehors et d'être transformée en bloc de glace sur le seuil de sa porte. Alors qu'elle s'apprête à sortir, avec son petit chariot, Ewan lui dit : « Prends la lampe torche », et elle remonte à l'étage, les bottes aux pieds. La torche est sur la table de chevet près du lit, du côté d'Ewan. Elle l'ajoute au contenu de son sac. Ewan est très fort pour planifier les choses. Elle-même n'aurait jamais pensé à prendre une lampe.

Les marches devant la maison sont déjà complètement couvertes de glace. Elle répand de la cendre, remet son sac plastique dans sa poche et entreprend la descente en crabe, une marche à la fois, en se tenant à la rampe d'une main et en tirant son chariot derrière elle de l'autre, *boum*, *boum*, *boum*. Une fois sur le trottoir, elle ouvre son parapluie, mais ça ne va pas aller – elle ne peut pas gérer ces deux objets à la fois –, et elle le referme. Elle va s'en servir comme d'une canne. Elle se dirige à tout petits pas vers la chaussée – qui n'est pas aussi verglacée que le trottoir – et commence à avancer au milieu en s'aidant du parapluie pour garder l'équilibre. Au moins, il n'y a pas de voitures, elle ne risque pas de se faire écraser.

Sur les endroits particulièrement glissants, elle répand encore un peu de cendre, laissant derrière elle une légère trace noire. Elle pourra peut-être s'en servir pour trouver son chemin au retour, si la situation empire. C'est le genre de chose qui pourrait se passer dans Alphinland – une traînée de cendre noire, mystérieuse, fascinante, comme des cailloux blancs lumineux dans une forêt, ou des miettes de pain –, sauf qu'il y aurait quelque chose de plus dans ces cendres. Quelque chose que l'on aurait besoin de savoir, une phrase, une incantation à prononcer pour se protéger de leur puissance maléfique. Mais rien à voir avec le mercredi des Cendres, aucun rapport avec les derniers rites. Plutôt une sorte de charme runique.

« Cendre, descendre, attendre, pourfendre », énumère-t-elle à voix haute tout en progressant sur la glace.

Pas mal de mots à associer avec *cendre*. Il faudra qu'elle incorpore ça dans l'histoire, ou dans une des histoires : de ce point de vue, Alphinland est multiple. Milzreth Main Rouge est l'origine la plus probable de ces cendres magiques, car c'est une brute perverse et rusée. Il aime égarer les voyageurs à l'aide de visions qui leur déforment l'esprit, les attirer hors du bon chemin, les enfermer dans des cages de fer ou les enchaîner à un mur avec des menottes en or, et les livrer aux tourments infligés par des Velutins, des Cyanosotes, des Flammophores et Dieu sait quoi encore. Il aime les regarder tandis que leurs vêtements – leurs robes de soie, leurs étoffes brodées, leurs capes de fourrure, leurs voiles scintillants – sont lacérés et réduits en charpie, et qu'ils supplient et se débattent de façon intéressante. Elle pourra travailler sur tous ces détails une fois rentrée à la maison.

Milzreth a les traits d'un ancien patron à elle, quand elle était serveuse. Il avait la main baladeuse. Elle se demande s'il a jamais lu ses histoires.

Elle est maintenant au premier croisement, elle a accompli la moitié du chemin. Cette sortie n'était peut-être pas une si bonne idée : son visage ruisselle, ses mains sont gelées, de l'eau glacée coule dans sa nuque. Mais au point où elle en est, autant aller jusqu'au bout. Elle respire de l'air froid, des granules de glace lui fouettent le visage. Le vent se met à forcir, comme ils l'ont annoncé à la télé. Pourtant, se trouver ainsi dans la tempête a quelque chose de vivifiant, de revigorant : ça permet de se débarrasser des toiles d'araignées, ça vous oblige à respirer.

La supérette est ouverte tous les jours, vingt-quatre heures sur vingt-quatre, ce qu'Ewan et elle ont toujours apprécié depuis qu'ils ont emménagé dans ce quartier vingt ans plus tôt. Mais il n'y a pas de sacs de sel stockés dehors, là où ils sont d'habitude. Elle entre en tirant son chariot.

« Il vous reste du sel ? » demande-t-elle à la femme derrière le comptoir.

C'est une nouvelle. Constance ne l'a jamais vue. Le personnel change souvent, ici. Ewan assurait qu'on devait y blanchir de l'argent, parce qu'il était impossible que la boutique soit rentable, compte tenu du faible nombre de clients et de l'état de leurs salades.

« Non, ma chérie, répond la femme. Les gens se sont rués dessus tout à l'heure. Mieux vaut se préparer, c'est sans doute ce qu'ils avaient en tête. »

Sous-entendu, Constance n'a pas su anticiper, ce qui est tout à fait vrai. C'est comme ça depuis toujours : elle n'a jamais su anticiper. Comment peut-on donc avoir la capacité de s'émerveiller si on se prépare à tout ? Au coucher de soleil. Au lever de lune. À la tempête de glace. Quelle existence terne et plate ce serait...

« Oh, fait-elle. Plus de sel. Je n'ai vraiment pas de chance.

— Vous ne devriez pas être dehors par un temps pareil, ma chérie, reprend la femme. La glace, c'est traître ! »

Bien qu'elle ait les cheveux teints en rouge et rasés dans la nuque, à la dernière mode, elle ne semble avoir qu'une dizaine d'années de moins que Constance, et elle est beaucoup plus grosse. Au moins, je n'ai pas la respiration sifflante, songe Constance. N'empêche, elle aime bien qu'on l'appelle *ma chérie*. On l'appelait comme ça quand elle était beaucoup plus jeune, puis ça s'est arrêté pendant très longtemps. Maintenant, elle l'entend fréquemment.

« Non, ça va, dit-elle. J'habite à peine à cent mètres d'ici.

— Cent mètres par un temps pareil, c'est beaucoup », dit la femme.

En dépit de son âge, elle a un tatouage visible au-dessus de son col. On dirait un dragon, ou quelque chose du genre. Des épines, des cornes, des yeux exorbités.

« Vous pourriez vous retrouver transformée en glaçon », ajoute-t-elle.

Constance acquiesce, et demande si elle peut laisser sa poussette et son parapluie à côté du comptoir. Elle s'engage dans les allées en poussant un petit chariot. Il n'y a pas d'autres clients, mais elle croise un jeune gringalet en train de remplir une étagère de boîtes de jus de tomate. Elle prend un des poulets rôtis qui tournent sur des broches derrière une vitrine chaque jour que Dieu fait, comme une vision de *L'Enfer* de Dante, et aussi un sachet de petits pois surgelés.

« De la litière pour chat », déclare la voix d'Ewan.

Est-ce un commentaire sur ce qu'elle vient d'acheter ? Il désapprouvait ces poulets – il disait qu'ils étaient sans doute bourrés de produits chimiques, même s'il ne se faisait pas prier pour les manger quand elle en rapportait à la maison, à l'époque où il mangeait.

« Qu'est-ce que tu entends par là ? demande-t-elle. On n'a plus de chat. »

Elle a découvert qu'elle doit lui parler fort, parce que la plupart du temps il ne parvient pas à lire dans ses pensées. Même s'il en est capable, quelquefois. Ses pouvoirs sont intermittents.

Ewan ne développe pas – il aime la taquiner, il l'oblige souvent à découvrir toute seule les réponses –, et soudain, elle comprend : la litière pour chat, c'est pour remplacer le sel. Ça ne marchera pas aussi bien, ça ne fait rien fondre, mais ça permettra quand même de moins glisser. Elle réussit à en mettre un grand sac dans le chariot, et elle y ajoute deux bougies et une boîte d'allumettes. Voilà. Elle s'est préparée.

De retour au comptoir, elle a un petit échange avec la femme à propos de l'excellence du poulet – c'est un produit que la femme apprécie aussi, parce que pourquoi se donner la peine de cuisiner quand on est seule, ou même deux –, et elle transfère ses emplettes dans la poussette, en résistant à la tentation d'engager la conversation sur le tatouage de dragon. Le sujet pourrait rapidement mener à des complications, comme l'expérience le lui a appris au fil des années. Il y a des dragons dans Alphinland, et ils ont de nombreux fans avec toutes sortes d'idées géniales qu'ils brûlent du désir de partager avec Constance. Comment elle aurait dû faire les dragons différemment, comment ils les feraient si ça ne tenait qu'à eux. Les sous-catégories de dragons. Les erreurs qu'elle a commises sur les soins et la nourriture des dragons, et cætera. C'est ahurissant comme les gens peuvent s'exciter sur quelque chose qui n'existe pas.

La femme l'a-t-elle entendue parler à Ewan ? Très probablement, et il est encore plus probable qu'elle s'en fiche. Un magasin qui reste ouvert en permanence doit avoir son lot de gens qui parlent à des compagnons invisibles. Dans Alphinland, un tel comportement donnerait lieu à une interprétation différente : certains de ses habitants ont des esprits familiers.

« Et où habitez-vous exactement, ma chérie ? lui lance la femme, alors que Constance est sur le point de sortir. Je pourrais envoyer un texto à un ami, pour vous raccompagner. »

Quel genre d'ami ? C'est peut-être la copine d'un motard, songe Constance. Elle est peut-être plus jeune qu'elle n'en a l'air. Elle est peut-être simplement très usée.

Constance fait semblant de n'avoir pas entendu. Ça pourrait être une ruse, et le temps de dire ouf, il y aura un membre du gang devant la porte, un rouleau de bande adhésive dans la poche, prêt à dévaliser la maison. Ils disent que leur voiture est en panne, est-ce qu'ils pourraient utiliser votre téléphone, et n'écoutant que votre bon cœur vous les laissez entrer, puis en deux temps trois mouvements vous vous retrouvez ligotée à la rampe avec la bande adhésive, et ils vous enfoncent des aiguilles sous les ongles pour vous faire cracher vos mots de passe. Constance est bien au fait de ce genre de chose : elle ne regarde pas les infos à la télé pour rien.

La piste de cendre est maintenant inutilisable – elle est couverte de glace, Constance n'arrive même pas à la voir – et le vent est plus fort. Est-ce qu'elle devrait ouvrir le sac de litière maintenant, à mi-chemin ? Non, elle aura besoin d'un couteau ou d'une paire de ciseaux, même s'il y a en général un système d'ouverture avec une ficelle. Elle jette un coup d'œil dans son chariot en se servant de sa lampe torche, mais la pile doit être pratiquement usée parce que la lumière est trop faible pour y voir. Constance pourrait geler jusqu'à la moelle des os en se débattant avec ce sac. Elle ferait mieux de piquer un sprint. Enfin, *sprint* n'est pas vraiment le mot.

La glace semble deux fois plus épaisse que tout à l'heure. Les buissons sur la pelouse devant la maison ressemblent à des fontaines, avec leur feuillage lumineux tombant en cascade vers le sol. Ici et là, une branche d'arbre brisée bloque en partie la route. Une fois devant chez elle, Constance laisse le chariot dans l'allée et se hisse en haut des marches en se cramponnant à la rampe. Heureusement, il y a de la lumière au-dessus de la porte, bien qu'elle ne se souvienne pas d'avoir allumé la lampe. Elle réussit à mettre la clé dans la serrure et à ouvrir. Elle se rend directement dans la cuisine, en laissant derrière elle des petites flaques d'eau, puis, une fois les ciseaux en main, elle rebrousse chemin, redescend les marches et retourne au chariot. Là, elle découpe le sac de litière pour chat et en étale généreusement le contenu.

Voilà. Le chariot contre les marches, *boum*, *boum*, *boum*, et retour dans la maison. Porte fermée derrière elle. Manteau gorgé d'eau retiré, bonnet et gants trempés mis à sécher sur le radiateur, bottes rangées dans le hall d'entrée.

« Mission accomplie », dit-elle au cas où Ewan écouterait.

Elle veut qu'il sache qu'elle est de nouveau en sécurité, sinon il pourrait s'inquiéter. Ils se laissaient toujours des petits mots, ou des messages sur le répondeur, du temps où il n'y avait pas encore tous ces gadgets numériques. Dans ses moments de solitude les plus extrêmes, elle a songé à lui laisser des messages sur le répondeur. Il pourrait peut-être les écouter à l'aide de particules électroniques ou de champs magnétiques, enfin, le genre de chose qu'il utilise pour projeter sa voix dans les airs.

Mais là, ce n'est pas un moment de solitude. C'est un moment meilleur : elle est très contente d'elle, d'avoir réussi à remplir la mission du sel. Elle a faim, aussi. Elle n'a pas eu aussi faim depuis qu'Ewan a cessé d'être présent aux repas : manger seule s'est révélé trop déprimant. Et voilà qu'à présent elle arrache des morceaux de poulet rôti avec les doigts et les engloutit. C'est ce que font les gens dans Alphinland, quand ils viennent d'être sauvés d'un danger – oubliettes, terres désolées, cages de fer, bateaux à la dérive : ils mangent avec les doigts. Seules les classes les plus élevées ont ce qu'on pourrait appeler des couverts, même si pratiquement tout le monde possède un couteau, à l'exception des animaux doués de parole. Elle se lèche les doigts, les essuie sur un torchon. Il devrait y avoir des serviettes en papier, mais il n'y en a pas.

Il reste encore un peu de lait, qu'elle boit directement au goulot, sans pratiquement en renverser. Elle se fera une boisson chaude un peu plus tard. Elle a hâte de retourner dans Alphinland à cause de la piste de cendre. Elle veut la décrypter, la démêler, la suivre. Elle veut savoir où cela va la mener.

Actuellement, Alphinland réside dans son ordinateur. Pendant de nombreuses années, il s'est déployé dans le grenier, qu'elle avait transformé en une sorte d'atelier personnel quand Alphinland avait commencé à rapporter suffisamment d'argent pour financer les travaux de rénovation. Mais même avec le nouveau plancher et la fenêtre qu'ils avaient percée, et la climatisation et le ventilateur au plafond, le grenier était trop petit, trop confiné, comme tous les derniers étages de ces vieilles demeures victoriennes en brique. C'est pourquoi, au bout de quelque temps – alors que les garçons entraient au lycée –, Alphinland avait émigré sur la table de la cuisine, où il s'était déroulé pendant plusieurs années sur une machine à écrire électrique – autrefois considérée comme le summum de l'innovation technologique, désormais complètement dépassée. L'ordinateur fut son habitat suivant, non dépourvu de risques – des choses pouvaient en disparaître de façon proprement agaçante –, mais au fil du temps, ils les ont beaucoup améliorés et elle s'est habituée au sien. Elle l'a installé dans le bureau d'Ewan quand celui-ci a cessé d'y être sous une forme visible.

Elle ne dit pas « après sa mort », même en pensée. Elle n'utilise pas le mot en « m » à son sujet. Il pourrait l'entendre et se sentir blessé, voire insulté. Il pourrait aussi ne pas comprendre, ou même se fâcher. C'est une des convictions vaguement formulées de Constance : Ewan ne se rend pas compte qu'il est mort.

Elle s'assied au bureau, enveloppée dans le volumineux peignoir noir d'Ewan. Ce genre de peignoir pour hommes était du dernier cri… quand ça ? Dans les années 90 ? C'est elle qui l'avait acheté, c'était un cadeau de Noël. Ewan résistait toujours à ses tentatives pour lui faire mettre des choses à la mode. Cela étant, ces tentatives n'étaient pas allées beaucoup plus loin que ce peignoir. Elle avait fini par perdre tout intérêt pour la façon dont les autres le voyaient.

Ce n'est pas pour avoir chaud qu'elle le porte, mais pour le réconfort qu'il lui procure : il lui donne l'impression qu'Ewan pourrait être encore physiquement quelque part dans la maison. Elle ne l'a pas lavé depuis qu'il est mort : elle ne veut pas que l'odeur du détergent remplace celle d'Ewan.

Oh, Ewan, songe-t-elle. On a passé de si bons moments ensemble ! Tout ça, c'est fini, maintenant. Pourquoi si vite ? Elle s'essuie les yeux avec une manche noire.

« Ressaisis-toi », dit Ewan.

Il n'aime pas quand elle pleurniche.

« D'accord », répond-elle.

Elle redresse les épaules, ajuste le coussin sur le fauteuil ergonomique d'Ewan, allume l'ordinateur.

Le fond d'écran apparaît : c'est un grand portail qu'il lui a dessiné. Il avait exercé le métier d'architecte avant d'opter pour la situation moins précaire de professeur à l'université, même si ce qu'il enseignait ne s'appelait pas « Architecture », mais « Théorie de l'espace construit », « Création du paysage humain » et « Le corps contenu ». Il n'avait pas perdu ses talents de dessinateur, et il leur avait trouvé un débouché en réalisant des dessins amusants pour les enfants, puis les petits-enfants. Il lui avait offert celui-là pour lui montrer que cette activité à laquelle elle se consacrait – cette activité qui, il faut bien le reconnaître, était assez embarrassante pour lui dans les milieux intellectuels plus abstraits qu'il fréquentait –, que cette activité, donc, il la prenait au sérieux. Ou bien que c'était elle-même qu'il prenait au sérieux. Que ce fût l'un ou l'autre, elle avait de temps en temps des raisons d'en douter. Et de douter qu'il lui ait vraiment pardonné Alphinland, et le fait qu'elle l'avait négligé à cause de ça. Pardonné la façon dont elle le regardait sans le voir.

Parmi les différentes explications possibles, elle pense que ce fond d'écran était un cadeau de repentance, une façon à lui de se faire pardonner pour quelque chose qu'il avait fait et qu'il refusait de reconnaître. Cette période d'absence émotionnelle pendant laquelle Ewan avait été occupé – sinon sur le plan physique, en tout cas sur le plan affectif – avec une autre femme. Avec un autre visage, un autre corps, une autre voix, un autre parfum. Une garde-robe qui n'était pas celle de Constance, avec des ceintures, des fermetures Éclair et des boutons qui n'étaient pas les siens. Qui était cette femme ? Elle avait des soupçons, puis elle se rendait compte qu'elle se trompait. La présence indistincte riait doucement dans le noir, alors qu'elle cherchait vainement le sommeil à trois heures du matin, et l'ombre s'éclipsait. Impossible de mettre le doigt sur quelque chose de précis.

Pendant tout ce temps, elle s'était sentie comme un bloc de bois, un bloc gênant. Elle se sentait ennuyeuse, à moitié vivante seulement, comme engourdie.

Elle n'avait jamais cherché à l'interroger sur cet interlude, jamais insisté. Le sujet était comme le mot en « m » : il était là, flottant au-dessus d'eux tel un énorme ballon publicitaire, mais le mentionner aurait été comme briser un sortilège. Impossible de revenir en arrière. *Ewan, est-ce que tu vois quelqu'un d'autre ? – Ressaisis-toi. Fais preuve d'un peu de bon sens. Pourquoi aurais-je besoin de faire ça ?* Il l'aurait balayé d'un geste, aurait éludé la question.

Constance pouvait imaginer un tas de raisons pour lesquelles il aurait eu besoin de faire ça. Mais elle le serrait dans ses bras en souriant, elle lui demandait ce qu'il aimerait pour le dîner, et elle la bouclait.

Le portail du fond d'écran est en pierre, incurvé comme une arche romaine. Il est placé à mi-chemin dans une longue et haute muraille surmontée de tourelles où flottent des étendards triangulaires rouges. Il y a une lourde porte bardée de fer, ouverte. Au-delà, on distingue un paysage ensoleillé, avec d'autres tourelles qui se dressent dans le lointain.

Ewan s'est donné du mal pour réaliser ce dessin. Il y a mis des hachures et des touches d'aquarelle. Il a même ajouté quelques chevaux broutant dans un pré. Il a toutefois eu la sagesse de s'abstenir d'y mettre des dragons. Le dessin est très joli, très dans la manière de William Morris, ou peut-être plutôt d'Edward Burne-Jones, mais il est à côté de la plaque. Le portail et la muraille sont trop propres, trop neufs, trop bien entretenus. Certes, Alphinland a ses petits havres de luxe, ses taffetas et ses soies, ses broderies et ses lustres ouvragés, mais dans l'ensemble, c'est un monde ancien, misérable et plutôt décrépit. Et puis il est fréquemment dévasté par des hordes barbares, ce qui produit pas mal de ruines.

Au sommet du portail, gravée dans la pierre, on peut lire une légende en caractères pseudo-gothiques : ALPHINLAND.

Constance respire profondément… et elle le franchit.

De l'autre côté du portail, il n'y a pas de paysage ensoleillé, mais une route étroite, presque un sentier. Elle descend en serpentant jusqu'à un pont, éclairé – parce qu'il fait nuit – par des lampes jaunâtres en forme d'œuf ou de goutte d'eau. Au-delà du pont, il y a un bois sombre.

Elle va traverser le pont et s'engager furtivement dans le bois, tous les sens en alerte pour prévenir une embuscade. Une fois de l'autre côté, elle se trouvera à une croisée de chemins. Là, il faudra choisir. Toutes ces routes sont dans Alphinland, mais chacune mène à une version différente. Bien qu'elle en soit la créatrice, la marionnettiste, le Destin directeur, Constance ne sait jamais exactement où elle va se retrouver.

Elle a commencé Alphinland il y a très longtemps, des années avant de rencontrer Ewan. À l'époque, elle vivait avec un autre homme, dans un petit deux-pièces sans ascenseur avec un vieux matelas par terre, des toilettes communes sur le palier, une bouilloire électrique (à elle) et une gazinière (à lui) qu'ils n'étaient pas censés avoir officiellement. Comme ils n'avaient pas de réfrigérateur, ils stockaient leurs provisions sur le rebord de la fenêtre, où elles gelaient en hiver et se gâtaient en été. Au printemps et à l'automne, ça allait, à part les écureuils.

Cet homme avec qui elle vivait faisait partie de la bande de poètes qu'elle fréquentait, avec la conviction naïve qu'elle en était un elle-même. Il s'appelait Gavin, un prénom inhabituel en ce temps-là, mais qui ne l'est plus aujourd'hui : les Gavin se sont multipliés. La jeune Constance trouvait qu'elle avait de la chance d'avoir été choisie par Gavin, qui avait quatre ans de plus qu'elle et qui connaissait un tas d'autres poètes, et qui était mince, ironique et indifférent aux normes de la société, et sombrement sarcastique, comme tous les poètes à cette époque. Ils sont peut-être encore comme ça, même si Constance est trop vieille pour le savoir.

Rien que d'être l'objet des remarques ironiques ou sarcastiques de Gavin – par exemple, sur le cul hypnotique de Constance, une partie de sa personnalité bien plus significative que sa poésie franchement insipide – la faisait obscurément frissonner de plaisir. Elle se voyait également accorder le privilège de figurer dans ses poèmes. Pas sous son nom, bien sûr : dans les poèmes, pour s'adresser aux objets de désir féminins, on disait « Belle Dame », ou « mon unique amour », une forme d'hommage à la chevalerie, mais elle trouvait extraordinairement séduisant de lire les poèmes de Gavin parmi ses plus érotiques en sachant que, chaque fois qu'il écrivait *Belle Dame* – ou mieux encore, *mon unique amour* –, il s'agissait d'elle. « Ma Belle Dame sur un oreiller », « Le premier café du matin de ma Belle Dame » et « Ma Belle Dame lèche mon assiette » lui faisaient chaud au cœur, mais « Ma Belle Dame cambre les reins » était son préféré. Chaque fois qu'elle trouvait Gavin un peu sec avec elle, elle ressortait ce poème et le relisait.

Parallèlement à ces attractions littéraires, il y avait à tout moment une vigoureuse activité sexuelle.

Quand elle s'était liée à Ewan, Constance s'était bien gardée de révéler les détails de son existence antérieure. Cela étant, il n'y aurait pas eu grand mal à ça. Gavin était un homme fascinant, mais aussi un vrai salopard, et Ewan n'avait donc pas à craindre la concurrence : en comparaison, c'était un beau chevalier en armure étincelante. Et cette expérience particulière de sa vie antérieure s'était très mal terminée pour Constance, dans le chagrin et l'humiliation. Alors, pourquoi évoquer Gavin ? Cela n'aurait servi à rien. Ewan ne lui avait jamais posé de questions sur les autres hommes de sa vie, Constance n'en avait donc jamais parlé. Elle espère bien qu'Ewan n'a aucun accès à Gavin en ce moment, que ce soit à travers ses pensées ou par tout autre moyen.

C'est un des bons côtés d'Alphinland : elle peut y déplacer les éléments les plus troublants de son passé et les y entreposer, un peu à la façon de ce système de mémorisation en usage, quand donc ? Au XVIIIe siècle ? On associe les choses dont on veut se souvenir à des pièces imaginaires, et quand on veut se remémorer parfaitement quelque chose, on entre dans la salle correspondante.

Ainsi, elle conserve dans Alphinland un vignoble abandonné, sur les terres de la forteresse actuellement tenue par Zymri au Poing d'Acier – un de ses alliés –, uniquement pour Gavin. Et comme une des règles d'Alphinland stipule qu'Ewan n'a jamais été autorisé à franchir le portail de pierre, il ne trouvera jamais ce vignoble et ne découvrira jamais ce qui y est stocké.

Gavin est donc là-bas, dans un fût de chêne. Il ne souffre pas, même si, objectivement, il le mériterait sans doute. Cependant, Constance s'est efforcée de lui pardonner, et il n'est pas question de le torturer. Il est simplement conservé en animation suspendue. De temps en temps, elle fait un crochet par le vignoble, offre à Zymri un cadeau destiné à consolider leur alliance – une jarre d'albâtre remplie d'oursins de Xnamos baignant dans le miel, un collier de griffes de Cyanosote – et prononce le sortilège qui permet d'ouvrir le fût. Elle jette un coup d'œil : Gavin sommeille paisiblement. Il a toujours été très beau, les yeux fermés. Il n'a pas vieilli d'un jour depuis la dernière fois qu'elle l'a vu. Ce souvenir lui fait encore mal rien que d'y penser. Puis elle remet le couvercle en place et prononce le sortilège à l'envers, jusqu'à la prochaine fois où elle aura envie de passer le voir.

Dans la vraie vie, Gavin a obtenu quelques prix pour sa poésie, puis il a décroché un poste de professeur titulaire pour enseigner la création littéraire dans une université du Manitoba. Mais une fois à la retraite, il a décampé à Victoria, en Colombie-Britannique, avec une vue magnifique sur les couchers de soleil au-dessus du

Pacifique. Constance reçoit chaque année une carte de Noël de sa part. En fait, de sa part et de celle de sa troisième et beaucoup plus jeune épouse, Reynolds. Reynolds, quel prénom idiot ! On dirait une marque de cigarettes des années 40, quand les cigarettes se prenaient au sérieux.

Reynolds signe les cartes pour eux deux – Gav et Rey, comme ils se font appeler –, et elle joint chaque fois un compte-rendu de leurs dernières vacances, sur un ton enjoué parfaitement agaçant (Le Maroc ! Quelle chance qu'ils aient pensé à emporter l'Imodium ! Mais plus récemment, la Floride. Quel bien ça fait d'échapper au crachin !). Elle envoie aussi un rapport annuel de leur groupe de lecture de fiction littéraire – uniquement des livres *importants*, uniquement des livres *intelligents* ! En ce moment, ils se frottent à Bolaño, une tâche difficile, mais qui en vaut vraiment la peine si on persiste ! Les membres du club préparent des déjeuners à thème, pour aller avec les livres qu'ils lisent, et Rey apprend donc en ce moment à faire des tortillas, en partant de zéro. Qu'est-ce qu'ils s'amusent !

Elle soupçonne Reynolds de s'intéresser de trop près à la jeunesse de bohème de Gavin, et plus particulièrement à Constance elle-même. Comment pourrait-il en être autrement ? Constance a été la première femme à vivre avec Gavin, à une époque où il avait une telle libido qu'il avait du mal à garder sa braguette boutonnée dès que Constance se trouvait à moins de cinq cents mètres. C'était comme si elle émettait un faisceau de particules magiques, comme si elle projetait un enchantement irrésistible, comme Pheromonya aux Tresses de Saphir, dans Alphinland. Reynolds n'a aucun moyen de rivaliser avec ça. Elle est probablement obligée de lui faire prendre du Viagra, étant donné son âge. Si elle se donne même encore cette peine.

« Qui sont Gavin et Reynolds ? demandait Ewan chaque année.

— Lui, je l'ai connu à la fac », répondait Constance.

C'était en partie vrai : en fait, elle avait quitté la fac pour aller avec Gavin, tant il la fascinait par son mélange de distance et d'avidité. Mais Ewan n'apprécierait pas ce genre d'information, qui pourrait lui faire de la peine, le rendre jaloux, ou même le mettre en colère. Pourquoi l'embêter avec ça ?

Les camarades poètes de Gavin – et les chanteurs de folk, les musiciens de jazz et les acteurs, qui faisaient partie d'un groupe informel et sans cesse changeant d'artistes prêts à prendre des risques – passaient une bonne partie de leur temps dans un café qui s'appelait La Péniche, dans le quartier de Yorkville, à Toronto – un quartier banal et moche en voie de se transformer en repaire de préhippies cool. Il ne reste rien de La Péniche, à part un de ces panneaux historiques déprimants, en fer forgé, pour marquer l'endroit devant l'hôtel prétentieux construit à sa place. *Tout sera balayé*, proclament ces panneaux, *et bien plus tôt que vous ne le croyez.*

Aucun de ces poètes, chanteurs de folk, musiciens de jazz et acteurs n'avait le moindre sou. Constance n'avait pas un sou non plus, mais elle était suffisamment jeune pour trouver la pauvreté romanesque. La Bohème, c'était elle. Elle avait commencé à écrire des histoires d'Alphinland afin de gagner assez d'argent pour entretenir Gavin, qui considérait que cela faisait partie des attributions d'un unique amour. Elle produisait ces premières histoires sur sa vieille machine à écrire, en improvisant à mesure qu'elle avançait, et ensuite – à sa grande surprise, au début – elle les vendait, pour pas grand-chose, d'ailleurs, à l'un de ces magazines de sous-culture à New York qui raffolaient de ce genre de fantasy ringarde. Des créatures aux ailes diaphanes sur les couvertures, des animaux avec plein de têtes, des casques en bronze et des tuniques en cuir, des arcs et des flèches.

Elle avait du talent pour écrire ces histoires, ou en tout cas assez pour les magazines. Enfant, elle avait eu des livres de contes de fées avec des illustrations d'Arthur Rackham et de ses pairs – des arbres noueux, des trolls, des jeunes filles mystiques vêtues de longues robes flottantes, des épées et des baudriers, des pommes d'or du soleil. Alphinland demandait donc seulement de développer ce paysage, de modifier les costumes et d'inventer les noms.

Elle travaillait aussi comme serveuse, à l'époque, dans un restaurant qui s'appelait Chez Snuffy, d'après un personnage de bande dessinée – un pittoresque montagnard des Appalaches –, et se spécialisait dans le pain de maïs et le poulet frit. Une partie de la paye était en nature : tout le poulet qu'elle était capable de manger. Constance se débrouillait pour en rapporter quelques morceaux à Gavin, et le regardait les avaler avec plaisir. C'était un travail épuisant et le patron était un vieux vicelard, mais les pourboires étaient corrects, et on pouvait arrondir ses fins de mois avec des heures supplémentaires.

C'est ce que faisaient les filles en ce temps-là – elles s'usaient à la tâche pour permettre à un homme de se consacrer à l'idée qu'il se faisait de son propre génie. Que faisait Gavin pour aider à payer le loyer ? Pas grand-chose, même si elle le soupçonnait de dealer de l'herbe en douce. De temps en temps, ils en fumaient même un peu, mais pas souvent, parce que ça la faisait tousser. Tout cela était très romantique.

Les poètes et les chanteurs de folk tournaient en dérision ses histoires d'Alphinland, naturellement. Et pourquoi pas ? Elle-même les trouvait ridicules. Il s'en faudrait encore de quelques dizaines d'années avant que la sous-littérature qu'elle produisait à la chaîne n'acquière une quelconque respectabilité. Il y avait un petit groupe qui avouait avoir lu *Le Seigneur des anneaux*, tout en se sentant obligé de le justifier par un intérêt pour le vieux norrois. Mais les poètes considéraient la production de Constance d'un niveau bien inférieur à celle de Tolkien, ce qui – pour être honnête – était vrai. Ils la taquinaient en disant qu'elle écrivait des histoires de nains de jardin, et elle riait, elle disait oui, mais aujourd'hui, les nains ont déterré des pièces d'or de leur jardin et vont vous payer une bière à tous. Ils aimaient bien le coup de la bière gratuite, et ils levaient leur verre : « Longue vie aux nains ! Un nain dans chaque jardin ! »

Les poètes désapprouvaient l'idée d'écrire pour de l'argent, mais Constance avait droit à une dispense spéciale car, contrairement à leur poésie, Alphinland était précisément conçu pour être de la merde commerciale, et de toute façon, elle le faisait pour Gavin, ainsi que toute Belle Dame se doit de le faire, et en plus, elle n'était pas bête au point de prendre ces fadaises au sérieux.

Ce qu'ils ne comprenaient pas, c'était que, progressivement, elle les prenait bel et bien au sérieux. Alphinland était à elle, à elle seule. C'était son refuge, sa forteresse. C'était l'endroit où elle pouvait aller quand les choses n'allaient pas bien avec Gavin. Elle pouvait franchir en esprit le grand portail invisible, se promener à travers les forêts assombries, au milieu des champs chatoyants, nouer des alliances et vaincre des ennemis, et personne d'autre ne pouvait y entrer à moins qu'elle ne l'y autorise, parce que le portail était gardé par un sortilège à cinq dimensions.

Elle se mit à y passer de plus en plus de temps, surtout quand il devint plus ou moins évident que toutes les « Belles Dames » des nouveaux poèmes de Gavin ne faisaient pas forcément référence à elle. À moins, bien sûr, que Gavin ne soit victime d'une remarquable confusion quant à la couleur des yeux de sa Dame, jadis qualifiés de « bleus comme des sorcières » et/ou de « lointaines étoiles », et qui étaient à présent « noirs comme les ténèbres profondes ». « Le Cul de ma Belle Dame n'est en rien comme la lune » était un hommage à Shakespeare – c'est ce que Gavin lui avait dit. Avait-il oublié un poème plus ancien – un peu grossier, mais sincère – qui proclamait que le cul de sa Belle Dame *était* comme la lune : blanc, rond, luisant doucement dans le noir, attirant ? Mais cet autre cul était serré, musclé. Il était actif plutôt que passif, il agrippait au lieu de séduire. Plutôt du genre boa constrictor, même s'il n'avait pas la même forme, bien sûr. À l'aide d'un petit miroir, Constance avait examiné sa vue arrière. Inutile de chercher des justifications rationnelles : il n'y avait aucune comparaison. Était-il possible que, pendant que Constance se cassait le cul, autrefois l'objet de poèmes, à servir les clients chez Snuffy – ce qui l'épuisait au point qu'elle avait plus envie de dormir que de faire l'amour –, Gavin s'ébattait sur leur vieux matelas avec un nouvel unique amour, tout frais et plein d'enthousiasme ? Et doté d'un cul capable d'agripper ?

Dans le passé, Gavin avait toujours pris un certain plaisir à humilier Constance en public, avec des remarques ironiques, sarcastiques, qui étaient l'une de ses spécialités poétiques. Elle considérait cela comme une forme de compliment, parce que ça la plaçait au centre de l'attention. En un sens, il l'exhibait fièrement aux yeux des autres, et comme ça excitait Gavin, elle se laissait docilement faire. Mais là, il avait cessé de l'humilier. Il l'ignorait, tout simplement, ce qui était bien pire. Quand ils étaient seuls dans leur deux-pièces, il ne l'embrassait plus dans le cou, il ne lui arrachait plus ses vêtements, il ne la jetait plus sur le matelas dans un formidable accès de désir incontrôlable. Au lieu de ça, il se plaignait d'un mal de dos, et suggérait – non, plus que ça, il exigeait – qu'elle compense sa douleur et son immobilité en lui taillant une pipe.

Ce n'était pas sa forme d'activité préférée. Elle n'en avait pas beaucoup l'expérience et, par ailleurs, il y avait une longue liste de choses qu'elle aurait préféré se mettre dans la bouche.

En revanche, personne dans Alphinland n'exigeait qu'on lui taille une pipe. D'un autre côté, personne dans Alphinland n'avait non plus de toilettes. Les toilettes n'étaient pas nécessaires. Pourquoi perdre du temps à ce genre de fonction corporelle routinière quand des scorpions géants étaient en train d'envahir le château ? Alphinland avait des baignoires, ou plutôt des bassins carrés creusés dans des jardins embaumés de jasmin et chauffés par des sources souterraines. Certains Alphinlanders parmi les plus dépravés se baignaient dans le sang de leurs prisonniers, enchaînés à des pieux autour du bassin pour regarder leur vie s'écouler lentement au milieu des bulles écarlates.

Constance cessa d'aller aux réunions de groupe de La Péniche parce que les autres lui lançaient des regards apitoyés, et posaient aussi des questions tendancieuses du genre : « Où est passé Gavin ? Il était là il y a deux secondes. » Ils en savaient plus qu'elle. Ils voyaient bien que la fin était proche.

Le nom de la nouvelle Belle Dame s'avéra être Marjorie. Un nom, songe maintenant Constance, qui a pratiquement disparu : les Marjorie sont en voie d'extinction, ce qui n'est vraiment pas trop tôt, en ce qui la concerne. Marjorie était la comptable bénévole à temps partiel pour La Péniche, une fille aux cheveux noirs, aux yeux noirs, avec des jambes maigrichonnes. Elle affectionnait les étoffes africaines bariolées, qu'elle se nouait autour de la taille, et les boucles d'oreilles artisanales qui pendaient de ses lobes, et son rire était un braiment qui évoquait une mule bronchitique.

Enfin, c'est ce que ce rire évoquait à Constance, pas à Gavin, manifestement. Un jour, Constance entra dans l'appartement alors que Gavin et Marjorie étaient en pleine activité, sans un seul mal de dos apparent. Des verres jonchaient la table, des vêtements jonchaient le sol et les cheveux de Marjorie jonchaient l'oreiller : l'oreiller de Constance. Gavin avait poussé un grognement – sous l'effet de l'orgasme, ou par dégoût devant le déplorable sens du timing de Constance. De son côté, Marjorie avait poussé un braiment, destiné à Constance ou à Gavin, ou à propos de la situation en général. C'était un braiment de dérision, qui n'était pas gentil mais blessant.

Que pouvait dire Constance, à part *Tu me dois la moitié du loyer* ? Elle n'en avait pas reçu un sou, d'ailleurs. Gavin était radin, c'était là son moindre défaut – une caractéristique des poètes de l'époque. Peu après avoir déménagé, en emportant sa bouilloire électrique, elle avait signé son premier contrat pour un livre d'Alphinland. Une fois que se furent propagées les rumeurs sur son opulence – toute relative – générée par les nains, Gavin s'était présenté à son nouvel appartement de trois pièces – équipé d'un vrai lit, partagé avec un des chanteurs de folk, ce qui n'avait pas duré très longtemps, d'ailleurs – et avait essayé de renouer avec elle. Marjorie n'était qu'une passade, expliqua-t-il. Un accident. Rien de sérieux. Ça ne se reproduirait plus. Son véritable unique amour, c'était Constance : elle se rendait sûrement compte, elle aussi, qu'ils étaient faits l'un pour l'autre.

Cette démarche était plus que minable de la part de Gavin, et Constance le lui avait dit. Il n'avait donc aucune honte, aucun sens de l'honneur ? Ne voyait-il pas le parasite qu'il était, incapable d'initiative, totalement égoïste ? Ce à quoi Gavin, tout d'abord ébahi par la virulence de sa douce damoiselle aux fesses de lune d'autrefois, avait répondu, puisant dans son fonds de sarcasme, qu'elle n'était qu'une pauvre cloche, que ses poèmes étaient nuls, que ses pipes étaient médiocres, que son stupide Alphinland était de la bouillie pour ados et qu'il avait plus de talent dans son trou du cul qu'elle n'en avait dans sa minuscule cervelle d'oiseau.

Prends ça dans les dents, *mon unique amour*.

Mais Gavin n'avait jamais saisi la nature profonde d'Alphinland. Un monde dangereux et, c'est vrai, parfois absurde sous certains aspects, mais pas sordide. Ses habitants avaient des principes. Ils comprenaient la vaillance, le courage, et aussi la vengeance.

De ce fait, Marjorie n'est pas stockée dans le vignoble abandonné où Gavin dort dans son tonneau. Elle est immobilisée par des sorts runiques à l'intérieur d'une ruche en pierre appartenant à Frenosia aux Antennes Parfumées. Cette demi-déesse mesure deux mètres cinquante, elle est couverte de minuscules poils dorés et possède des yeux à facettes. Heureusement, c'est une grande amie de Constance : elle est donc ravie de pouvoir l'aider dans ses plans et stratagèmes en échange des sortilèges insectiles que Constance est à même de lui accorder. Ainsi, chaque jour à midi tapant, Marjorie est piquée par cent abeilles couleur émeraude et indigo. Leurs dards sont comme des aiguilles chauffées à blanc trempées dans du Tabasco, et la douleur est au-delà de l'atroce.

Dans le monde à l'extérieur d'Alphinland, les chemins de Marjorie et de Gavin se sont séparés. Elle a aussi quitté La Péniche pour suivre des cours de marketing à l'université, et elle est devenue quelque chose dans une boîte de publicité, à ce que disaient les rumeurs. Constance l'a vue pour la dernière fois dans les années 80 : elle déambulait dans Bloor Street vêtue d'un tailleur beige avec de grosses épaulettes. Ce tailleur était remarquablement laid, ainsi que la paire de grosses bottines qui allaient avec.

Marjorie, quant à elle, n'a pas vu Constance. Ou elle a fait semblant de ne pas la voir. C'est aussi bien comme ça.

Il y a une version alternative rangée dans un des classeurs mentaux de Constance, dans laquelle Marjorie et elle se reconnaissent ce jour-là, avec des petits cris de joie, vont prendre un café ensemble et s'offrent une bonne séance de braiments à propos de Gavin, de ses poèmes et de son goût immodéré pour les pipes. Mais ça n'est jamais arrivé.

Constance descend le long du chemin, franchit le pont aux pâles lumières en forme d'œuf et entre dans le bois sombre. Chut ! Il est important de ne pas faire de bruit. Voilà la piste de cendre, devant elle. Et maintenant, le sortilège. Constance commence à taper :

Avec le temps,
La pierre finit par se fendre.
Ils hachent,
Ils mâchent,
Les crocs du Temps
Réduiront tout en cendre.

Mais ça, c'est une description, se dit-elle, pas un sortilège. Il faudrait plutôt une incantation :

Norg, Zurpash, brillante Callissandre,
Révélez la lumière,
Chassez le Mal de ces cendres,
Par le Sang Mauve de…

Le téléphone sonne. C'est un des garçons, celui qui vit à Paris. Ou plutôt sa femme. Ils ont vu la tempête de glace à la télévision, ils s'inquiétaient pour Constance, ils voulaient s'assurer qu'elle allait bien.

Quelle heure est-il là-bas ? leur demande-t-elle. Qu'est-ce qu'ils font encore debout aussi tard ? Naturellement, qu'elle va bien ! Ce n'est qu'un peu de glace ! Pas de quoi s'inquiéter. « Embrassez les enfants pour moi, et allez vous coucher. Tout va bien. »

Elle raccroche dès qu'elle peut : elle leur en veut de cette interruption. Voilà qu'elle a oublié le nom du dieu dont le Sang Mauve est si efficace. Heureusement, sur son ordinateur, elle a une liste de toutes les divinités d'Alphinland, avec leurs attributs et leurs formules d'incantation, classées par ordre alphabétique pour faciliter la consultation. Il y a beaucoup de divinités, maintenant. Elles se sont accumulées au fil du temps, et elle a dû en ajouter quelques-unes pour la série de dessins animés il y a une dizaine d'années, et puis d'autres encore – plus grandes, plus effrayantes, plus violentes – pour le jeu vidéo qu'ils sont en train de finaliser. Si elle avait pu prévoir qu'Alphinland durerait aussi longtemps et aurait autant de succès, elle l'aurait mieux planifié. Il aurait eu une forme, une structure mieux définie. Il aurait eu des frontières. Mais là, il s'est développé de façon anarchique, comme une agglomération urbaine.

Ce n'est pas tout. Elle ne l'aurait pas appelé « Alphinland ». Le mot ressemble trop à Elfinland, alors que ce qu'elle avait vraiment derrière la tête, c'était Alphée, le fleuve sacré dans le poème de Coleridge, avec ses grottes insondables. Et puis aussi Alpha, la première lettre de l'alphabet. Un jour, un jeune interviewer qui se croyait malin lui a demandé si son « monde construit » s'appelait « Alphinland » parce qu'il était rempli de toute une bande de machos, des mâles alpha. Elle a répondu en riant – de ce petit rire qu'elle avait cultivé pour se protéger lorsque ce genre de journalistes un peu trop malins avaient décidé qu'elle valait la peine d'être interviewée. C'était à l'époque où tous ces romans qu'on regroupait sous l'étiquette de *fantasy* commençaient à susciter l'attention de la presse. Ou, en tout cas, les auteurs qui se vendaient bien.

« Oh, non, a-t-elle dit. Je ne crois pas. Pas des mâles alpha. C'est juste venu comme ça. Peut-être… j'ai toujours beaucoup aimé cette marque de céréales, vous savez ? Alpine ? »

Dans toutes ses interviews, elle a l'air stupide, c'est pourquoi elle n'en accorde plus. Elle a aussi arrêté de participer aux conventions. Elle a assez vu comme ça de gamins déguisés en vampires, en lapins et en personnages de *Star Trek*, et particulièrement d'Alphinland, les plus méchants. Elle ne pourrait vraiment plus supporter de voir encore une incarnation inepte de Milzreth Main Rouge par un innocent aux joues roses à la recherche de sa méchanceté intérieure.

Elle refuse aussi de s'impliquer dans les réseaux sociaux, malgré l'insistance de son éditeur. Il a beau lui dire que ça permettrait d'augmenter les ventes d'Alphinland et les droits sur les produits dérivés, ça ne sert à rien : elle n'a pas besoin de plus d'argent. Qu'est-ce qu'elle en ferait ? L'argent n'a pas sauvé Ewan. Elle léguera le tout aux garçons, comme les épouses l'attendent d'elle. Et elle n'a aucun désir d'interagir avec ses fidèles lecteurs : elle ne connaît que trop bien leurs piercings, leurs tatouages et leur obsession des dragons. Surtout, elle ne veut pas les décevoir. Ils s'attendraient à une sorcière aux cheveux noir de jais avec un bracelet en forme de serpent sur le haut du bras et un dard empoisonné planté dans les cheveux, au lieu d'une ex-blonde toute frêle.

Elle vient juste d'ouvrir le dossier d'Alphinland sur son écran pour consulter la liste des dieux quand la voix d'Ewan se fait entendre à son oreille, très fort :

« Éteins-le ! »

Elle sursaute.

« Hein ? Éteindre quoi ? »

Est-ce qu'elle a encore laissé le feu allumé sous la bouilloire ? Mais elle ne s'est pas encore préparé de boisson chaude !

« Éteins-le ! Alphinland ! Éteins-le tout de suite ! » ordonne-t-il.

Il veut sans doute parler de l'ordinateur. Elle jette un rapide coup d'œil par-dessus son épaule – il était là à l'instant ! Elle clique aussitôt sur le bouton d'arrêt. Au moment même où l'écran devient noir, elle entend un grand bruit sourd, et les lumières s'éteignent.

Toutes les lumières. Celles de la rue aussi. Comment l'a-t-il su à l'avance ? Ewan posséderait-il une vision prophétique ? Il n'en a jamais eu avant.

Elle descend l'escalier à tâtons et va jusqu'à la porte d'entrée, qu'elle ouvre avec précaution : là-bas, sur la droite, une cinquantaine de mètres plus loin, il y a une lueur jaune. Un arbre a dû tomber sur un câble électrique et l'arracher. Dieu sait quand ils viendront le réparer : il doit y avoir des milliers de pannes comme celle-là.

Où a-t-elle mis sa lampe torche ? Ah, dans son sac, qu'elle a laissé dans la cuisine. Elle s'y rend et fouille dedans. Les piles de la lampe sont presque à plat, mais elle y voit encore suffisamment pour allumer deux bougies.

« Coupe l'arrivée d'eau principale, ordonne Ewan. Tu sais où elle est, je te l'ai montré. Ensuite, ouvre le robinet de la cuisine. Il faut que tu purges l'installation, si tu ne veux pas que les canalisations éclatent. »

C'est le plus long discours qu'il ait prononcé depuis un certain temps. Ça lui fait chaud au cœur : il s'inquiète vraiment pour elle.

Une fois accomplie la mission du robinet, elle rassemble des éléments d'isolation – le duvet du lit, un oreiller, quelques paires de chaussettes de laine, le plaid de la voiture – et se fabrique un nid devant la cheminée. Ensuite, elle allume un feu. Par précaution, elle met le pare-feu devant : elle ne voudrait pas partir en fumée pendant la nuit. Il n'y a pas assez de bois pour toute une journée, mais suffisamment quand même pour tenir jusqu'à l'aube sans mourir gelée. Il faudra sûrement plusieurs heures avant que la maison n'ait complètement refroidi. Demain matin, elle réfléchira à d'autres solutions. La tempête se sera peut-être calmée d'ici là. Elle souffle les bougies : ce serait idiot qu'elles mettent le feu à son nid.

Elle s'emmitoufle dans le duvet. Dans la cheminée, les flammes dansent. C'est étonnamment confortable, du moins pour l'instant.

« Bien joué, s'écrie Ewan. Bravo, fillette !

— Oh, Ewan, dit Constance. Je suis encore ta fillette ? Est-ce que je l'ai toujours été ? Est-ce que tu avais une liaison, cette fois-là ? »

Pas de réponse.

La piste de cendre mène à travers les bois, scintillante à la lumière de la lune et des étoiles. Qu'a-t-elle oublié ? Il y a quelque chose de bizarre. Constance sort de la forêt : elle se trouve dans une rue verglacée. C'est la rue où elle habite, où elle a vécu pendant des dizaines d'années, et voilà sa maison, la maison où elle vit avec Ewan.

La maison ne devrait pas être ici, dans Alphinland. Ce n'est pas le bon endroit. Tout ça n'est pas normal, mais elle continue quand même de suivre la piste de cendre jusqu'au petit escalier, et elle franchit la porte. Des manches l'enveloppent, des manches de tissu noir. Un trench-coat. Ce n'est pas Ewan. Il y a une bouche, qui se presse contre son cou. Il y a un goût perdu depuis longtemps. Elle est tellement lasse, elle perd son pouvoir : elle le sent s'écouler lentement de son corps, à travers le bout de ses doigts. Comment Gavin est-il entré ici ? Pourquoi est-il habillé en croque-mort ? En soupirant, elle fond dans ses bras, et sans un mot, elle se laisse tomber sur le sol.

La lumière du jour la réveille, à travers la fenêtre et sa nouvelle couche de glace. Le feu s'est éteint. Elle se sent raide d'avoir dormi par terre.

Quelle nuit ! Qui l'aurait crue capable d'avoir un rêve érotique aussi intense, à son âge ? Et avec Gavin, encore : quelle idiotie ! Elle ne le respecte même pas. Comment s'est-il débrouillé pour se sortir de la métaphore dans laquelle elle l'a tenu enfermé pendant toutes ces années ?

Elle ouvre la porte d'entrée et jette un coup d'œil dehors. Un grand soleil fait briller les stalactites de glace pendues aux gouttières. La litière sur les marches commence à tourner en gadoue. La rue est une catastrophe : des branches partout, au moins cinq centimètres de glace. C'est un spectacle magnifique.

Mais il fait froid dans la maison, de plus en plus froid. Constance va devoir sortir et faire une incursion dans toute cette étendue éblouissante pour racheter du bois, s'il y en a. Ou bien elle pourrait se trouver un abri : une église, un café, un restaurant. Un endroit où il y a encore de l'électricité et de la chaleur.

Non, cela l'amènerait à quitter Ewan. Il serait seul ici. Ce ne serait pas bien.

Pour le petit déjeuner, elle prend du yaourt à la vanille, directement dans son emballage. Pendant qu'elle mange, Ewan s'annonce :

« Ressaisis-toi », lance-t-il sur un ton très sévère.

Elle ne comprend pas. Elle n'a pas besoin de se ressaisir. Elle n'est pas en train d'hésiter, elle mange juste du yaourt.

« Que veux-tu dire ? demande-t-elle.

— Est-ce qu'on n'a pas eu de bons moments ensemble ? interroge-t-il d'une voix presque suppliante. Pourquoi gâches-tu tout ça ? Qui était cet homme ? »

Maintenant, sa voix semble hostile.

« Que veux-tu dire ? » répète-t-elle.

Elle est saisie d'une sourde inquiétude. Ce n'est pas possible qu'Ewan ait accès à ses rêves.

Constance, songe-t-elle, *tu divagues. Pourquoi n'aurait-il pas accès à tes rêves ? Il est à l'intérieur de ta tête !*

« Tu sais bien, répond Ewan. (Sa voix vient de derrière elle.) Cet homme !

— Je ne crois vraiment pas que tu aies le droit de poser cette question, dit-elle en se retournant.

— Et pourquoi donc ? » rétorque Ewan, d'une voix plus faible.

Est-il en train de s'estomper ?

« Ewan, est-ce que tu avais une liaison ? » insiste-t-elle.

S'il y tient vraiment, c'est un jeu qu'on peut jouer à deux.

« Ne change pas de sujet. Est-ce qu'on n'a pas eu de bons moments, ensemble ? »

À présent, sa voix a un timbre légèrement métallique, quelque chose de mécanique.

« C'est toi qui changeais toujours de sujet, réplique-t-elle. Avoue-moi simplement la vérité. Tu n'as plus rien à perdre, tu es mort. »

Elle n'aurait pas dû dire ça. Elle s'y est très mal prise, elle aurait dû le rassurer. Elle n'aurait pas dû utiliser ce mot, il lui a échappé parce qu'elle était en colère.

« Je ne voulais pas dire ça ! s'exclame-t-elle. Je suis désolée, Ewan, tu n'es pas vraiment… »

Trop tard. Il y a une minuscule explosion, presque inaudible, comme une bouffée d'air. Et puis le silence. Ewan est parti.

Elle attend : rien.

« Arrête de bouder ! s'ecrie-t-elle. Allez, reviens ! »

Elle a un bref accès de colère.

Elle sort pour s'acheter de quoi manger. Sur l'un des trottoirs, une âme bien attentionnée a répandu du sable. La supérette, miraculeusement, est ouverte : ils ont un groupe électrogène. Il y a d'autres gens à l'intérieur, emmitouflés dans plusieurs épaisseurs de vêtements : eux aussi ont une coupure d'électricité. La femme aux cheveux teints et au tatouage a branché une cocotte et fait chauffer de la soupe. Elle vend les poulets rôtis, découpés en morceaux afin qu'il y en ait pour tout le monde.

« Ah, vous voilà, ma chérie, dit-elle. J'étais inquiète pour vous !

— Merci. »

Elle se réchauffe, mange du poulet et boit de la soupe, écoute les histoires de tempête des autres clients. Dangers évités de justesse, frayeurs, décisions rapides. Ils se disent les uns aux autres à quel point ils ont eu de la chance, demandent s'ils peuvent faire quoi que ce soit pour aider. Il règne une bonne ambiance de camaraderie, ici, c'est très amical, mais Constance ne peut pas rester longtemps. Il faut qu'elle retourne à la maison, parce que Ewan doit l'attendre.

Une fois rentrée, elle va lentement de pièce en pièce, en appelant d'une voix douce, comme à la recherche d'un chat craintif : « Ewan, reviens ! Je t'aime ! » Elle entend dans sa tête l'écho de sa propre voix. Finalement, elle monte au grenier et ouvre la malle avec les boules de naphtaline. Il n'y a que des vêtements, aplatis, inertes. Si Ewan est quelque part, en tout cas ce n'est pas là.

Elle a toujours eu peur de lui poser la question, sur la liaison. Elle n'était pas complètement idiote, elle savait bien ce qu'il faisait, même si elle ne savait pas avec qui : elle le sentait sur lui. Mais elle était terrorisée à l'idée qu'il puisse la quitter comme l'avait fait Gavin. Elle n'y aurait pas survécu.

Et maintenant, il l'a quittée ! Il s'est tu. Il est parti.

Cependant, s'il est parti de la maison, il ne peut pas être parti de l'univers, pas complètement. Elle refuse de l'accepter. Il doit être quelque part.

Il faut qu'elle se concentre.

Elle va dans le bureau, s'assied dans le fauteuil d'Ewan, contemple l'écran noir de son ordinateur. Il a certainement voulu sauver Alphinland : il ne voulait pas qu'il soit grillé par un spasme électrique. C'est pour ça qu'il lui a ordonné d'éteindre l'ordinateur. Pour quelle raison ? Alphinland n'est pas son territoire à lui : en secret, il a toujours détesté sa célébrité. Il en voulait à Constance de s'y immerger aussi profondément, tout en faisant preuve d'indulgence. Et il en est exclu, de ce monde qui est sa propriété privée à elle : des barreaux invisibles lui en refusent l'accès. Ils lui ont toujours barré le passage, depuis le jour où ils se sont connus. Il ne peut pas y aller.

Mais est-ce bien vrai ? Peut-être qu'il le peut. Peut-être que les règles d'Alphinland ne s'appliquent plus, parce que les cendres magiques ont fait leur œuvre et que les anciens sortilèges sont rompus. Voilà pourquoi Gavin a réussi à soulever le couvercle de son fût la nuit dernière, pour se retrouver dans la maison de Constance.

Et si Gavin peut sortir d'Alphinland, il semble logique qu'Ewan puisse y entrer. Ou soit tenté d'y pénétrer, ne serait-ce qu'attiré par l'interdit.

C'est là qu'il a dû aller. Il a franchi le portail de la muraille aux hautes tourelles, il y est en ce moment même. Il suit le long sentier qui serpente vers le pont éclairé par la lune, il le traverse, il pénètre dans le bois silencieux et menaçant. Bientôt, il aura atteint la croisée des chemins plongée dans l'ombre, et alors, quelle direction va-t-il prendre ? Il n'en aura aucune idée. Il va se perdre.

Il est déjà perdu. Il est étranger à Alphinland, il n'en connaît pas les dangers. Il est dépourvu de runes, dépourvu d'armes. Il n'a pas d'alliés.

Ou plutôt, il n'a pas d'autre allié qu'elle.

« Attends-moi, Ewan, lui enjoint-elle. Surtout, ne bouge pas ! »

Elle va devoir aller le chercher.

REVENANTE

Reynolds entre dans le salon avec deux gros coussins dans les bras. Un nombre indéterminé d'années plus tôt, la vision de ces deux coussins débordant des bras de Rey, tels deux seins gonflables, doux et fermes à la fois, aurait suggéré à Gavin les vrais seins, également doux et fermes, qui étaient cachés en dessous. Il aurait pu élaborer une métaphore pleine d'esprit incorporant, par exemple, deux sacs de plumes et, par extension, deux poulets sexuellement réceptifs. Ou peut-être – à cause du côté rebondi, résilient, caoutchouteux – deux trampolines.

Mais maintenant, ces coussins lui rappellent – en plus de la paire de seins – une production d'avant-garde de *Richard III*, à la mise en scène prétentieuse, qu'ils ont vue dans un jardin public l'été précédent. Reynolds avait insisté pour qu'ils y aillent. Elle a dit que ça lui ferait du bien de se sortir un peu de sa routine, de mettre le nez dehors et de s'exposer à de nouveaux concepts, ce à quoi Gavin a répondu qu'il préférerait être simplement dehors et s'exposer lui-même, et Rey lui a donné un petit coup de coude en disant : « Oh, vilain Gavvy ! » C'était une de ses manies, de feindre que Gavin était un animal familier pas tout à fait bien dressé. Pas si éloigné que ça de la vérité, pense-t-il amèrement : il n'en est pas encore à faire ses crottes sur le tapis, saccager le mobilier et miauler pour avoir à manger, mais pas très loin non plus.

Pour leur expédition dans le parc, Reynolds avait emporté un sac à dos avec une bâche en plastique pour s'asseoir, deux couvertures au cas où Gavin aurait froid, et deux bouteilles Thermos : l'une remplie de chocolat chaud, l'autre de martini vodka. Il voyait clairement dans son jeu : s'il ronchonnait trop, elle le gaverait d'alcool et l'envelopperait dans les couvertures, en espérant qu'il s'endormirait pour qu'elle puisse s'immerger dans le Barde immortel.

La bâche en plastique était une bonne idée, parce qu'il avait plu dans l'après-midi et l'herbe était humide. En espérant secrètement qu'il allait se remettre à pleuvoir pour qu'il puisse rentrer à la maison, Gavin s'est installé sur une couverture et a commencé à se plaindre qu'il avait mal aux genoux, et qu'en plus il avait faim. Reynolds avait prévu ces deux sujets de mécontentement : comme par magie, elle a tiré du sac la pommade A535 à l'antiphlogistine – un des exemples favoris de Gavin en matière de mots totalement dépourvus de sens – et un sandwich saumon-salade.

« Je n'arrive pas à lire ce foutu programme », a dit Gavin – qui n'en avait aucune envie de toute façon.

Rey lui a tendu la lampe torche ainsi qu'une loupe. (Elle connaît la plupart de ses trucs.)

« Ah, j'ai hâte de voir ça ! s'est-elle exclamée d'une voix dégoulinante d'enthousiasme. Tu vas beaucoup aimer ! »

Gavin a eu une petite pointe de remords : elle a une foi tellement touchante dans sa capacité intrinsèque à aimer quoi que ce soit. Elle prétend qu'il pourrait, s'il faisait un effort, et que son problème, c'est qu'il est trop négatif. Ils ont eu maintes fois cette discussion. Il répond que son problème, c'est que le monde pue, et qu'elle ferait donc mieux de se concentrer là-dessus au lieu d'essayer de le réparer, lui. Ce à quoi elle rétorque que la puanteur est dans le nez de celui qui renifle – ou un exercice de subjectivisme kantien de ce genre, quoiqu'elle soit bien incapable de reconnaître du subjectivisme kantien, même si elle se prenait les pieds dedans –, et pourquoi ne se mettrait-il pas à la méditation bouddhique ?

Et puis il y a le Pilates. Elle l'encourage fortement à essayer le Pilates. Elle a déjà dégoté une monitrice disposée à lui donner des cours particuliers, contrairement à sa pratique habituelle, parce qu'elle admire son œuvre. L'idée même est consternante : une poulette gonflée aux œstrogènes et du quart de son âge lui tordant ses membres noueux tout en comparant le fringant protagoniste de ses premiers poèmes, à l'énergie sexuelle débordante et à l'esprit sardonique, avec l'amas atrophié de cartilages et de bâtonnets qu'il est devenu. *Regardez cette image, puis celle-là.* Pourquoi Reynolds tient-elle tant à l'attacher au chevalet de torture du Pilates et à l'étirer jusqu'à ce qu'il casse comme un vieil élastique ? Elle veut le voir souffrir. Elle veut l'humilier et se sentir vertueuse en même temps.

« Arrête d'essayer de me fourguer à toutes ces groupies, lui dit-il. Pourquoi ne pas simplement me ligoter sur une chaise et faire payer l'entrée ? »

Le parc grouillait d'activité. Des gamins jouaient au Frisbee, des bébés hurlaient, des chiens aboyaient. Gavin a rapidement parcouru le programme, des conneries prétentieuses, comme d'habitude. La représentation tardait à commencer : un problème d'éclairage, leur a-t-on dit. Les moustiques se rassemblaient, et il a tenté de les chasser en faisant de grands moulinets avec les bras. Reynolds a sorti la bombe anti-moustiques. Un imbécile en justaucorps violet avec des oreilles de cochon a soufflé dans une trompette pour que tout le monde se taise et, après une petite explosion et le départ précipité d'une silhouette avec une fraise autour du cou vers le stand des rafraîchissements – pour quoi faire ? Qu'est-ce qu'ils avaient oublié ? –, la pièce a commencé.

Il y eut un prologue montrant une vidéo du squelette de Richard III en train d'être déterré sous un parking – un événement qui s'était réellement produit. Gavin l'avait vu aux infos. C'était bien Richard, avec authentification par ADN à l'appui et de nombreuses blessures au crâne. Le prologue était projeté sur un grand morceau de tissu blanc qui ressemblait à un drap, et qui en était sans doute un – les budgets culturels étant ce qu'ils sont, a-t-il dit à Reynolds *sotto voce*. Elle lui a donné un coup de coude : « Tu parles beaucoup plus fort que tu ne crois. »

La voix off – à travers un haut-parleur crachotant et dans un pentamètre iambique minable qui se voulait un pastiche élisabéthain – leur a fait comprendre que le drame auquel ils allaient assister se déroulait *post mortem* à l'intérieur du crâne cabossé de Richard. Zoom sur une des orbites, puis plongée directe à l'intérieur du crâne. Et noir complet.

Sur ce, le drap fut prestement retiré et Richard est apparu sous le feu des projecteurs, fin prêt à s'exhiber et à cabrioler. Sur son dos, une énorme bosse aux proportions grotesques, décorée des rayures rouges et jaunes d'un bouffon – comme Mr Punch, expliquaient les notes du programme, qui lui-même était dérivé de Polichinelle, car la vision qu'en avait le metteur en scène était que le *Richard III* de Shakespeare s'inspirait de la *commedia dell'arte*, dont une troupe avait joué en Angleterre à l'époque. L'énormité de la bosse était délibérée : le noyau central de la pièce (par opposition au noyau périphérique, a ricané Gavin *in petto*) était une question d'accessoires. Ceux-ci étaient les symboles de l'inconscient de Richard, ce qui expliquait leur démesure. Le metteur en scène avait dû penser que, si les spectateurs se concentraient sur ces bosses et ces trônes disproportionnés en se demandant ce qu'ils pouvaient bien foutre dans la pièce, ça les gênerait moins de ne pas pouvoir en entendre un seul mot.

Ainsi donc, en plus de sa gigantesque bosse multicolore, Richard avait une robe royale avec une traîne de cinq mètres de long, tenue par deux jeunes pages portant d'énormes têtes de sanglier, parce que le blason de Richard en comportait. Il y avait un immense tonneau de malvoisie pour y noyer Clarence, et deux épées aussi hautes que les acteurs. Pour l'étouffement des princes dans la Tour – mimé comme la pièce à l'intérieur de la pièce de *Hamlet* –, deux énormes coussins étaient transportés sur des civières, comme des cadavres ou des cochons de lait grillés, avec des taies assorties à la bosse de Richard, au cas où le public n'aurait pas bien compris.

Mort à l'étouffade, songe Gavin en regardant Reynolds s'approcher avec les coussins. Quelle triste fin… Et Reynolds comme Premier Assassin. Mais ce serait approprié, tout bien considéré, et Gavin considère tout très bien. Il a largement le temps pour ça.

« Tu dors ? » demande gaiement Reynolds en faisant claquer ses semelles sur le parquet.

Elle porte un pull et un pantalon moulant noirs, avec une ceinture argent et turquoise serrée autour de la taille. Elle commence à avoir un peu de cellulite à l'extérieur des cuisses, qui autrement ont la puissance et les contours d'une patineuse de vitesse. Devrait-il lui faire remarquer ces bourrelets de graisse ? Non, mieux vaut garder ça pour un moment plus stratégique. Et ce n'est peut-être pas de la graisse. C'est peut-être du muscle. Avec toute la gymnastique qu'elle fait…

« Si je dormais, en tout cas je ne dors plus, répond Gavin. Tu fais autant de bruit qu'une locomotive sur des rails en bois. »

Il n'aime pas ces sabots, et il le lui a dit. Ils ne mettent pas ses jambes en valeur. Mais elle ne s'intéresse plus autant qu'autrefois à ce qu'il pense de ses jambes. Elle dit que ces sabots sont confortables, et que le confort l'emporte toujours sur l'esthétique, en ce qui la concerne. Gavin a tenté une citation de Yeats, comme quoi les femmes doivent travailler dur pour être belles, mais Reynolds – qui était une grande fan de Yeats – considère maintenant que Yeats a le droit d'avoir son point de vue, mais que c'était au temps jadis, les attitudes sociales ont changé, et d'ailleurs, Yeats est mort.

Reynolds cale les coussins derrière Gavin, un pour la nuque et un pour les reins. Elle déclare que cette disposition le fera paraître plus grand, et donc plus impressionnant. Elle ajuste le plaid qui lui couvre les jambes et les pieds – ce qu'elle persiste à appeler sa couverture de sieste.

« Oh, monsieur Grincheux, dit-elle. On a perdu son sourire ? »

Elle a pris l'habitude de lui donner un nom en fonction de l'analyse qu'elle fait de son humeur du jour, ou de son humeur de l'heure, ou de la minute : d'après elle, il a ses humeurs. Chacune est personnalisée et se voit attribuer un nom. Il est donc tour à tour M. Grincheux, M. Dormeur, Dr Ironique, Sire Sardonique et, à l'occasion, quand elle est sarcastique, ou peut-être nostalgique, M. Romantique. Autrefois, elle appelait son pénis M. Zig-Zig, mais elle y a renoncé, ainsi qu'à ses tentatives pour raviver sa libido inexistante avec des onguents et des gels sexuels qui ont un goût de confiture de fraise, du gingembre citronné revigorant et du dentifrice à la menthe. Il y a eu aussi un épisode avec un sèche-cheveux qu'il préférerait oublier.

« Il est quatre heures moins le quart, poursuit-elle. Préparons-nous à recevoir de la compagnie ! »

Maintenant, ça va être la brosse à cheveux – ça, c'est une chose qu'il a réussi à conserver, ses cheveux –, et puis la brosse à habits. Comme les chiens, il perd ses poils.

« Qui est-ce, cette fois ? demande-t-il.

— Une femme très sympathique, répond Reynolds. Une jeune fille sympathique. Une étudiante qui fait sa thèse sur ton œuvre. »

Elle aussi préparait une thèse sur son œuvre, autrefois. C'est ce qui avait précipité la chute de Gavin. À l'époque, il avait trouvé très séduisante l'idée d'avoir une jolie jeune femme qui s'intéressait avec une telle concentration à chacun de ses adjectifs.

Il pousse un grognement.

« Ah, putain, une thèse sur mon œuvre. Que Dieu nous en préserve !

— Allons, monsieur Grossier, dit Reynolds. Ne sois pas aussi désagréable.

— Mais qu'est-ce que cette distinguée universitaire vient foutre en Floride ? Elle doit être complètement débile.

— La Floride n'est pas le repaire de bouseux que tu affectes de croire, rétorque Reynolds. Les temps ont changé. Ils ont de bonnes universités, maintenant, et un grand salon du livre ! Des *milliers* de gens y viennent !

— Fantastique ! Je suis foutrement impressionné.

— Bon, de toute façon, poursuit-elle sans lui prêter attention, elle n'est pas originaire de Floride. Elle a pris l'avion depuis l'Iowa rien que pour t'interviewer ! À travers le monde, des tas de gens travaillent sur ton travail, tu sais.

— Iowa, merde », dit Gavin.

Travaillent sur ton travail. Il y a des moments où elle s'exprime comme une gamine de cinq ans.

Reynolds prend la brosse à habits et s'attaque à ses épaules, puis, avec un air espiègle, fait mine de la passer sur son entrejambe.

« Voyons voir s'il y a des mimis sur M. Zig-Zig…

— N'approche pas tes griffes lubriques de mes parties intimes ! »

Il a envie de lui dire que *bien sûr* il y a des mimis sur M. Zig-Zig, en tout cas de la poussière, ou peut-être de la rouille. À quoi elle s'attend ? Elle sait parfaitement que ça fait un bout de temps que M. Zig-Zig reste sur son étagère. Mais il se retient.

Rouiller faute de se polir, au lieu de briller sous l'usage, songe-t-il. Tennyson. Ulysse embarque pour son dernier voyage, il a bien de la chance, au moins il coulera les bottes aux pieds. Même si les Grecs ne portaient pas de bottes. Un des premiers poèmes que Gavin a dû apprendre par cœur à l'école. Il s'est révélé assez fort pour ce genre d'exercice. C'est un peu honteux à avouer, mais c'est ce qui l'a branché sur la poésie. Tennyson, une baudruche victorienne complètement démodée, parlant d'un vieil homme. Les choses ont tendance à revenir à leur point de départ : une très mauvaise habitude, à son avis.

« M. Zig-Zig *adore* mes griffes lubriques », dit Reynolds.

Très gentil de sa part de mettre ça au présent. C'était un de leurs jeux, autrefois : Reynolds la séductrice, la dominatrice, la femme fatale, et lui sa victime soumise. Comme elle semblait aimer ce scénario, il acceptait de s'y prêter. Maintenant, ce n'est plus un jeu. Aucun des anciens jeux ne marche. Ça ne ferait que les attrister d'essayer de les raviver.

Ce n'est pas ce qu'elle espérait quand elle l'a épousé. Elle envisageait sans doute une vie fascinante, remplie de gens merveilleusement créatifs, de conversations d'une haute tenue intellectuelle. Et ça s'est un peu passé comme ça, dans les premiers temps de leur mariage. Sans compter la poussée des hormones encore actives de Gavin. La dernière explosion du pétard avant qu'il ne fasse *pschitt*, et maintenant, elle se retrouve avec les débris calcinés. Dans ses rares moments d'indulgence, il éprouve une certaine pitié pour elle.

Elle doit trouver une consolation ailleurs. C'est ce qu'il ferait à sa place. Que fait-elle réellement quand elle va à ses séances de spinning, ou à ses prétendues soirées dansantes avec ses soi-disant copines ? Il n'a aucun mal à l'imaginer. De telles pensées le tracassaient autrefois, mais à présent, il envisage les possibles transgressions de Reynolds – pas seulement possibles, mais quasi certaines – avec un détachement clinique. Elle a bien le droit de prendre un peu de bon temps : elle a trente ans de moins que lui. Il a probablement plus de cornes sur le crâne – comme aurait dit le Barde – qu'un escargot à cent têtes.

Bien fait pour lui. Ça lui apprendra à épouser une jeunesse. À en épouser trois de suite. À épouser ses étudiantes. Ça lui apprendra à épouser une femme autoritaire qui s'est arrogé le rôle de gardienne de son existence. Ça lui apprendra à épouser tout court.

Mais au moins, Reynolds ne le quittera pas, il en est pratiquement certain. Elle est en train de peaufiner son rôle de veuve, elle ne voudrait pas avoir fait tout ce boulot pour rien. Elle a un tel esprit de compétition qu'elle va s'accrocher pour être sûre qu'aucune des deux précédentes épouses ne puisse réclamer une partie de lui, littéraire ou autre. Elle voudra avoir le contrôle du récit qu'on fera de lui, contribuer à l'écriture de sa biographie, s'il y en a une. Elle voudra aussi laisser à l'écart ses deux enfants – un de chacune des ex-épouses, qui ne sont d'ailleurs plus des enfants, puisque l'un des deux doit avoir cinquante et un ans, ou peut-être cinquante-deux. Il n'a jamais fait très attention à eux quand ils étaient bébés. Avec leur bazar couleur pastel imbibé d'urine, ils avaient pris trop de place, attiré beaucoup trop de l'attention qui aurait dû lui être consacrée, et il avait décampé chaque fois avant leurs trois ans. Ils ne l'aiment donc pas beaucoup, et il ne leur en veut pas, parce que lui-même haïssait son père. Cela étant, il va sûrement y avoir de la bisbille après l'enterrement : il fait tout ce qu'il faut pour ça en ne finalisant pas son testament. Si seulement il pouvait flotter dans les airs pour observer la scène !

Reynolds lui donne un dernier coup de brosse, lui reboutonne l'avant-dernier bouton de sa chemise, lui remet le col en place.

« Et voilà, dit-elle. C'est beaucoup mieux.

— Qui est cette fille ? s'enquiert-il. Cette fille qui s'intéresse tellement à ma prétendue œuvre ? Elle a un joli cul ?

— Arrête. Toute ta génération était obsédée par le sexe. Mailer, Updike, Roth – tous ces types.

— Ils étaient plus vieux que moi.

— Pas de beaucoup. Avec eux, c'était le sexe, le sexe, le sexe, tout le temps ! Incapables de garder leur braguette fermée !

— Où veux-tu en venir ? demande froidement Gavin. (Cette discussion lui plaît. Il se régale d'avance.) C'est mal, le sexe ? Tu ne serais pas un peu prude, tout à coup ? On aurait dû être obsédés par quoi ? Le shopping ?

— Là où je veux en venir..., commence Reynolds. (Elle est obligée de s'interrompre, pour réfléchir et regrouper ses bataillons internes.) C'est vrai, le shopping n'est pas un bon substitut pour le sexe, je te l'accorde. Mais *faut de mieux*[1]. »

1. En français dans le texte. (*Toutes les notes sont du traducteur.*)

Ouille, songe Gavin.

« *Faut* de quoi ? questionne-t-il.

— Ne joue pas les idiots, tu m'as très bien comprise. Ce que je veux dire, c'est que tout n'est pas une question de joli cul. Cette jeune femme s'appelle Naveena. Elle mérite d'être traitée avec respect. Elle a déjà publié deux articles sur les années de La Péniche. Il se trouve que c'est une fille brillante. Je crois qu'elle est d'ascendance indienne. »

D'ascendance indienne. Où va-t-elle chercher ces expressions archaïques ? Quand elle s'efforce de s'exprimer de façon littéraire, on croirait un personnage comique dans une pièce d'Oscar Wilde.

« Naveena, répète-t-il. On dirait une marque de fromage en tranches. Ou mieux, de crème épilatoire.

— Tu ne devrais pas dénigrer les gens », observe Reynolds.

Elle qui adorait autrefois qu'il dénigre les gens, en tout cas certains. Elle pensait que ça dénotait chez lui une intelligence supérieure et un goût très sûr. Maintenant, elle considère que c'est simplement méchant, ou que c'est un symptôme de carence en vitamines.

« C'est vraiment un réflexe, chez toi ! poursuit-elle. Le fait de les rabaisser ne te grandit pas pour autant, tu sais. Naveena est une universitaire de haut niveau. Elle a un master en littérature.

— Et un joli cul, ou sinon, je ne lui adresse pas la parole, rétorque Gavin. N'importe quel demeuré a un master. On les distribue comme du pop-corn. »

Il lui inflige cette séance à chaque fois – chaque fois qu'elle ramène un nouvel *aficionado*, un nouvel aspirant, un nouvel esclave des mines de sel universitaires – parce qu'il faut bien qu'il lui inflige quelque chose.

« Du pop-corn ? » reprend Reynolds.

Gavin hésite un instant. Qu'est-ce qu'il a bien voulu signifier par là ? Il respire un grand coup.

« De tout petits grains, dit-il. Surchauffés dans la cocotte académique. L'air chaud se dilate. *Pouf !* Un master. »

Pas mal, songe-t-il. En plus, c'est vrai. Comme les universités veulent de l'argent, elles appâtent tous ces gamins et les transforment en flocons de gluten, sans aucun boulot à la clé. Il vaut bien mieux avoir un CAP de plomberie.

Rey éclate de rire – un rire un peu jaune, elle est elle-même titulaire d'un master –, puis elle fronce les sourcils.

« Tu devrais être reconnaissant, dit-elle. (Ah, nous y voilà. Il va se faire gronder, le petit coup de journal roulé sur les fesses. Vilain Gavvy !) Il y a au moins quelqu'un qui s'intéresse à toi ! Une personne jeune ! Il y a des poètes qui tueraient père et mère pour ça ! Les années 60 font fureur en ce moment, heureusement pour toi. Alors, ne va pas te plaindre d'être négligé.

— Depuis quand je fais ça ? demande-t-il innocemment. Je ne me plains jamais !

— Tu te plains tout le temps, et de tout », réplique Reynolds.

Elle a atteint le stade où elle est excédée. Il ne devrait pas pousser les choses plus loin, mais il le fait quand même.

« J'aurais dû épouser Constance », dit-il.

C'est sa carte maîtresse : vlan ! Abattue sur la table ! Ces cinq mots sont en général très efficaces : ils pourraient lui valoir une volée d'hostilité, peut-être même provoquer des larmes. Score maximum : une porte claquée. Ou un projectile. Une fois, elle l'a éraflé avec un cendrier.

Reynolds sourit.

« Eh bien, lâche-t-elle, tu ne l'as pas épousée. C'est moi que tu as épousée. Alors, prends ça et suce. »

Gavin est un peu pris de court. Elle joue les imperturbables.

« Ah, si seulement je pouvais…, dit-il avec un soupir théâtral.

— Un dentier n'est pas un handicap », répond-elle sèchement.

Elle peut être une sacrée garce quand il la pousse un peu trop loin. C'est une chose qu'il admire chez elle, mais un peu moins quand ça se retourne contre lui.

« Maintenant, reprend-elle, je vais préparer le thé. Si tu ne te tiens pas correctement quand Naveena sera là, tu n'auras pas de cookie. »

L'histoire du cookie est une blague, une idée à elle pour détendre l'atmosphère, mais il trouve ça un peu effrayant que la menace d'être privé de ce cookie fasse son effet. Pas de cookie ! Une vague de désolation le submerge. Et il salive. Ah, doux Jésus… Il en est donc arrivé là ? À faire le beau pour mendier un biscuit ?

D'un pas décidé, Reynolds va dans la cuisine, laissant Gavin seul sur le canapé à contempler la vue. Il y a un ciel bleu, la fenêtre panoramique donne sur un jardin clos dans lequel pousse un palmier. Et aussi un jacaranda, ou est-ce un frangipanier ? Il n'en sait rien, c'est juste une maison de location.

Il y a une piscine dont il ne se sert jamais, bien qu'elle soit chauffée. Reynolds y plonge à l'occasion le matin avant qu'il ne se réveille, du moins c'est ce qu'elle affirme : elle aime bien afficher ce genre d'exemple de son agilité physique. Des feuilles tombent dans le bassin, venant du jacaranda-frangipanier, et aussi des aiguilles du palmier. Tout ça flotte à la surface dans les lents tourbillons provoqués par la pompe de circulation. Une jeune fille vient trois fois par semaine et les récupère à l'aide d'une épuisette fixée au bout d'une longue perche. Elle s'appelle Maria, c'est une lycéenne. Elle est incluse dans le prix de la location. Elle entre par la grille du jardin, dont elle a la clé, et avance sans un bruit sur les dalles glissantes du patio avec des semelles de caoutchouc. Elle a de longs cheveux noirs et une taille ravissante. C'est probablement une Mexicaine, mais Gavin n'en sait rien parce qu'il ne lui a jamais parlé. Elle est toujours vêtue d'un short, en toile bleu clair ou un peu plus foncé, et se penche au bord du bassin pendant qu'elle ratisse les feuilles. Son visage, quand il arrive à le voir, est impassible, presque solennel.

Oh, Maria, soupire-t-il en lui-même. Y a-t-il des soucis dans ta vie ? S'il n'y en a pas, il y en aura bientôt. Quel joli petit cul tu as, pour mieux te trémousser encore…

Est-ce qu'elle remarque qu'il l'observe par la baie vitrée ? C'est très vraisemblable. Est-ce qu'elle pense qu'il est un vieillard libidineux ? C'est très probable. Mais ce n'est pas exactement le cas. Comment exprimer le mélange de désir, de nostalgie et de regret muet qu'il ressent ? Il regrette de ne pas être un vieillard libidineux, il aimerait l'être. Il voudrait pouvoir encore l'être. Comment décrire la saveur délicieuse de la crème glacée quand on ne peut plus la goûter ?

Il est en train d'écrire un poème qui commence par : « Maria ratisse les feuilles mourantes. » Même si, à proprement parler, les feuilles sont déjà mortes.

On sonne à la porte, et Reynolds s'y précipite dans un claquement de sabots. Il entend un échange de salutations féminines dans le hall d'entrée, ces gloussements et roucoulements de pigeon que les femmes affectionnent aujourd'hui. Elles y vont de leurs roulements de gorge comme si elles étaient les meilleures amies du monde, alors que c'est la première fois qu'elles se voient. Les contacts se sont faits par échanges de mail, une méthode que Gavin méprise. Il n'aurait pas dû : il a commis une grosse erreur en donnant à Reynolds le contrôle de sa correspondance. Ce faisant, il lui a remis les clés du royaume : elle est désormais la gardienne du Royaume de Gavin. Personne ne peut y entrer sans son autorisation.

« Il est juste en train de faire sa sieste, dit Reynolds de ce ton faussement révérencieux qu'elle adopte quand elle s'apprête à l'exhiber devant des étrangers. Aimeriez-vous jeter d'abord un coup d'œil à son bureau ? Là où il écrit ?

— Oh, ouu-rouu-rouu, fait la voix de Naveena – ce qui doit être une indication de ravissement. Si vous pensez que je peux. »

Clic-clac, *clic-clac*, font leurs deux paires de semelles dans le couloir.

« Il ne peut pas écrire sur un ordinateur, explique Reynolds. Il a besoin d'un crayon. Il dit que c'est une question de rapport entre l'œil et la main.

— Génial », dit Naveena.

Gavin hait son bureau, d'une haine farouche. Il hait ce bureau – qui n'est que temporaire –, mais surtout, il hait son vrai bureau en Colombie-Britannique. C'est Reynolds qui l'a décoré pour lui, et il y a des citations de ses poèmes les plus célèbres inscrites en blanc sur les murs violacés. Il est donc obligé de s'asseoir là, entouré des monuments de sa propre magnificence décatie, tandis qu'autour de lui l'air est empli de haillons et de lambeaux des chefs-d'œuvre poétiques qu'il a autrefois vénérés : les tessons d'amphores bien travaillées, les échos brisés de l'esprit et de la vision d'autres hommes.

Reynolds s'occupe de ces deux bureaux comme si c'étaient des sanctuaires dont il serait la divinité tutélaire. Elle fait tout un cinéma pour tailler ses crayons, elle bloque ses appels téléphoniques et l'enferme. Ensuite, elle rôde aux alentours sur la pointe des pieds, comme s'il était dans un service de réanimation, et il n'arrive pas à écrire un seul mot. Il est incapable de changer la paille en or en la filant, surtout dans ce bureau transformé en mausolée. Tracassin, le nain malicieux qui est à présent la forme la plus probable de sa Muse, n'apparaît jamais pour faire le travail à sa place. Et puis c'est l'heure du déjeuner, et Reynolds lui lance un regard plein d'espoir : « Alors, il y a du neuf ? » Elle est tellement fière de la façon dont elle protège son intimité, assure sa communion avec ses propres jus poétiques et lui permet d'avoir ce qu'elle appelle sa « période créative », qu'il n'a pas le cœur à lui dire qu'il est sec comme un vieil os.

Il faut qu'il sorte, qu'il se sorte de là. Qu'il sorte au moins du bureau, des deux bureaux, avec leur odeur âcre de pages embaumées. Dans les années 60, quand il vivait avec Constance dans l'étuve de cette pièce minuscule où ils mijotaient comme des pruneaux, du temps où ils n'avaient pas d'argent et encore moins de foutu *bureau*, il pouvait écrire n'importe où – dans les bars, les cafés, les bouis-bouis – et les mots sortaient de lui en ruisselant à travers le bout du crayon ou du stylobille, sur n'importe quelle surface plane à portée de main. Des enveloppes, des serviettes en papier. Un stéréotype, d'accord, mais n'empêche, c'était vrai.

Comment retourner là-bas ? Comment retrouver ça ?

Clic-clac, *clic-clac*, venant dans sa direction.

« Par ici », indique Reynolds.

Elle fait entrer Naveena dans le salon. C'est une ravissante petite créature, pratiquement une enfant. De grands yeux noirs, un air timide. Elle porte des boucles d'oreilles en forme de pieuvre. Vous avez du fruit de mer sur les oreilles, pourrait-il lui dire comme introduction s'il la draguait dans un bar, mais il n'essaie pas ça maintenant.

« Oh, je vous en prie, restez assis », commence-t-elle.

Gavin se hisse quand même hors du canapé pour pouvoir lui serrer la main. Il la tient – délibérément – un peu trop longtemps.

Reynolds s'occupe alors de réorganiser les coussins, en jouant son rôle d'infirmière compétente. Que se passerait-il si Gavin agrippait sous le pull noir ce sein qu'elle lui flanque presque dans l'œil et s'il s'en servait comme levier pour la renverser sur le dos, comme une tortue ? *En joyeux vert galant.* Cris, récriminations, le film plastique arraché de leur bol de reliefs conjugaux, sous les yeux médusés d'un auditoire composé d'une seule spectatrice. Ce genre de scène lui permettrait-elle d'échapper à cette minable interview ?

Mais il ne veut pas s'en échapper, pas encore. Il prend parfois un certain plaisir à ces épreuves. Il aime dire qu'il ne se souvient pas d'avoir écrit cette salade de mots, quelle qu'elle soit. Il aime dénigrer les poèmes que ces gamins sentimentaux présentent comme leurs préférés. *Bah, de la crotte de bique, de la merde, de la bouillie pour les chats !* Il aime raconter des histoires sur ses anciens camarades poètes, ses anciens rivaux. La plupart sont morts à présent, ça ne peut pas faire de mal. Non pas que faire du mal l'arrêterait.

Rey insère Naveena dans le fauteuil d'où elle aura une parfaite vue frontale de lui.

« C'est un tel honneur de vous rencontrer, dit-elle – avec juste le respect qu'il faut. Je sais que c'est un peu nunuche, mais j'ai l'impression… c'est comme si je vous connaissais déjà. C'est sans doute à force d'étudier votre œuvre, et tout ça. »

Elle est peut-être d'ascendance indienne, mais son accent est du pur Midwest.

« Alors, vous avez l'avantage sur moi », répond Gavin.

Il la lorgne en coin, comme un troll. Ça peut parfois les déstabiliser, cette façon de les lorgner.

« Je vous demande pardon ? s'étonne Naveena.

— Il veut dire que, bien que vous sachiez beaucoup de choses sur lui, il ne sait rien de vous », explique Reynolds en s'interposant à sa façon habituelle.

Elle aime jouer le rôle d'interprète, comme s'il était un oracle débitant de mystérieuses prophéties que seule la grande prêtresse est capable de déchiffrer.

« Alors, poursuit Reynolds, si vous lui expliquiez sur quoi vous travaillez ? Quelle partie de son œuvre ? Pendant ce temps-là, je vais aller nous faire du thé.

— Je suis tout ouïe, dit Gavin sans cesser de lorgner la fille.

— Ne la mords pas », lance Reynolds en s'éloignant dans un susurrement de jean moulant.

Une bonne dernière réplique : la possibilité de mordre, si ambiguë, si vague quant à la localisation et l'intention, flotte dans l'air comme un parfum. Où commencerait-il, si les morsures étaient à l'ordre du jour ? Un gentil mordillement à la base de la nuque ?

Rien à faire. Même cette perspective ne réussit pas à l'émouvoir. Il étouffe un bâillement.

Naveena manipule un gadget miniature qu'elle pose ensuite sur la table basse devant lui. Elle porte une minijupe qui lui remonte au-dessus des genoux – découvrant des bas résille comme des rideaux en dentelle teints en noir – et aussi une paire de bottes serties de clous, aux talons affreusement hauts. Gavin a mal aux pieds rien que de les regarder. Elle doit avoir les orteils écrasés, là-dedans, comme les pieds bandés en Chine qu'on voit sur de vieilles photos sépia. Ces pieds déformés étaient sexuellement stimulants, c'est du moins ce que Gavin a lu. Les types glissaient leur M. Zig-Zig dans l'orifice moite constitué par les orteils recroquevillés et atrophiés. Lui-même n'en voit pas l'intérêt.

La fille a noué ses cheveux en chignon, à la façon des ballerines. Les chignons sont terriblement sexy. C'était autrefois un délice de les défaire, comme quand on déballe un cadeau. Des têtes avec les cheveux en chignon sont d'une telle élégance, d'une telle virginité. Et puis, quand on les défait, les cheveux s'échappent, se libèrent, tombent en cascade sur les épaules, les seins, l'oreiller. Il les énumère mentalement : *Les chignons que j'ai connus*.

Constance n'avait pas de chignon. Elle n'en avait pas besoin. Elle était plus ou moins un chignon à elle toute seule : bien nette, bien contenue, et tellement tumultueuse quand il la défaisait. La première fille à habiter avec lui. Il était Adam, elle était son Ève. Rien ne pourrait jamais remplacer ça. Il se souvient avec quelle impatience il l'attendait dans leur paradis exigu et étouffant, avec la gazinière et la bouilloire électrique. Elle franchissait la porte avec ce corps à la fois souple et pulpeux, et au sommet cette tête contradictoire avec son visage pâle comme une lune déclinante autour duquel flottaient ses cheveux blonds tel un halo, et il l'enveloppait dans ses bras et plantait les dents dans son cou.

Enfin, pas exactement *dans*, mais c'est ce qu'il avait envie de faire. En partie parce que, à l'époque, il avait toujours faim et qu'elle sentait le poulet frit de Chez Snuffy, et aussi parce qu'elle l'adorait, elle fondait dans ses bras comme du miel chaud. Elle était tellement malléable. Il pouvait tout faire avec elle, la disposer comme il voulait, et elle disait oui. Pas simplement oui. *Oh, oui !*

A-t-il jamais été adoré comme ça depuis, adoré d'une façon pure, sans mobile caché ? Parce qu'il n'était pas célèbre, à l'époque. Il n'avait même pas cette célébrité modérée qu'on accorde aux poètes dans un cercle restreint. Il n'avait rien remporté, aucun prix. Il n'avait pas publié de minces recueils méritoires et enviés. Il avait la liberté de celui qui n'est rien, avec devant lui un avenir qui se déroulait telle une feuille blanche sur laquelle tout pourrait s'écrire. Elle l'avait adoré strictement pour ce qu'il était au plus profond de lui-même. « Je pourrais te dévorer », lui disait-il.

Mmm, mmm. Grrr, grrr. *Oh, oui !*

« Excusez-moi ? » demande Naveena.

Il revient aussitôt dans le présent. Est-ce qu'il émettait un bruit ? Un claquement de babines, un grognement ? Et alors, quand bien même ? Ses bruits, il les a mérités. Il fera tous les bruits qu'il veut.

Mais doucement, maintenant ! Voici la belle Naveena. Nymphe, dans tes glossaires, souviens-toi de tous mes calembours. Une remarque un peu plus pratique s'impose.

« Ces bottes sont-elle confortables ? » interroge-t-il avec cordialité.

Mieux vaut entamer le dialogue comme ça, en la faisant parler de choses qu'elle connaît, comme des bottes, par exemple, parce que bientôt, elle va être complètement dépassée.

« Hein, quoi ? dit Naveena. Quelles bottes ? »

Serait-elle en train de rougir ?

« Elles ne vous pincent pas les orteils ? Elles ont l'air très à la mode, mais comment faites-vous pour marcher ? »

Il aimerait lui demander de se lever et de faire quelques pas dans la pièce en se déhanchant – c'est une des fonctions des talons hauts que d'incliner le bassin de la femme de sorte que son fessier s'incurve vers l'extérieur tandis que ses seins pointent en avant, lui donnant la courbe serpentine de la beauté – mais il ne va pas le lui demander. Après tout, c'est une parfaite étrangère.

« Oh, reprend Naveena, celles-là. Oui, elles sont confortables, même si je ne devrais peut-être pas les porter quand les trottoirs sont verglacés.

— Il n'y a pas de glace sur les trottoirs », fait remarquer Gavin.

Pas très fute-fute, la nymphe.

« Oh, non, pas ici, répond-elle. Après tout, on est en Floride, n'est-ce pas ? Non, je voulais dire chez moi. (Elle rit nerveusement.) La glace. »

En regardant le bulletin météo, Gavin a noté avec intérêt le vortex polaire qui recouvre le Nord, l'Est et le Centre. Il a regardé les images des blizzards, des tempêtes de glace, des voitures retournées et des arbres brisés. C'est là que doit se trouver Constance en ce moment : dans l'œil du cyclone. Il l'imagine tendant les bras vers lui, vêtue simplement de neige, entourée d'un fabuleux halo de lumière éthérée. Sa Dame du clair de lune. Il a oublié pourquoi ils ont rompu. C'était une chose insignifiante : rien qui aurait dû compter pour elle. Une autre femme avec qui il avait couché. Melanie, Megan, Marjorie ? Ce n'était vraiment rien, cette femme lui avait pratiquement sauté dessus du haut d'un arbre. C'est ce qu'il avait tenté d'expliquer à Constance, mais elle n'avait pas compris la situation impossible dans laquelle il était.

Pourquoi n'avaient-ils pas pu continuer de vivre ensemble, tous les deux, éternellement ? Lui et Constance, le soleil et la lune, chacun brillant de mille feux, quoique de façon différente. Et voilà qu'à la place, il se retrouve ici, délaissé par elle, abandonné. Dans le temps, incapable de le soutenir. Dans l'espace, incapable de le bercer.

« La Floride… Oui, et alors ? » demande-t-il un peu trop sèchement.

De quoi parle-t-elle, cette Naveena ?

« Il n'y a pas de glace ici, répond-elle d'une petite voix.

— Oui, c'est exact, bien sûr, mais vous allez bientôt rentrer chez vous. (Il faut qu'il lui montre qu'il ne s'égare pas, qu'il ne perd pas le fil.) Chez vous... où ça ? en Indiana ? Idaho ? Iowa ? Il y a beaucoup de glace, là-bas ! Alors, si vous tombez, ne tendez pas les mains en avant, explique-t-il en adoptant un ton pédagogique et paternel. Essayez de vous recevoir sur l'épaule. Comme ça, vous ne vous casserez pas le poignet.

— Oh, répond Naveena encore une fois. Merci. (Il y a un silence embarrassé.) Nous pourrions peut-être parler de vous ? reprend-elle. Et aussi, heu, vous savez, de votre, hem, de votre œuvre – quand vous écriviez vos premiers poèmes. J'ai mon magnétophone, est-ce que je peux l'allumer ? Et j'ai apporté quelques vidéos que nous pourrions regarder, si vous voulez bien, et vous pourriez me parler du, heu, du contexte. Si ça ne vous dérange pas.

— Allez-y », approuve-t-il en se calant dans son fauteuil.

Bon sang de bois, où est Reynolds ? Où est son thé ? Et le cookie : il l'a bien mérité.

« Très bien, alors, ce sur quoi je travaille en ce moment, c'est, disons, les années de La Péniche. Le milieu des années 60. Quand vous avez écrit cette suite intitulée *Sonnets pour Ma Dame*. »

Elle installe maintenant un autre gadget technique, une de ces tablettes. Reynolds vient juste d'en acheter une verte. Celle de Naveena est rouge, avec un socle triangulaire très astucieux.

Gavin se cache les yeux avec la main en feignant d'être embarrassé.

« Ah, non, ne me rappelez pas ce souvenir, dit-il. Les *Sonnets* – c'était un travail de débutant. Des bêtises flasques, du boulot d'amateur. Je n'avais que vingt-six ans. Ne pourrions-nous pas passer à quelque chose de plus substantiel ? »

En fait, ces sonnets étaient dignes d'intérêt, d'abord parce qu'ils n'avaient de sonnets que le nom – quelle audace de sa part ! –, et ensuite parce qu'ils constituaient une innovation en repoussant les frontières du langage. C'est du moins ce que disait la quatrième de couverture. Toujours est-il que ce livre lui avait valu son premier prix littéraire. Il avait feint de le prendre avec indifférence, et même du mépris – après tout, ces prix n'étaient-ils pas encore un niveau de contrôle imposé à l'Art par l'establishment ? –, mais il avait encaissé le chèque.

« Keats est mort à vingt-six ans, dit Naveena d'un air sévère, et voyez tout ce qu'il a accompli ! »

Une contradiction en bonne et due forme ! Elle le contredit ! Comment ose-t-elle ? Il avait déjà la cinquantaine quand elle est née ! Il aurait pu être son père ! Il aurait pu être son violeur pédophile quand elle était gamine !

« Byron a qualifié l'œuvre de Keats de “poésie de Johnny-pipi-au-lit”, rétorque-t-il.

— Je le sais, ça, dit Naveena. C'était sans doute par jalousie. De toute façon, ces sonnets sont formidables ! “La bouche de Ma Dame sur moi”… C'est si simple, si beau, si direct… »

Elle n'a pas l'air de se rendre compte que le sujet est une fellation. Très différent de « La bouche de Ma Dame sur la mienne » : à l'époque, « moi », dans un tel contexte, était une allusion voilée à « bite ». La première fois que Reynolds a lu ce vers avec le mot *bouche*, elle a éclaté de rire : le lys épanoui de Gavin n'a pas les pensées aussi pures.

« Donc, vous travaillez sur les sonnets de la “Dame”, poursuit-il. N'hésitez pas à me dire s'il y a des points que vous aimeriez que j'élucide. Quelque chose qui vienne directement de la bouche du cheval, pour ainsi dire, afin de donner de la chair à votre thèse.

— Eh bien, ce n'est pas exactement sur les sonnets que je travaille, répond-elle. Des tas de gens se sont déjà penchés dessus. (Elle contemple un instant la table basse. Cette fois, elle rougit carrément.) En fait, je fais ma thèse sur C. W. Starr. Vous savez, Constance Starr – même si je sais bien que Starr n'était pas son vrai nom –, et sa série Alphinland, et donc, eh bien, vous la connaissiez à l'époque. À La Péniche, tout ça. »

Gavin a l'impression qu'on vient de lui injecter du mercure glacé dans les veines. Qui a laissé entrer cette créature ? Cette profanatrice, cette sacrilège ? C'est Reynolds, voilà qui ! Cette traîtresse de Reynolds connaissait-elle la véritable mission de cette harpie ? Si c'est le cas, il va lui arracher les molaires.

Mais il est coincé. Il ne peut pas prétendre qu'il y attache de l'importance – au fait d'être considéré comme une simple source secondaire dans l'action principale, celle-ci étant Constance. Constance la folle, avec ses stupides histoires de nains. Constance la cervelle d'oiseau. Manifester de la colère ne ferait qu'exposer son ventre mou, ajouterait de l'humiliation à l'humiliation première.

« Ah, oui, réplique-t-il avec un petit rire plein d'indulgence, comme s'il se souvenait d'une bonne plaisanterie. *Tout ça* est parfaitement exact ! Tellement de *tout*, et tellement de *ça* ! C'était *tout* et *ça* du matin au soir ! Mais j'avais la vigueur nécessaire, à l'époque.

— Je vous demande pardon ? » dit Naveena.

Ses yeux brillent : elle a soutiré un peu du sang pour lequel elle était venue. Mais elle n'aura pas *tout* le sang.

« Ma chère enfant, reprend Gavin. Constance et moi, nous *vivions* ensemble. Nous étions *à la colle*. C'était l'aube du New Age, l'ère du Verseau. Et même si l'aube ne s'était pas entièrement levée, nous étions quand même très occupés. Nous passions plus de temps à retirer nos vêtements qu'à les enfiler. Elle était... étonnante.

(Il s'autorise un sourire de réminiscence.) Ne me dites pas que vous faites un travail universitaire sérieux sur Constance ! Ce qu'elle a écrit n'était en aucune façon…

— Eh bien, en fait, si, déclare Naveena. Il s'agit d'une analyse en profondeur de la fonction du symbolisme par rapport au néo-représentationalisme dans le processus d'élaboration d'un monde, ce qui peut être étudié de façon bien plus efficace à travers les genres de la fantasy que sous les formes plus déguisées de la prétendue fiction réaliste. Vous n'êtes pas d'accord ? »

Dans un *clic-clac* de semelles, Reynolds arrive avec un plateau.

« Voilà notre thé ! » annonce-t-elle juste au bon moment.

Gavin sent ses veines battre dans ses tempes. Nom de Dieu, qu'est-ce que Naveena vient de dire ?

« Quelle sorte de cookies ? demande-t-il pour remettre le néo-représentationalisme à sa place.

— Aux pépites de chocolat, répond Reynolds. Est-ce que Naveena t'a déjà montré les vidéos ? Elles sont fascinantes ! Elle me les a envoyées dans une Dropbox. »

Elle s'assied à côté de lui et commence à verser le thé.

Dropbox. Qu'est-ce que c'est que ça ? Rien ne lui vient à l'esprit, sinon une boîte spéciale où les chats peuvent faire leurs besoins. Mais il se garde bien de poser la question.

« Voici la première, annonce Naveena. La Péniche, vers 1965. »

C'est un traquenard, une trahison. Mais Gavin n'a pas le choix. Il regarde. C'est comme s'il était aspiré dans un tunnel du temps : la force centrifuge est irrésistible.

Le film est en noir et blanc, avec du grain. Il n'y a pas de son. La caméra balaie la pièce : un groupie amateur, ou était-ce pour un des premiers documentaires ?

Ça doit être Sonny Terry et Brownie McGhee sur scène, et là, serait-ce Sylvia Tyson ? Deux de ses collègues poètes de l'époque, affalés à l'une des tables, avec leurs coiffures à la mode du moment et leurs duvets de barbe pleins d'optimisme et de défi. Il y en a tellement qui sont morts, maintenant.

Et le voilà, lui-même, en personne, avec Constance à côté de lui. Pas de barbe, mais une cigarette pendant au coin des lèvres et un bras passé négligemment autour des épaules de Constance. Il ne la regarde pas, c'est la scène qu'il regarde. Mais elle, elle le regarde. Elle le regardait toujours. Ils sont si mignons, tous les deux : pas encore une seule cicatrice, tellement pleins d'énergie et d'espoir, comme des enfants. Tellement inconscients des vents du destin qui vont bientôt les balayer et les séparer. Il a envie de pleurer.

« Elle doit être fatiguée, dit Reynolds avec satisfaction. Regarde ses poches sous les yeux. Deux grands cercles noirs. Elle doit être complètement épuisée.

— Fatiguée ? » répète Gavin.

Il n'a jamais pensé à Constance dans ces termes.

« Eh bien, oui, j'imagine qu'elle était fatiguée, enchérit Naveena. Avec tout ce qu'elle écrivait à l'époque ! C'était monumental ! Elle a pratiquement créé toute la structure d'Alphinland en très peu de temps ! En plus, elle avait son travail de serveuse, dans le restaurant de poulet.

— Elle n'a jamais dit qu'elle était fatiguée, proteste Gavin – parce qu'elles le regardent toutes les deux avec ce qui pourrait bien être un air de reproche. Elle avait beaucoup d'endurance.

— Elle vous a écrit quelque chose là-dessus, réplique Naveena. Sur le fait qu'elle était fatiguée. Mais elle disait qu'elle n'était jamais trop fatiguée pour vous ! Elle disait que vous deviez toujours la réveiller, même si vous rentriez très tard. Elle l'a écrit noir sur blanc ! Je crois qu'elle vous aimait vraiment. C'est tellement mignon. »

Gavin ne comprend pas. Elle lui a écrit ? Il ne s'en souvient pas.

« Pourquoi m'aurait-elle écrit des lettres ? demande-t-il. Nous habitions dans le même appartement.

— Elle vous écrivait des petits mots dans le journal qu'elle tenait, explique Naveena, et elle le laissait sur la table parce que vous dormiez toujours très tard le matin, alors qu'elle devait aller à son travail, mais vous lisiez ensuite ses notes. Et alors, vous écriviez vos réponses juste en dessous. Le journal avait une couverture noire, c'était le même genre de cahier que celui qu'elle a utilisé pour les listes et les cartes d'Alphinland. Il y a une page différente pour chaque jour. Vous ne vous souvenez pas ?

— Ah, ça », dit Gavin.

Il en a un vague souvenir. Il se souvient surtout de ces matins lumineux, après une nuit passée avec Constance. La première tasse de café, la première cigarette, les premières lignes du premier poème, apparaissant comme par magie. La plupart de ces poèmes méritaient d'être conservés.

« Oui, vaguement, poursuit-il. Comment avez-vous récupéré ce journal ?

— Il était dans vos papiers, répond Naveena. C'est l'université d'Austin qui les détient. Vous les avez vendus. Vous vous souvenez ?

— J'ai vendu mes papiers ? Quels papiers ? »

Il est complètement perdu. Un de ces trous de mémoire qui se produisent de temps en temps, comme une déchirure dans une toile d'araignée. Il ne se souvient absolument pas d'avoir fait ça.

« En fait, intervient Reynolds, pour être plus précis, c'est moi qui les ai vendus. J'ai tout arrangé. Tu m'avais demandé de m'en occuper pour toi. C'était à l'époque où tu travaillais sur la traduction de l'*Odyssée*. Il s'immerge tellement dans son travail, explique-t-elle à Naveena. Il oublierait même de manger si je ne le nourrissais pas !

— Oui, je sais, je sais ! » s'exclame Naveena.

Elles échangent un regard complice : il faut être indulgent avec les génies. Ce qui, songe Gavin, est la traduction la plus charitable. *Il faut mentir aux vieux schnoques* serait l'autre.

« Et maintenant, dit Reynolds en se penchant, regardons l'autre vidéo. »

Pitié, plaide Gavin en silence. *Je suis dans les cordes. Cette princesse adolescente m'épuise. Je ne sais pas de quoi elle parle ! Finissons-en !*

« Je suis fatigué », déclare-t-il.

Mais pas assez fort, apparemment : ces deux-là se sont fixé leur programme.

« C'est une interview, explique Naveena. Elle date d'il y a quelques années. On la trouve sur YouTube. »

Elle clique sur la flèche et la vidéo démarre, cette fois en couleurs et avec le son.

« Ça se passe à la World Fantasy Convention de Toronto », précise-t-elle.

Gavin regarde avec un sentiment d'horreur grandissant. Une vieille dame toute frêle est interviewée par un homme en costume de *Star Trek :* une combinaison violette, un gigantesque crâne sillonné de veines. Sans doute un Klingon, songe Gavin. Bien qu'il ne sache pas grand-chose de cet univers de mèmes, les élèves de son atelier d'écriture essayaient de l'éclairer quand le sujet apparaissait dans leurs poèmes. Il y a une autre femme à l'écran, avec un visage plastifié qui luit sous les projecteurs.

« C'est la Reine Borg », chuchote Naveena.

La vieille toute frêle est censée être Constance, d'après le sous-titre de YouTube, mais Gavin ne parvient pas à y croire.

« Nous sommes absolument ravis d'avoir aujourd'hui avec nous quelqu'un dont on pourrait dire qu'elle est la grand-mère de la création des mondes de fantasy du xxe siècle, assure la Reine Borg. C. W. Starr en personne, la créatrice de la série mondialement célèbre, Alphinland. Dois-je vous appeler Constance, ou Miss Starr ? Ou peut-être simplement C. W. ?

— Comme vous voudrez », répond Constance.

Car c'est bel et bien Constance, quoique très diminuée. Elle porte un cardigan à fils d'argent dans lequel elle flotte. Ses cheveux sont comme un plumage d'aigrette en désordre, et son cou ressemble à un bâton de sucette. Elle jette des coups d'œil autour d'elle comme si elle était éblouie par les lumières et étourdie par le bruit.

« Je n'attache pas d'importance au nom ni aux choses de ce genre, poursuit-elle. La seule chose qui comptait pour moi, c'était ce que je faisais, avec Alphinland. »

Sa peau est étrangement lumineuse, comme un champignon phosphorescent.

« Vous n'aviez pas le sentiment d'être courageuse, d'écrire ce genre de chose, à vos débuts ? demande le Klingon. La fantasy était strictement un monde d'hommes, à l'époque. »

Constance rejette la tête en arrière et éclate de rire. Ce rire – ce rire aérien, léger comme une plume – était autrefois charmant, mais à présent, Gavin le trouve grotesque. D'une vivacité déplacée.

« Oh, personne ne faisait attention à moi, à cette époque. On ne peut donc pas vraiment parler de courage. De toute façon, j'utilisais des initiales. Au début, personne ne savait que je n'étais pas un homme.

— Comme les sœurs Brontë.

— On ne peut pas vraiment comparer », rétorque Constance avec un regard en coin et un petit gloussement modeste.

Est-ce qu'elle est en train de flirter avec ce type à la peau violacée et au crâne gonflé de veines ? Gavin fait une grimace.

« Là, note Reynolds, elle a vraiment l'air fatiguée. Je me demande qui lui a mis cet affreux maquillage. Ils n'auraient pas dû se servir de poudre minérale. Quel âge a-t-elle, exactement ? »

« Alors, demande la Reine Borg, comment s'y prend-on pour créer un monde alternatif ? On le fabrique à partir de rien ?

— Oh, je ne fabrique jamais rien à partir de rien », répond Constance.

À présent, elle est sérieuse, à sa façon un peu espiègle qu'elle avait. *Regardez, je suis sérieuse*. Gavin n'avait jamais été convaincu à l'époque : c'était un peu comme une petite fille qui met les chaussures à talons de sa maman. Ça aussi, il l'avait trouvé charmant. Maintenant, ça lui semble bidon. Quel droit a-t-elle d'être sérieuse ?

« Voyez-vous, poursuit-elle, tout dans Alphinland est basé sur un élément de la vraie vie. Comment faire autrement ?

— Cela vaut aussi pour les personnages ? demande le Klingon.

— Eh bien, oui, mais j'en prends parfois quelques morceaux par-ci, par-là, et je les mets ensemble.

— Comme M. Patate, intervient la Reine Borg.

— M. Patate ? (Constance semble décontenancée.) Il n'y a personne de ce nom dans Alphinland !

— C'est un jouet, explique la Reine Borg. On plante des nez et des yeux de différentes sortes dans une pomme de terre.

— Ah, fait Constance. C'est après mon époque. Je veux dire, celle de mon enfance. »

Le Klingon meuble le silence.

« Il y a toute une bande de méchants, dans Alphinland ! Eux aussi, vous les tirez de la vraie vie ? (Il glousse.) Ce n'est pas le choix qui manque !

— Oh, oui, approuve Constance. Surtout les méchants.

— Alors, par exemple, dit la Reine Borg, Milzreth Main Rouge est quelqu'un que nous pourrions croiser dans la rue ? »

Constance refait son rire tête en arrière, et Gavin grince des dents. Quelqu'un devrait lui conseiller de ne pas ouvrir la bouche aussi grande, ça ne lui va plus du tout : on peut voir qu'il lui manque deux molaires du fond.

« Ah, mon Dieu, j'espère que non ! s'exclame-t-elle. Pas dans ce déguisement. Mais j'ai basé Milzreth sur un homme de la vraie vie. »

Là, elle regarde pensivement vers la caméra, droit dans les yeux de Gavin.

« Un ancien petit ami, peut-être ? suggère le Klingon.

— Oh, non. Plutôt un politicien. Milzreth est très politique. Mais j'ai effectivement mis un de mes anciens petits amis dans Alphinland. Il y est en ce moment même, mais vous ne pouvez pas le voir.

— Allez-y, dites-nous tout », l'encourage la Reine Borg avec un sourire de carnassier.

Constance se fait évasive.

« C'est un secret, ajoute-t-elle. (Elle jette un coup d'œil par-dessus son épaule d'un air inquiet, comme si elle soupçonnait la présence d'un espion.) Je ne peux pas vous dire où il est. Je ne voudrais pas perturber, vous savez… l'équilibre. Ce serait très dangereux pour nous tous ! »

Est-ce que c'est en train de déraper ? Ne serait-elle pas, peut-être, un peu folle ? C'est ce que semble penser la Reine Borg, parce qu'elle met brusquement fin à l'entretien.

« C'était un tel privilège, un tel honneur, merci beaucoup ! Allez, les garçons et les filles, un grand bravo à C. W. Starr ! »

On entend des applaudissements. Constance a l'air médusée. Le Klingon la prend par le bras.

Sa Constance en or. Elle s'est égarée. Elle s'est perdue. Une âme perdue et errante.

Black-out.

« N'était-ce pas formidable ? s'exclame Naveena. Elle est stupéfiante ! Alors, j'ai pensé que, peut-être, vous pourriez me donner une idée… enfin, elle a pratiquement dit qu'elle vous avait mis dans Alphinland, et ce serait vraiment très important pour moi – pour mon travail – si je pouvais déterminer de quel personnage il s'agit. J'ai ramené les possibilités à six, et j'en ai fait une liste avec leurs différentes caractéristiques, leurs pouvoirs spéciaux, leurs attributs et leurs blasons. Je pense que vous devez être le personnage de Thomas le Rimeur parce que c'est le seul poète de la série. Bien sûr, c'est plutôt un prophète – son pouvoir spécial est le don de double vue.

— Thomas le quoi ? demande Gavin d'un ton glacial.

— Le Rimeur, répète Naveena en hésitant. Il figure dans une ballade très connue. Vous la trouverez dans Child. Enlevé par la Reine des Fées, il chevauche avec du sang rouge jusqu'aux genoux, et on ne le revoit plus sur Terre pendant sept ans ; quand il revient, on l'appelle Thomas le Véridique parce qu'il peut prédire l'avenir. Mais ce n'est pas son nom dans la série, bien sûr. Dans Alphinland, il est Kluvosz à l'Œil de Cristal.

— Est-ce que j'ai l'air de quelqu'un avec un œil de cristal ? » demande Gavin d'un air imperturbable.

Il va la faire transpirer.

« Non, mais…

— Ce n'est absolument pas moi, dit Gavin. Kluvosz à l'Œil de Cristal, c'est Al Purdy. »

C'est le mensonge le plus délectable qu'il puisse imaginer. Le Grand Al avec ses poèmes sur la menuiserie et le travail dans une usine de sang séché, enlevé par la Reine des Fées ! Si seulement Naveena pouvait mettre ça dans sa thèse, il lui serait éternellement reconnaissant. Elle saura y intégrer le sang séché, pour que tout ça colle bien. Il pince les lèvres : il ne faut pas qu'il rie.

« Comment sais-tu que c'est Al Purdy ? demande Reynolds d'un air soupçonneux. (Elle se tourne vers Naveena :) Gavvy ment comme il respire, vous devez le savoir. Il falsifie sa propre biographie. Il trouve ça amusant. »

Gavin la court-circuite.

« C'est Constance qui me l'a dit, évidemment. Elle discutait souvent de ses personnages avec moi.

— Mais Kluvosz à l'Œil de Cristal n'apparaît que dans le livre III de la série, proteste Naveena. *Le Retour du spectre*. C'était bien longtemps après... je veux dire, il n'existe aucun document, et vous ne fréquentiez plus Constance à ce moment-là.

— Nous avons continué de nous voir en secret, dit-il. Pendant des années. Dans des toilettes de night-club. C'était une fatale attirance. Nous ne pouvions pas décoller les mains l'un de l'autre.

— Tu ne m'en as jamais parlé, intervient Reynolds.

— Ma chérie, répond-il, il y a tellement de choses dont je ne t'ai jamais parlé. »

Elle ne croit pas un mot de son histoire, mais elle ne peut pas prouver qu'il invente.

« Ça changerait tout, déclare Naveena. Il faudrait que je récrive... il faudrait que je revoie mon hypothèse centrale. C'est tellement... tellement crucial ! Alors, si vous n'êtes pas Kluvosz, qui êtes-vous ?

— Oui, qui, effectivement ? Je me pose parfois la question. Finalement, je ne suis peut-être pas dans Alphinland. Peut-être que Constance m'a effacé.

— Elle m'a assuré que vous étiez dedans, insiste Naveena. Elle l'a écrit dans un mail, il y a tout juste un mois.

— Elle devient gâteuse, dit Reynolds. Ça se voit dans cette vidéo, et elle a été tournée avant la mort de son mari. Elle a tout mélangé, elle ne peut probablement même pas… »

Sans prêter attention à Reynolds, Naveena se penche vers Gavin en ouvrant de grands yeux, et baisse la voix en un murmure presque intime :

« Elle m'a expliqué que vous étiez *caché*. Comme un trésor, n'est-ce pas romantique ? Comme ces images où il faut distinguer un visage au milieu des arbres – c'est ce qu'elle a dit. »

Elle voudrait danser la gigue, lui sucer la dernière goutte de sève qui subsiste dans son crâne presque vide. Écarte-toi de moi, fille dévergondée !

« Navré, répond-il, mais je ne peux pas vous aider. Je n'ai jamais lu un mot de ces fadaises. »

C'est faux. Il en a lu, et même une bonne partie. Ça n'a fait que conforter son opinion. Non seulement Constance était un mauvais poète, à l'époque où elle essayait d'en devenir un, mais sa prose est aussi effroyable. Alphinland : tout est dans le nom. *Affligeland* serait encore bien plus approprié.

« Je vous demande pardon ? dit Naveena. Je ne trouve pas ça très respectueux… c'est une vision élitiste…

— Vous ne pourriez pas trouver une meilleure façon d'occuper votre temps que d'essayer de déchiffrer cette infâme bouillasse de bave de grenouille ? poursuit-il. Un magnifique spécimen de féminité comme vous, avec vos jolies fesses qui se flétrissent sur la branche, quel gâchis. Vous avez des occasions ?

— Je vous demande pardon ? » répète Naveena.

C'est manifestement sa technique de défense : l'espoir de se voir pardonnée.

« De vous gratter là où ça vous démange ? De jouer la bête à deux dos ? D'un peu de sexe, enfin ? » dit Gavin.

Reynolds lui enfonce un coude dans les côtes, très fort, mais il l'ignore et poursuit :

« Il doit bien y avoir un joyeux vert galant qui s'occupe de vous la mettre. Mieux vaut une bonne séance de baise pour une jolie fille comme vous que de vous user les yeux à écrire des notes de bas de page sur ces niaiseries. Ne me dites pas que vous êtes vierge ! Ce serait complètement absurde !

— Gavin ! s'écrie Reynolds. Tu ne peux plus parler comme ça aux femmes ! Ce n'est pas…

— Je ne suis pas sûre que ma vie privée vous concerne en quoi que ce soit », déclare Naveena d'un air pincé.

Sa lèvre inférieure tremble, il ne s'est donc peut-être pas trompé. Mais il ne va pas la laisser s'en tirer comme ça.

« Vous n'avez aucun scrupule à fouiller dans la mienne, réplique-t-il. Ma vie privée ! Vous lisez mon journal, vous fouinez dans mes papiers, vous reniflez autour de… de mon ancienne petite amie. C'est indécent ! Constance *est* ma vie privée. Privée ! Hein, vous y avez déjà pensé, à ça ?

— Gavin, tu as vendu ces papiers, fait remarquer Reynolds. Ils sont maintenant dans le domaine public.

— Des conneries, tout ça ! lance Gavin. C'est toi qui les as vendus, espèce de foutue traîtresse ! »

Naveena referme sa tablette rouge, avec une certaine dignité.

« Je crois que je ferais mieux de partir, conclut-elle.

— Je suis vraiment désolée, dit Reynolds. Ça lui arrive d'être comme ça, de temps en temps. »

Et elles se lèvent et quittent la pièce, dans un concert de *ooh* et de *aah* et de *vraiment désolée* tout le long du couloir. La porte d'entrée se referme. Reynolds raccompagne sûrement la fille jusqu'à la station de taxis devant le Holiday Inn, une centaine de mètres plus loin. Elles vont parler de lui, sans aucun doute. De lui et de ses accès de colère et de hargne. Reynolds va peut-être tenter de réparer les dégâts. Ou peut-être pas.

La soirée s'annonce glaciale. Il est prêt à parier qu'elle va lui faire un œuf à la coque, et s'appliquer un masque en plastique pour aller danser.

Il se laisse emporter par la colère. Il ne devrait pas. C'est mauvais pour le système cardiovasculaire. Il faut qu'il pense à autre chose. Son poème, celui qu'il est en train d'écrire. Pas dans le prétendu bureau, il est infichu d'y écrire une ligne. De son pas traînant, il se rend dans la cuisine et récupère son carnet dans le tiroir de la table du téléphone, là où il aime le ranger. Il trouve un crayon, puis il sort par la porte du jardin et descend les trois marches dallées menant au patio, qu'il traverse prudemment. Le patio est également dallé, c'est glissant autour de la piscine. Il réussit à atteindre la chaise longue qui était son objectif, et il s'y installe.

Les feuilles mortes tournent lentement dans le courant. Maria va peut-être venir en silence, vêtue de son short bleu, avec son épuisette, pour les récupérer.

Maria ratisse les feuilles mourantes.
Sont-ce des âmes ? L'une d'elles est-elle la mienne ?
Est-elle l'Ange de la Mort, avec ses cheveux noirs,
Avec son ombre noire, venue me recueillir ?
Âme errante qui s'estompe, tournant dans ce bassin glacé,
Si longtemps la complice de mon corps, cet imbécile,

Où finiras-tu par atterrir ? Sur quel rivage désolé ? Ne seras-tu rien d'autre qu'une feuille morte ? Ou bien…

Non, on dirait trop du Whitman. Et Maria n'est qu'une gentille lycéenne ordinaire qui se fait un peu d'argent de poche, il y en a treize à la douzaine comme elle, rien de spécial. On ne peut pas vraiment parler de nymphette, ni même de suceuse de sève ensorcelante sortie de *Mort à Venise*. Et pourquoi pas *Mort à Miami* ? On croirait un titre de série policière.

N'empêche, il aime bien l'idée de Maria en Ange de la Mort. Le moment ne saurait tarder où il va avoir droit à un de ceux-là. Il préférerait voir un ange au moment de sa mort plutôt que rien du tout.

Il ferme les yeux.

Il se trouve de nouveau dans le jardin public, avec Richard III. Il a bu deux gobelets de la Thermos de martini, et il a besoin de faire pipi. Mais on est au milieu d'une scène : Richard, vêtu de cuir et tenant un fouet démesuré, accoste Lady Anne, qui escorte le cercueil de son mari assassiné. Lady Anne porte une tenue de fétichiste sadomaso. Tout en jouant leur duo venimeux, chacun pose à tour de rôle une botte sur le cou de l'autre. C'est grotesque, mais quand on y réfléchit bien, ça se tient parfaitement. Il embroche son gentil mari, elle lui crache à la figure, il lui tend son poignard pour qu'elle le trucide, et ainsi de suite. Shakespeare est tellement pervers… A-t-on jamais gagné une femme de cette façon ? Cochez la case OUI.

« Je vais pisser un coup, dit-il à Rey quand Richard a fini de se vanter de sa conquête de Lady Anne.

— C'est là-bas, à côté de la baraque de hot-dogs, indique Reynolds. Chut !

— Les vrais hommes ne pissent pas dans des toilettes de chantier, répond-il. Les vrais hommes pissent dans les fourrés.

— Je ferais mieux de t'accompagner, chuchote-t-elle. Tu vas te perdre.

— Fiche-moi la paix.

— Au moins, prends la torche. »

Mais il refuse aussi la torche. Volonté de lutter, de chercher, de trouver et de ne jamais céder. Il s'éloigne dans l'obscurité et se débat avec sa braguette. Il ne voit pratiquement rien. Au moins, il ne s'en est pas mis sur les pieds : pas de chaussettes tièdes, cette fois. Soulagé, il se reboutonne et fait demi-tour, prêt à entreprendre la navigation du retour. Mais où est-il ? Des branches lui balaient le visage : il a perdu tout sens de l'orientation. Pire encore : le feuillage pourrait receler une armée de brigands prêts à attaquer une victime aussi facile. Ah, merde ! Comment alerter Reynolds ? Il refuse de gémir pour appeler les secours. Il ne doit pas céder à la panique.

Une main lui saisit le bras, et il se réveille en sursaut. Son cœur bat à tout rompre, sa respiration est précipitée. Calme-toi, pense-t-il. Ce n'était qu'un rêve. Un simple poème larvaire.

La main devait appartenir à Reynolds. Elle avait dû le suivre dans les fourrés, avec la lampe torche. Il ne réussit pas à se souvenir, mais c'est comme ça que les choses ont dû se passer, parce que sinon il ne serait pas en ce moment dans sa chaise longue, n'est-ce pas ? Il n'aurait jamais réussi à revenir.

Combien de temps a-t-il dormi ? C'est le crépuscule. *Entre l'obscurité et la lumière, quand la nuit commence à tomber. Un simple chant du crépuscule.* Quel mot victorien. Plus personne ne dit *crépuscule. Pourtant nous vient encore, au crépuscule, la douce je ne sais quoi de l'Amour.*

Il est temps de prendre un verre.

« Reynolds », appelle-t-il.

Pas de réponse. Elle l'a abandonné. Ça lui servira de leçon. Il ne s'est pas bien tenu cet après-midi. Mais ça lui a plu, de ne pas bien se tenir. *Tu ne peux plus parler comme ça aux femmes*. Et puis quoi encore ? Qui dit qu'il ne peut pas ? Il est à la retraite, on ne peut pas le virer. Il rit doucement.

Il se relève lentement de sa chaise longue et pivote en direction des marches qui mènent à la maison. Les dalles sont glissantes, et il fait vraiment sombre dans le jardin. Crépusculaire, songe-t-il. Blafard. Ça sonne comme cafard, un mot à la carapace épaisse, avec des pinces.

Voici les marches. Lever le pied droit. Il rate son coup, culbute, chute, percute.

Qui donc aurait cru que le vieillard eût encore autant de sang dans le corps ?

« Ah, mon Dieu ! s'écrie Reynolds quand elle le découvre. Gavvy ! Je ne peux pas te laisser seul une minute ! Regarde ce que tu as fait, maintenant ! »

Elle fond en larmes.

Elle a réussi à le tirer et à l'installer dans la chaise longue, maintenu en place avec les deux coussins. Elle a essuyé le sang tant bien que mal et lui a posé une serviette humide sur la tête. À présent, elle est au téléphone pour essayer de trouver une ambulance.

« Vous ne pouvez *pas* me mettre en attente ! crie-t-elle. Il a eu une *attaque*, ou bien… Vous êtes censés être un service d'*urgence* ! Et *merde* ! »

Gavin repose entre les coussins, avec quelque chose qui lui coule lentement sur le visage, ni chaud ni froid. Finalement, ce n'est pas encore le crépuscule, puisque le soleil est juste en train de se coucher, un magnifique rouge teinté de rose. Les feuilles du palmier se balancent doucement. La pompe de circulation d'eau vrombit, à moins que ce ne soit son pouls ? Maintenant, son champ de vision s'assombrit, et Constance flotte juste au milieu. La vieille Constance toute flétrie, avec son maquillage tel un masque sur son visage, ce visage pâle et ridé qu'il a vu à l'écran. Elle le regarde d'un air perplexe.

« M. Patate ? » s'étonne-t-elle.

Mais il n'y prête pas attention, parce qu'il se déplace dans les airs vers elle, très rapidement. Elle ne s'approche pas pour autant. Elle doit s'éloigner de lui en volant à la même vitesse. Plus vite, songe-t-il, et il comble l'écart et fond sur elle, encore plus près, puis à travers la pupille noire de son œil bleu écarquillé. L'espace se déploie autour de lui, tellement brillant, et voilà sa Constance, de nouveau jeune et accueillante, comme elle l'était autrefois. Elle a un sourire joyeux et lui ouvre les bras, et il l'enveloppe des siens.

« Tu es venu jusqu'ici, déclare-t-elle. Enfin. Tu es réveillé. »

LA DAME EN NOIR

Tous les matins, au petit déjeuner, Jorrie lit les notices nécrologiques dans les trois journaux. Certaines la font rire, mais pour autant que Tin sache, aucune ne l'a jamais fait pleurer. Ce n'est pas une grande pleurnicheuse, Jorrie.

Elle coche les morts importants avec un X – deux X si elle a l'intention de se rendre à l'enterrement ou à la cérémonie funèbre –, puis elle tend les journaux à Tin par-dessus la table. Elle se fait livrer les *vrais* journaux en papier sur le seuil même de leur maison, parce que, d'après elle, ils mégotent sur les nécrologies dans les versions numériques.

« En voilà une autre, dit-elle. "Profondément regrettée par tous ceux qui l'ont connue." Pas du tout ! J'ai travaillé avec elle sur la campagne du Splendida, c'était une fieffée salope. »

Ou bien :

« "Il s'est éteint paisiblement chez lui dans son sommeil, de causes naturelles." J'en doute fort ! Je parie que c'était d'une overdose. »

Ou encore :

« Enfin ! Doigts Baladeurs ! Il m'a pelotée pendant un dîner de la compagnie dans les années 80, alors que sa femme était assise juste à côté de lui. Il était tellement imbibé d'alcool qu'ils n'auront même pas besoin de l'embaumer. »

Pour sa part, jamais Tin n'irait à l'enterrement de quelqu'un qu'il n'aimait pas, à moins que ce ne soit pour consoler un survivant qui en a besoin. Les premiers temps du sida avaient été un enfer. C'était comme la peste noire : des enterrements qui se succédaient sans interruption, une sorte d'engourdissement et d'incrédulité médusée, un sentiment de culpabilité chez les survivants, une profusion de mouchoirs. Mais pour Jorrie, la détestation est une motivation. Elle veut danser des claquettes sur les tombes, au sens figuré : ni l'un ni l'autre n'est désormais capable de danser, même si lui, au moins, était autrefois un agile danseur de rock au lycée.

Jorrie n'était pas vraiment agile à proprement parler : disons plutôt enthousiaste. Longiligne et gauche, elle s'agitait et ses cheveux volaient en tous sens. Mais la bande trouvait ça chouette quand ils dansaient tous les deux sur la piste, du fait qu'ils étaient jumeaux, et il arrivait à faire de Jorrie une bien meilleure danseuse qu'elle n'était en réalité : depuis l'enfance, il s'était attaché à la protéger, quand c'était possible, de sa propre impétuosité. Et puis, danser avec elle lui procurait un bref répit pendant lequel il n'avait pas à s'occuper de la belle dont il était censé être le cavalier. Il avait le choix, il l'exerçait. C'était mieux comme ça.

Étonnant comme il était populaire auprès des jolies adolescentes, mais finalement pas si surprenant que ça, quand il y réfléchit. Il avait de l'empathie, il les écoutait patiemment lui raconter leurs petits malheurs, et il n'avait jamais essayé de les déshabiller brutalement à l'arrière d'une voiture dans un parking – même s'il s'était plié au flirt de rigueur après la danse, pour leur éviter de croire qu'elles avaient mauvaise haleine. Quand des faveurs supplémentaires étaient proposées, telles que le déboutonnage d'un soutien-gorge à armature et le dépiautage d'une gaine, il déclinait la proposition avec une grande politesse :

« Tu t'en voudrais demain matin », leur disait-il.

Et de fait, elles s'en seraient voulu, et auraient pleuré au téléphone en le suppliant de ne rien dire à personne. Elles auraient aussi craint d'être enceintes, comme toutes les gamines de cette époque avant la pilule. Ou elles auraient pu espérer l'être, avec l'idée de le piéger dans un mariage forcé – lui, Martin le Magnifique ! Quelle belle prise !

Il ne se livrait jamais non plus à des vantardises à leur sujet, contrairement à d'autres ados plus médiocres et plus boutonneux. Quand le sujet de ses aventures de la soirée précédente venait dans la conversation, dans le vestiaire glacial et spartiate des garçons, il se contentait d'un sourire énigmatique, et les autres souriaient en se donnant des coups de coude, et lui tapaient sur l'épaule d'une façon fraternelle. Le fait qu'il soit grand et agile, un champion d'athlétisme qui plus est, aidait aussi beaucoup. Sa spécialité était le saut en hauteur.

Quelle canaille.

Quel gentleman.

Jorrie ne veut pas danser des claquettes sur les tombes toute seule, parce qu'elle ne veut rien faire toute seule. Quand elle insiste suffisamment, elle arrive à convaincre Tin d'assister à une de ces séances lugubres, même s'il lui dit toujours n'avoir aucune envie de s'ennuyer à mourir avec une bande de vieux croûtons à l'air faussement affligé, qui mâchonnent des sandwichs à la mie de pain en se congratulant d'être encore vivants. Il trouve l'intérêt que Jorrie porte à ces rites de passage terminaux non seulement excessif, mais également morbide, et il ne s'en cache pas.

« Je manifeste simplement du respect », répond-elle alors.

Ce à quoi Tin s'esclaffe. C'est une blague : ni l'un ni l'autre n'a jamais fait du respect une priorité, sauf pour les apparences.

« Tu veux juste pouvoir jubiler à souhait », rétorque-t-il.

Et c'est au tour de Jorrie de s'esclaffer, parce que c'est parfaitement exact.

« Tu crois que nous sommes cyniques ? » lui a-t-elle souvent demandé.

Un *formidable sens de l'humour* est une chose, le *cynisme* en est une autre.

« Bien sûr que nous sommes cyniques. Nous sommes nés cyniques ! Mais considère le bon côté des choses : on ne peut pas vraiment avoir du goût si on n'est pas cynique. »

Il n'ajoute pas que, du goût, Jorrie n'en a pas beaucoup de toute façon. De moins en moins, à mesure que le temps passe.

« Nous aurions pu être de merveilleux assassins psychopathes, a-t-elle déclaré un jour – il y a une dizaine d'années, peut-être, alors qu'ils entraient à peine dans la soixantaine. Nous aurions commis le crime parfait en tuant un parfait étranger, choisi au hasard. En le jetant hors d'un train.

— Il n'est jamais trop tard, avait répondu Tin. En tout cas, c'est sur ma liste de choses à faire avant de mourir. J'attends qu'on ait un cancer. Si nous devons partir, faisons-le en beauté. Emportons-en quelques-uns avec nous, histoire de soulager le fardeau de la planète. Tu veux un autre toast ?

— Ne t'avise pas d'attraper un cancer sans moi !

— D'accord. Croix de bois, croix de fer. Sauf si c'est un cancer de la prostate.

— Non, a dit Jorrie, ne fais pas ça. J'aurais l'impression d'être mise à l'écart.

— Si j'ai un cancer de la prostate, je m'engage à organiser une greffe de prostate pour toi, afin que tu puisses partager l'expérience. Je connais des tas de gars qui seraient ravis de s'en débarrasser en ce moment. Au moins, ça leur permettrait de passer une bonne nuit, sans avoir à se lever pour aller pisser toutes les dix minutes. »

Jorrie a souri.

« Je te remercie infiniment. J'ai toujours rêvé d'avoir une prostate. Encore une bonne raison de ronchonner dans le troisième âge. Tu crois que, tant qu'à faire, le donneur accepterait de me refiler le scrotum tout entier ?

— Cette remarque, a dit Tin, manque de délicatesse. Ce qui était ton intention. Encore un peu de café ? »

Comme ils sont jumeaux, ils peuvent être ensemble tels qu'ils sont réellement, une chose qu'ils n'ont jamais très bien réussie avec les autres. Même quand ils font semblant, ils ne trompent que les étrangers : entre eux, ils sont transparents comme des guppys, ils peuvent voir leurs organes internes respectifs. C'est du moins ce qu'ils prétendent. Car Tin – qui a eu autrefois un amant aquariophile – sait très bien que même les guppys ont leurs opacités.

Il observe Jorrie avec affection tandis qu'elle parcourt les notices nécrologiques à travers ses lunettes à monture rouge en fronçant les sourcils, autant que le Botox le permet en tout cas. Au cours des dernières années – des dernières décennies –, Jorrie a acquis les yeux légèrement exorbités des gens qui se sont fait un peu trop opérer. Elle a aussi des problèmes de cheveux. Au moins, il a réussi à l'empêcher de les teindre en noir de jais : ça ferait vraiment un peu trop zombie avec son teint actuel, qui manque d'éclat malgré le maquillage et les éléments minéraux bronzants qu'elle continue de s'appliquer avec assiduité – pauvre créature crédule.

« On a seulement l'âge qu'on croit avoir », répète-t-elle trop fréquemment en essayant de convaincre Tin de s'adonner à quelque absurdité du genre cours de rumba, week-end de peinture à l'aquarelle ou une mode ruineuse telle que le spinning. Il ne peut pas s'imaginer sur un vélo d'intérieur, vêtu d'un collant en élasthanne et pédalant comme une scie mécanique, pour endommager encore plus son entrejambe déjà bien flétri. La peinture ? Même pas la peine d'y penser. S'il en avait envie, pourquoi le ferait-il avec une bande d'amateurs ? Quant à la rumba, il faut être capable de faire pivoter son coccyx, un talent qu'il a perdu à l'époque où il a renoncé au sexe.

« Exactement, répond-il. J'ai l'impression d'avoir deux mille ans. Je suis plus vieux que les rochers au milieu desquels je suis assis.

— Quels rochers ? Je ne vois pas de rochers. Tu es assis sur le canapé !

— C'est une citation. Une paraphrase. Walter Pater.

— Ah, toi et tes citations ! Tout le monde ne vit pas entre des guillemets, tu sais. »

Tin soupire. Jorrie n'est pas une grande lectrice. Elle préfère les romances historiques sur les Tudor et les Borgia à quelque chose de plus substantiel. *Comme le vampire, je suis mort bien des fois*, poursuit-il en lui-même. Il ne veut pas l'inquiéter en le disant à voix haute. Une Jorrie inquiète exige toujours beaucoup de travail. Non pas qu'elle aurait peur des vampires en tant que tels : étant d'une nature curieuse et aventureuse, elle serait la première à pénétrer dans la crypte interdite. Mais elle n'aimerait pas imaginer que Tin en devienne un, ou devienne quelque chose qui ne serait pas l'idée qu'elle se fait de lui.

En attendant, elle est fermement décidée à devenir elle-même quelqu'un d'autre. Elle n'est pas à la hauteur des normes qu'elle s'est fixées. Ses seules superstitions concernent les étiquettes des produits de beauté haut de gamme. Jorrie croit vraiment aux descriptions pleines de fausses promesses qu'on peut y lire – raffermissement de la peau, effacement des rides, retour de la fraîcheur de rosée, espoir d'immortalité –, bien qu'elle ait elle-même travaillé dans la publicité, une vocation garantie pour flétrir les pétales des adjectifs ornementaux. Il y a tant de choses dans la vie qu'elle devrait avoir apprises, mais ce n'est pas le cas. L'art du maquillage en est une. Il faut toujours qu'il lui rappelle de ne pas arrêter l'application de sa poudre bronzante au milieu du cou, sinon on dirait qu'on lui a vissé la tête.

Concernant les cheveux, le compromis qu'il a fini par accepter consiste en une bande blanche sur le côté gauche – « du punk gériatrique », a-t-il marmonné dans sa barbe – avec, récemment, l'ajout d'une plaque écarlate tout à fait saisissante. Le résultat global évoque une mouffette terrifiée figée dans la lumière des phares après une rencontre avec une bouteille de ketchup. Il croise les doigts en pensant à cette tache rouge sang : il espère qu'on ne va pas l'accuser de maltraitance sur une vieille dame.

Il est loin, le temps où Jorrie – jadis connue pour ses allures de bohémienne, ses tissus africains bariolés et ses bijoux ethniques – pouvait se permettre toutes les fantaisies dont elle s'entichait. Elle a perdu la main, même si elle a conservé ses habitudes flamboyantes. *Du mouton déguisé en corned-beef*, voilà ce qu'il meurt d'envie de lui dire de temps en temps, mais il ne le fait pas. Il se retient, alors qu'il l'a dit à propos d'autres femmes pour la faire rire.

Il réussit en général à l'écarter des précipices les plus profonds et les plus mortels. Il y a eu l'épisode de l'anneau dans le nez, dans les années 90 : sans crier gare, elle lui avait montré le bidule en lui demandant tout à trac ce qu'il en pensait. Il s'était cousu les lèvres, en se contentant de murmures et autres hochements de tête hypocrites. Elle s'était débarrassée de l'horrible accessoire après avoir attrapé un rhume et s'être pratiquement arraché la narine quand son mouchoir s'était pris dans l'anneau.

Après ça était venue la menace du piercing dans la langue, mais heureusement, elle l'avait consulté d'abord. Qu'avait-il dit ? « Tu veux que l'intérieur de ta bouche ressemble à un blouson de motard ? » Non, peut-être pas. Le risque était trop grand que la réponse soit positive. En tout cas, il ne l'avait certainement pas informée que certains hommes considèrent ces babioles comme une publicité pour des fellations : cela aurait pu renforcer sa motivation. Une mise en garde sanitaire : « Tu pourrais mourir d'une septicémie de la langue ! » Les mises en garde sanitaires n'ont pas d'effet sur elle, elle les considère comme un défi : son système immunitaire supérieur saura certainement écraser tous les microbes que le monde invisible pourrait placer sur son chemin.

Il avait plus probablement répondu : « Tu parlerais comme Daffy Duck et tu postillonnerais sur tout le monde. Pour moi, ça manque singulièrement de charme. De toute façon, la mode du piercing est passée. Il n'y a plus que les traders qui en ont. » Ce qui, au moins, l'avait fait glousser.

Il vaut mieux ne pas surréagir avec elle. Si on la pousse, elle pousse encore plus fort dans l'autre sens. Il n'a pas oublié ses colères d'enfant et les bagarres dans lesquelles elle se jetait, faisant de grands moulinets inefficaces avec ses longs bras au milieu des rires et des quolibets des autres gamins. Il regardait, presque en larmes lui-même : il ne pouvait pas la dégager, confiné qu'il était dans la partie de la cour de récréation réservée aux garçons.

Il évite donc les affrontements directs. La langueur est une méthode de contrôle plus efficace.

Les jumeaux avaient été baptisés Marjorie et Martin, à une époque où les parents trouvaient très chic de pratiquer l'allitération des prénoms, tous deux vêtus d'une même combinaison miniature. Même leur mère – qui n'avait pourtant pas inventé l'eau chaude – se rendait compte qu'il valait mieux ne pas fourrer Martin dans une robe, parce que ça risquerait d'en faire une chochotte – c'est le terme qu'elle utilisait. Les voici donc, âgés de deux ans, dans leurs costumes de marin assortis, avec leurs petits bonnets à pompon, se tenant par la main et plissant les yeux au soleil avec leurs sourires de lutins : celui de Martin un peu en biais sur la gauche, celui de Marjorie sur la droite. Impossible de savoir si ce sont des garçons ou des filles, mais il faut reconnaître qu'ils sont délicieux. Derrière eux, on voit le corps d'un homme en uniforme, car c'est la guerre : leur père avec la partie supérieure de la tête coupée sur la photo, ce qui allait bientôt lui arriver dans la réalité. Leur mère pleurait à seaux sur cette photo quand elle avait bu. Elle y voyait un signe prémonitoire : si seulement elle avait tenu l'appareil correctement, la tête de Weston n'aurait pas été coupée et l'explosion fatale n'aurait jamais eu lieu.

En contemplant leurs doubles du passé, Jorrie et Tin éprouvent une tendresse qu'ils manifestent rarement envers qui que ce soit, à présent. Ils aimeraient prendre dans leurs bras ces deux adorables bambins, ces échos jaunissants qui s'estompent. Ils aimeraient pouvoir rassurer ces deux matelots miniatures, leur dire que, bien que leur voyage dans le temps s'apprête à prendre un virage pour le pire, et que ça restera pire pendant un bout de temps, tout s'arrangera à la fin. Ou près de la fin, ce qui, il ne faut pas se voiler la face, est là où ils se trouvent maintenant.

Parce que, voilà, ils sont de nouveau ensemble, et la boucle est bouclée. Avec quelques blessures internes, quelques cicatrices, quelques écorchures, mais toujours debout. Toujours Jorrie et Tin, qui se sont rebellés contre leurs surnoms de Marje et Marv, et ont décidé d'adopter les dernières syllabes de leurs prénoms comme noms secrets, leurs vrais noms connus d'eux seuls. Jorrie et Tin, en révolte contre les projets formulés pour eux par la société : pas de mariage en blanc, par exemple. Jorrie et Tin, qui ont refusé de se soumettre.

Encore une fois, c'est ce qu'ils se racontent. En privé, Tin se souvient très bien de quelques soumissions qu'il a acceptées, mortifiantes quoique satisfaisantes, dans les buissons de Cherry Beach et ailleurs, mais inutile de souiller les oreilles de Jorrie avec ça. Au moins, il n'est jamais tombé sur l'un de ses étudiants tandis qu'il arpentait nerveusement les sentiers à minuit. Au moins, il n'a jamais été agressé. Au moins, il ne s'est jamais fait prendre.

« Tellement adorables », dit Tin en souriant à la photo.

Dans son cadre de chêne fumé, elle est accrochée au mur de la salle à manger au-dessus du buffet Art déco que Tin a acheté pour une bouchée de pain il y a quarante ans.

« Dommage que nos cheveux aient foncé, ajoute-t-il.

— Oh, je ne sais pas, dit Jorrie. Le blond est très surfait.

— Ça revient. Les années 50 sont de nouveau à la mode, tu n'as pas remarqué ? C'est le syndrome Marilyn. »

Il ne croit pas à ce retour des années 50 telles que représentées sur les écrans, petits et grands. Pendant qu'elles se déroulaient, ces années avaient l'air d'une vie normale, mais maintenant, elles représentent les jours anciens, une pâture pour les séries télévisées dans lesquelles les couleurs sont fausses – trop propres, trop pastel – et les crinolines trop nombreuses. Dans la vraie vie, pratiquement personne n'avait de queue-de-cheval, et les hommes ne portaient pas toujours des costumes sur mesure, avec un chapeau élégamment incliné et un mouchoir blanc en triangle comme pochette.

Cela dit, ils fumaient effectivement la pipe, même si les pipes commençaient déjà à se faire rares. Le week-end, ils se baladaient en mocassins et jeans – des jeans primitifs, mais des jeans quand même. Installés dans leurs fauteuils en skaï, ils lisaient leur journal tout en buvant un Manhattan pour se détendre et en fumant comme des locomotives. Ils lavaient et lustraient avec amour leurs gouffres à essence hérissés d'ailerons et bardés de chrome. Ils tondaient leurs pelouses avec des tondeuses mécaniques. C'est du moins ce que faisaient les pères des amis des jumeaux. Tin éprouve une pointe de nostalgie quand il pense à ces gros fauteuils, ces engins de mort scintillants et ces tondeuses à gazon encombrantes. Si son père avait vécu, les choses auraient-elles été mieux pour lui ?

Non. Les choses n'auraient pas été mieux, elles auraient été horribles. Il aurait été obligé d'aller à la pêche, de hisser les poissons hors de l'eau et de les assassiner tout en poussant des grognements virils. Il aurait dû ramper sous les voitures avec une clé à molette, en disant des choses comme « tubulure » et « silencieux ». Il aurait reçu de grandes tapes dans le dos, et son père lui aurait dit qu'il était fier de lui. Non, là, aucun risque.

« Cela étant, dit Jorrie, la mère d'Ernest Hemingway l'a fait.

— Excuse-moi ? Elle a fait quoi ?

— Mettre une robe à Ernie.

— Ah, d'accord. »

Les jumeaux reviennent souvent à un point précédent de leur conversation en continu, bien qu'ils aient la prudence d'éviter de le faire en présence de tiers. C'est agaçant, non pas pour eux, ils arrivent très bien à récupérer le fil que l'autre a laissé tomber, mais pour les autres gens, qui risquent de se sentir exclus. Ou bien – à présent – les gens pourraient penser qu'il leur manque une case ou deux.

« Et ensuite, il s'est fait sauter la cervelle, commente Tin. Ce que, personnellement, je n'ai nullement l'intention de faire.

— Il vaut mieux pas, répond Jorrie. Ça ferait beaucoup de saletés. De la salade de cervelle sur les murs. Jette-toi plutôt du haut d'un pont, si l'envie t'en prend.

— Merci infiniment. Je garderai cette suggestion en tête.

— Il n'y a pas de quoi. »

C'est ainsi qu'ils procèdent, des échanges de vannes à jet continu, comme dans ces films des années 30 avec les Marx Brothers, Hepburn et Tracy, Nick et Nora Charles, mais sans l'absorption de martinis à la chaîne, ce dont Jorrie et Tin sont désormais incapables. Ils patinent seulement sur la mince couche de glace. Ils évitent les profondeurs. Ce duo épuise un peu Tin. Jorrie ressent peut-être la même chose, mais ils comprennent tous les deux qu'ils doivent tenir leurs rôles jusqu'au bout.

Toujours est-il que Tin est quand même devenu une chochotte, ce que les jumeaux considèrent comme un tour hilarant joué à leur mère, même si elle était déjà morte quand Tin est sorti du placard. Cette transgression des rôles aurait dû s'effectuer dans l'autre sens

– puisque c'était Jorrie qui avait franchi la frontière du genre avec le costume de marin –, mais elle n'avait jamais réussi à devenir lesbienne, parce qu'elle n'aimait pas beaucoup les autres femmes.

Et comment aurait-elle pu les aimer, quand on pense à leur mère ? Non seulement Maman Maeve était bête comme un sac de clous, mais avec le temps et son incapacité à se remettre de la mort par explosion de son mari, elle s'était transformée en une soûlographe qui cassait la tirelire des jumeaux pour se payer des bouteilles. Elle ramenait aussi à la maison des ballots et des brutes « afin de se livrer » – dirait Tin beaucoup plus tard, quand il décrivait ces épisodes lors de dîners en ville –, « afin de se livrer à des rapports sexuels ». Vraiment trop drôle ! Quand les jumeaux entendaient s'ouvrir la porte d'entrée, ils filaient à l'arrière de la maison. Ou bien ils se cachaient dans la cave, puis ils remontaient furtivement, une fois que les choses semblaient s'être calmées, pour épier les fameux rapports ou coller leur oreille contre la porte de la chambre si celle-ci était fermée.

Qu'avaient-ils pensé de tout ça quand ils étaient enfants ? Ils ne parviennent pas vraiment à s'en souvenir, parce qu'ils ont recouvert cette scène primale trop souvent répétée de tant de couches de narration farfelue, et peut-être mythologique, que les simples éléments d'origine ont été obscurcis. (Le chien a-t-il vraiment couru hors de la maison avec un grand soutien-gorge noir dans la gueule pour l'enterrer dans le jardin ? Avaient-ils seulement un chien ? Œdipe a-t-il résolu l'énigme du Sphinx ? Jason a-t-il réussi à rapporter la Toison d'or ? C'est le même genre de question.)

Pour Tin, l'humour anecdotique familial a cessé depuis longtemps d'être amusant. Leur mère est morte jeune, et pas d'une très bonne façon. Non pas qu'on puisse mourir d'une bonne façon, se dit-il, mais il y a des degrés. Se faire percuter par un camion après la fermeture des bars en traversant au feu vert aveuglée par des larmes de chagrin n'était pas une bonne façon. D'un autre côté, sa mort avait été rapide. Et cela signifiait que leur vie était libre des ballots et des brutes au moment où ils entraient à l'université. *Malum quidem nullum esse sine aliquo bono*, avait noté Tin dans le journal intime qu'il tenait à l'époque. À toute chose malheur est bon.

Deux des ballots avaient eu le culot de venir à l'enterrement, ce qui pourrait expliquer la fixation de Jorrie sur ce genre d'événement. Elle pense encore qu'elle n'aurait pas dû laisser ces connards s'en tirer comme ça : se pointer au cimetière, faire semblant d'être tristes, dire aux jumeaux quelle femme merveilleuse, avec un cœur en or, était leur mère, quelle grande amie. « Une amie, mon œil ! Tout ce qu'ils voulaient, c'était tirer un coup facile ! » avait-elle enragé. Elle aurait dû les rembarrer, faire une scène. Leur donner un coup de poing dans le nez.

Le point de vue de Tin est que ces hommes étaient peut-être vraiment tristes. Est-ce si impossible que ça d'imaginer qu'ils aimaient réellement Maman Maeve, dans un ou deux, voire même trois sens du mot ? *Amor*, *voluptas*, *caritas*. Mais il a gardé ce point de vue pour lui, car l'exprimer irriterait trop Jorrie, surtout s'il y inclut le latin. Jorrie ne supporte pas tout ce qui touche au latin. C'est une partie de la vie de Tin qu'elle n'a jamais réussi à comprendre. Pourquoi gâcher son existence avec une bande de vieux barbons poussiéreux et leurs gribouillis dans une langue morte ? Il était si intelligent, si talentueux, il aurait pu… (Suit une longue liste de ce qu'il aurait pu être, choses toutes plus impossibles les unes que les autres.)

Mieux vaut donc ne pas appuyer sur ce bouton.

« Ballots et brutes » était une expression qu'ils avaient récupérée de leur proviseur quand ils étaient en quatrième. Celui-ci avait harangué l'école tout entière sur les dangers de se transformer en ballots et en brutes, surtout si on lançait des boules de neige avec des cailloux dedans, ou si on écrivait des gros mots sur le tableau noir. « Ballots contre Brutes » était devenu, brièvement, un jeu de récré inventé par Tin pendant sa période préchochotte, quand il était encore populaire. Ça ressemblait un peu au jeu du drapeau, et se jouait uniquement dans la partie de la cour réservée aux garçons. Les filles ne pouvaient pas être des ballots ni des brutes, avait déclaré Tin, seulement les garçons. Jorrie lui en avait beaucoup voulu.

C'était elle qui avait eu l'idée de surnommer les visiteurs de Maman Maeve les Ballots et les Brutes. Cela avait complètement gâché le jeu pour Tin – et sans doute contribué à faire de lui une chochotte, a-t-il conclu plus tard.

« Ne va pas dire que c'est ma faute, a protesté Jorrie. Ce n'est pas moi qui les ai invités à la maison.

— Ma chérie, je ne dis pas que c'est ta faute. Je te suis profondément reconnaissant. »

Ce qui, alors – une fois qu'il eut réglé deux ou trois choses –, était la vérité.

Leur mère n'était pas tout le temps ivre. Ses soûleries n'avaient lieu que le week-end. Pendant la semaine, elle avait un travail de secrétaire sous-payé dont elle avait besoin pour joindre les deux bouts, tant sa pension de veuve de guerre était minuscule. Et à sa façon, elle aimait les jumeaux.

« Au moins, elle n'était pas trop violente, dit parfois Jorrie. Bien sûr, il lui arrivait de se laisser emporter.

— À l'époque, tout le monde flanquait des fessées aux gamins. Tout le monde se laissait emporter. »

De fait, chacun mettait un point d'honneur à comparer avec ses camarades les modes de châtiment corporel dont il bénéficiait, en les exagérant. Pantoufles, ceintures, règles, raquettes de ping-pong : tel était l'arsenal de prédilection des parents. Les jumeaux étaient tristes de ne pas avoir de père pour leur administrer de telles raclées. Ils n'avaient que la pauvre Maman Maeve, qui fondait en larmes quand ils faisaient semblant d'être grièvement blessés, qu'ils pouvaient faire tourner en bourrique avec une relative impunité, et qui ne courait pas aussi vite qu'eux quand ils détalaient. Ils étaient deux, elle était seule, ils faisaient donc corps.

« Je pense que nous n'avions pas de cœur, dit parfois Jorrie.

— Nous étions désobéissants. Nous étions insolents. Nous étions incontrôlables. Mais adorables, ça, oui, tu dois le reconnaître.

— Nous étions de sales gosses. Des sales gosses sans cœur. Nous étions impitoyables », ajoute quelquefois Jorrie.

Est-ce du regret, ou de la vantardise ?

À l'orée de l'adolescence, Jorrie a vécu une expérience douloureuse avec l'un des ballots – une attaque sournoise contre laquelle Tin n'a pu la protéger, parce qu'il dormait à ce moment-là. Ça reste un poids sur sa conscience. Ça a dû sérieusement chambouler la vie de Jorrie en ce qui concerne les hommes – même si sa vie aurait probablement été chamboulée de toute façon. Aujourd'hui, elle traite l'incident sur le ton de la plaisanterie – « J'ai été violentée par un troll ! » – mais ça n'a pas toujours été le cas. Elle prenait le sujet du viol très à cœur au début des années 70, quand tant de femmes se révoltaient, mais à présent, elle semble avoir dépassé ça.

L'agression sexuelle n'est pas tout, de l'avis de Tin. Lui-même n'a jamais été sexuellement agressé par les ballots, mais ses relations avec les hommes ont été aussi chaotiques, peut-être même plus. Jorrie a dit qu'il avait un problème avec l'amour : il le conceptualise trop. Il a rétorqué que Jorrie ne le conceptualisait pas assez. C'était à l'époque où l'amour était encore un sujet de conversation entre eux.

« Nous devrions mettre tous nos amants dans un mixeur, a dit Jorrie un jour. On les mélangerait, pour faire une moyenne. »

Il a répondu qu'elle avait une façon brutale d'exprimer les choses.

La vérité, songe Tin, c'est qu'ils n'ont jamais aimé personne d'autre qu'eux. En tout cas, jamais personne d'un amour inconditionnel. Leurs autres amours avaient de nombreuses conditions.

« Regarde qui vient juste de claquer, dit à présent Jorrie. Grosse-Bite-à-Roulettes !

— Ce surnom peut s'appliquer à beaucoup d'hommes, répond Tin. Cela étant, j'imagine que tu veux parler de quelqu'un en particulier. Je vois tes oreilles frétiller, il doit donc avoir de l'importance pour toi.

— Tu as droit à trois essais, dit Jorrie. Un indice : il était très souvent à La Péniche, l'été où je m'occupais de leur compta, comme bénévole à temps partiel.

— Parce que tu voulais traînailler avec les bohémiens. Je m'en souviens vaguement. Alors, qui ? Blind Sonny Terry ?

— Ne sois pas bête. Il était déjà décrépit à l'époque.

— Je donne ma langue au chat. Je n'y allais pas très souvent, cet endroit était trop fétide pour moi. Ces chanteurs de folk avaient érigé en culte le fait de ne pas se laver.

— Ce n'est pas vrai, proteste Jorrie. Pas tous. Je le sais par expérience. Ce n'est pas du jeu, de donner sa langue au chat.

— Qui a jamais dit que je jouais le jeu ? Pas toi, en tout cas.

— Tu devrais être capable de lire dans mes pensées.

— Ah, un défi. Bon, d'accord : Gavin Putnam. Ce poète autoproclamé dont tu étais folle.

— Tu le savais depuis le début ! »

Tin soupire.

« Il était tellement banal et superficiel, lui et sa poésie. Des niaiseries sentimentales. Affreusement putride.

— Ses premiers poèmes étaient très bons, proteste Jorrie. Les sonnets, sauf que ce n'étaient pas des sonnets. Ceux sur la Dame en Noir. »

Tin a gaffé, il a été maladroit. Comment a-t-il pu oublier que certains des premiers poèmes de Gavin Putnam étaient inspirés par Jorrie ? C'est du moins ce qu'elle affirmait. Elle avait été absolument ravie. « Je suis une Muse », avait-elle annoncé quand la séquence de la Dame en Noir avait été publiée pour la première fois. Enfin, ce qui passait pour une publication parmi les poètes : un magazine ronéoté et agrafé qu'ils produisaient eux-mêmes, et qu'ils se vendaient entre eux pour un dollar. *La Fange*, ils l'appelaient, dans un effort pour se démarquer.

Tin avait trouvé touchant que Jorrie soit aussi enthousiasmée par ces poèmes. Il ne l'avait pas beaucoup vue cette saison-là. Le moins qu'on puisse dire est qu'elle avait une vie sociale hyperactive, due sans doute à l'empressement qu'elle mettait à se jeter au lit, alors que lui-même habitait un deux-pièces au-dessus d'un salon de coiffure dans Dundas Street, et traversait tranquillement une crise d'identité sexuelle tout en se consacrant à sa thèse de doctorat.

Il s'agissait d'un réexamen – assez bien nourri, mais franchement pas très inspiré – des épigrammes les plus décentes et les plus présentables de Martial, le poète latin. Mais en fait, ce qui l'avait vraiment attiré chez Martial était son attitude pragmatique vis-à-vis du sexe, tellement moins compliquée que celle de l'époque de Tin. Pour Martial, pas question de finasseries romantiques, pas d'idéalisation de la Femme hissée à un niveau spirituel supérieur : il aurait hurlé de rire si on lui avait dit ça ! Et pas de tabous non plus : tout le monde faisait tout avec tout le monde : esclaves, garçons, filles, putains, homos, hétéros, porno, scato, épouses, jeunes, mûres, vieilles, par-devant, par-derrière, la bouche, la main, la bite, belles, laides, et carrément repoussantes. Le sexe allait de soi, comme la nourriture, et en tant que tel, il devait être savouré quand il était excellent et raillé quand il était médiocre. C'était un divertissement, comme le théâtre ; à ce titre, on pouvait donc le passer en revue comme un spectacle. La chasteté n'était pas la vertu première, aussi bien chez les hommes que chez les femmes, mais certaines formes d'amitié, de générosité et de tendresse récoltaient le score maximal. Ses contemporains considéraient Martial comme un homme remarquablement chaleureux et aimable, et son esprit acerbe et cinglant ne diminuait en rien cette perception. Ses critiques n'étaient pas dirigées contre des individus, affirmait-il, mais contre des *types* d'individus – même si Tin avait quelques doutes là-dessus.

Mais une thèse n'a rien à voir avec les raisons pour lesquelles on apprécie son sujet : Tin en était venu à comprendre que, dans le monde académique, ce genre d'attitude devait être réservée aux conversations de salon. Il fallait concocter quelque chose de plus focalisé. L'hypothèse centrale de Tin tournait autour de la difficulté d'être un poète satirique dans une époque dépourvue de principes moraux partagés, ce qui était fichtrement le cas pour celle de Martial. Il s'était installé à Rome sous le règne de Néron. De fait, Martial était-il un véritable satiriste, ou simplement un colporteur de ragots salaces, ainsi que l'affirmaient certains commentateurs ? Tin avait l'intention de défendre son héros contre cette accusation : il y avait tellement plus chez Martial, comptait-il dire, que des bites et des garçons enculés et des putes et des blagues sur les pets ! Bien sûr, il n'utiliserait pas des termes aussi crus dans sa thèse. Et il réaliserait ses propres traductions, en mettant à jour la diction afin de se conformer à l'argot très travaillé de Martial – tout en évitant prudemment les épigrammes les plus ordurières : leur heure n'était pas encore venue.

« Tu imites la jeunesse, Laetinus, en te teignant les cheveux. Presto ! Hier un cygne, tu es aujourd'hui un corbeau. Mais tu ne peux pas tromper tout le monde : Proserpina remarque tes cheveux gris. Et elle arrache ton stupide déguisement directement de ton crâne ! » C'était le ton qu'il cherchait dans ses traductions – contemporain, direct, pas guindé. Il pouvait passer une semaine sur un ou deux vers. Mais il ne le fait plus, parce que ça n'intéresse personne.

Il avait bénéficié d'une bourse pour ses études de doctorat, qui n'était cependant pas très conséquente. Jorrie lui disait que la littérature classique allait certainement disparaître très bientôt, et alors, comment ferait-il pour gagner sa vie ? Il aurait dû choisir le design, où il se serait fait un maximum de blé, une vraie tuerie. Mais justement, avait répondu Tin, c'est ce qu'il ne voulait pas faire, parce que, pour une vraie tuerie, il fallait tuer, et qu'il n'avait pas un instinct de tueur.

« L'argent, ça parle », affirmait Jorrie.

Malgré ses penchants pour la vie de bohème, de l'argent, elle en voulait beaucoup. Elle n'avait nullement l'intention de passer sa vie comme sous-fifre dans un travail morne et désespérant, surexploitée et sous-payée, une proie facile pour les ballots et les brutes comme l'avait été sa mère. Sa vision naissante incluait des voitures de luxe et des vacances dans les Caraïbes, et un placard rempli de robes moulantes. Elle n'avait pas encore bien formulé cette vision, pas à voix haute, mais Tin la voyait venir.

« Oui, dit-il, l'argent, ça parle, mais son vocabulaire est limité. »

C'est quelque chose que Martial aurait pu dire. Peut-être même l'avait-il dit. Il allait devoir vérifier. *Aureo hamo piscari*. Pêcher avec un hameçon en or.

Les coiffeurs en bas de chez lui étaient trois frères italiens, de vieux misanthropes qui ne savaient pas où allait le monde, si ce n'était dans la mauvaise direction. La boutique avait des piles de magazines pleins d'histoires policières et d'images de filles aux seins énormes, ce qui était ce que les hommes étaient censés aimer. Ces magazines avaient beau mettre Tin mal à l'aise – le spectre de Maman Maeve flottait sur tout ce qui avait un rapport avec des soutiens-gorge noirs –, il y allait néanmoins se faire couper les cheveux, dans un esprit de bon voisinage, et il les feuilletait en attendant. Il ne faisait pas bon se montrer trop ouvertement gay, à l'époque, et de toute façon, il ne s'était pas encore décidé. Et comme les Italiens étaient ses propriétaires, il fallait se mettre bien avec eux.

Il avait quand même dû clairement leur faire comprendre que Jorrie était sa sœur jumelle, pas une petite amie aux mœurs dissolues. Malgré leur pile de magazines affriolants, qu'ils considéraient sans doute comme de l'équipement professionnel, ils se montraient puritains sur ce qui pouvait se passer dans les appartements qu'ils louaient. Ils pensaient que Tin était un jeune homme bien sous tous rapports, un érudit qu'ils appelaient le Professeur, et ils lui demandaient régulièrement quand il comptait se marier. « Je suis trop pauvre », répondait-il, ou bien : « J'attends de trouver la femme qu'il me faut. » Hochements de tête approbateurs du trio de barbiers : ces deux excuses leur semblaient acceptables.

Ainsi, quand Jorrie venait pour une de ses rares visites, les trois Italiens lui faisaient de grands signes à travers la vitrine, avec leur sourire un peu triste. Comme c'était bien que le Professeur ait une sœur aussi exemplaire ! Voilà comment une famille devrait être.

Quand le numéro de *La Fange* était sorti, avec les poèmes de la Dame en Noir, Jorrie avait eu hâte de partager sa musitude avec Tin. Elle avait grimpé les marches quatre à quatre, en agitant son exemplaire encore tout chaud, et s'était laissée tomber dans le fauteuil en rotin.

« Regarde ça ! » avait-elle dit en brandissant les pages agrafées tout en ramenant de l'autre main ses longs cheveux noirs en arrière. Elle avait noué autour de sa taille fine un tissu imprimé rouge et ocre, et portait un collier de… de quoi ? Des dents de vache ? Un collier qui se balançait sur son chemisier de paysanne au décolleté en U. Ses yeux brillaient, ses bracelets cliquetaient.

« Sept poèmes ! Sur *moi* ! »

Elle était tellement candide, tellement avide. Si Tin n'avait pas été son frère, s'il avait été hétéro, il aurait… Qu'aurait-il fait ? Se serait-il rué sur elle, ou enfui à toutes jambes ? Elle était un peu terrifiante. Elle voulait tout. Elle les voulait tous. Elle voulait vivre des expériences. Du point de vue déjà blasé de Tin, une expérience était ce qu'on vivait quand on ne pouvait pas obtenir ce qu'on voulait, mais Jorrie avait toujours été plus optimiste que lui.

« Tu ne peux pas être *dans* un poème », lui avait-il rétorqué.

Il était contrarié, parce que cet engouement l'inquiétait. Elle allait s'y couper les doigts : c'était une fille maladroite, peu habile avec les instruments tranchants.

« Les poèmes sont faits de mots, avait-il expliqué. Ce ne sont pas des boîtes. Ni des maisons. En réalité, il n'y a personne dedans.

— Tu n'es qu'un pinailleur. Tu sais très bien ce que je veux dire. »

Tin soupira, et comme elle insistait, il s'assit à sa vieille table branlante avec le mug de thé qu'il venait de se faire, et il lut les poèmes.

« Jorrie, déclara-t-il enfin, ces poèmes ne sont pas sur toi. »

Son visage se décomposa.

« Mais si ! Ils le sont forcément ! C'est bien ma...

— Ils ne sont que sur une partie de toi. »

Il ne précisa pas que c'était la partie inférieure.

« Quoi ? »

De nouveau un soupir.

« Tu es plus que ça. Tu es mieux que ça. »

Comment pourrait-il le formuler ? *Tu n'es pas simplement une nana qu'on baise entre deux portes* ? Non, trop blessant.

« Il a laissé de côté ton... ton esprit.

— C'est toi qui parles toujours de *mens sana in corpore sano*. Un esprit sain dans un corps sain, les deux ensemble. Je sais ce que tu penses, que ça tourne uniquement autour du sexe. Mais c'est *justement* ça ! Je représente – enfin, elle, la Dame en Noir, elle représente un rejet sain, pragmatique, de la fausse sentimentalité pleurnicharde... C'est comme D. H. Lawrence, c'est ce qu'il a dit. C'est ce que Gav *aime* chez moi ! »

Et ainsi de suite.

« Alors, dit Tin, *in Venus veritas* ?

— Quoi ? »

Ah, Jorrie, pensa-t-il. Tu ne comprends pas. Les hommes comme lui se lassent de toi, une fois qu'ils t'ont eue. Prépare-toi à la chute. Martial, VII, 76 : *Ce n'est que du plaisir, ce n'est pas de l'amour*.

Il avait raison, pour la chute. Elle fut rapide, elle fut brutale. Jorrie n'était pas entrée dans les détails – elle était trop sonnée –, mais d'après ce qu'il avait pu comprendre, Gavin vivait avec une petite amie, et celle-ci avait surpris Jorrie et le Truculent Poète alors qu'ils folâtraient sur le sacro-saint matelas domestique.

« Je n'aurais pas dû rire, a reconnu Jorrie. C'était impoli. Mais c'était tellement drôle ! Et elle avait l'air tellement choquée ! Elle a dû trouver ça vraiment méchant de ma part, de rire. Mais je n'ai pas pu m'en empêcher. »

La petite amie, qui s'appelait Constance (« Quel prénom de pimbêche ! » a ricané Jorrie) et était l'incarnation même de cette sentimentalité pleurnicharde tant méprisée par le Rimailleur, cette Constance, donc, était devenue pâle comme un linge, encore plus pâle qu'elle ne l'était déjà, et avait dit quelque chose sur l'argent du loyer. Puis elle avait fait demi-tour et elle était sortie. Même pas en claquant la porte, plutôt en catimini, comme une petite souris. Ce qui montrait bien que c'était une pleurnicharde. À sa place, Jorrie aurait arraché quelques cheveux et flanqué quelques baffes, au minimum, a-t-elle affirmé.

Jorrie avait pensé que le départ de Constance méritait d'être fêté – les forces de la vitalité et les vérités de la chair avaient triomphé de celles de l'abstraction et de la stagnation – mais le résultat fut tout autre. À peine le Demi-Rimeur eut-il été interdit d'accès à la chambre de sa damoiselle de la lune qu'il commença à la supplier de le laisser revenir, en hurlant après son vaporeux Unique Amour comme un nourrisson privé de téton.

Jorrie n'avait pas fait preuve de beaucoup de tact devant cet excès de gémissements et de regrets – les termes de *mauviette* et de *couille molle* ont été lancés avec peut-être un peu trop de désinvolture –, de sorte que son expulsion était inévitable. D'après M. Le Rimailleur, cet imbroglio était tout à coup entièrement sa faute. Elle l'avait tenté. Elle l'avait séduit. Elle était la vipère dans le verger.

Il y avait un peu de ça, pensait Tin. Jorrie avait été le chasseur, pas la proie. N'empêche, il faut être deux pour danser le tango. Le Minnesinger Mineur aurait pu dire non.

En bref, Jorrie lui avait dit de la boucler sur Constance, il y avait eu une scène, et elle s'était retrouvée jetée sur la grille d'égout de la vie comme un vulgaire préservatif usagé. Personne ne l'avait jamais traitée comme ça ! Le cœur empli de compassion, Tin avait essayé de la distraire – un film, un verre, non pas qu'il en ait eu les moyens –, mais il était impossible de l'apaiser. Pas de crises d'hystérie, pas de larmes visibles, mais elle avait commencé par se morfondre, pour passer ensuite à une rage sourde qu'elle avait peine à dissimuler.

Allait-elle basculer, passer à l'acte ? Affronter le poète en public, crier, frapper ? Elle était suffisamment en colère pour ça. C'était un tour cruel qu'on lui avait joué, parce que sa musitude, autrefois source de fierté et de joie, était devenue un tourment : les non-sonnets de la Dame en Noir étaient maintenant réunis dans le premier mince recueil de Gavin, *Pesant clair de lune*, et ils regardaient Jorrie avec une grimace moqueuse et lourde de reproches.

Pire encore, ces poèmes ont acquis du renom à mesure que Gavin gravissait l'échelle des louanges, lui procurant le premier de ce qui allait être une série d'autres prix, certes mineurs, mais de nature à faire progresser sa carrière. Ces premiers poèmes ont été suivis par d'autres dont la teneur était différente : l'amant reconnaissait la nature purement charnelle – et même vulgaire – de la Dame en Noir, et revenait à la quête de son Unique Amour à la pâleur luminescente. Mais ce parangon aux yeux de glace a refusé de pardonner à l'amoureux au cœur brisé, malgré ses supplications ampoulées baignant dans un sublime ridicule – ultérieurement publiées.

Ces poèmes ne donnaient pas une bonne image de Jorrie. Elle avait été obligée de regarder le mot *bagasse* dans le *Dictionnaire d'argot ancien* de Tin. C'était blessant.

Jorrie s'est lancée dans une campagne de représailles en collectionnant les étalons : elle effeuillait les amants comme autant de pétales de marguerite dans chaque fossé et chaque parking, puis elle s'en débarrassait négligemment. Non pas qu'un tel comportement ait jamais eu le moindre effet sur ceux qui vous ont rejeté, comme Tin le sait très bien par expérience : quand les choses en sont arrivées à ce stade, ils se fichent pas mal de la façon dont vous vous avilissez pour vous venger. Vous pourriez baiser une chèvre sans tête que ça ne ferait aucune différence.

Mais la grande roue des saisons continua de tourner, et l'Aurore aux doigts de fée inscrivit à la craie trois cent soixante-deux matins roses, puis encore toute une année de ceux-là, et une autre, et la lune du désir se leva, se coucha pour se lever encore, et ainsi de suite, et le Poète au Phallus Fringant s'estompa dans la brume du lointain. Ou du moins Tin l'espérait-il, pour Jorrie.

Mais il semble qu'il ne soit pas aussi estompé que ça. Il suffit de casser sa pipe, songe Tin, et vous revoilà en plein sous le feu des projecteurs de la mémoire. Il espère que l'esprit de Gavin Putnam se montrera amical, s'il s'est attardé dans le coin.

Il dit à présent :

« Ah oui, les sonnets de la Dame en Noir. Je m'en souviens. L'absinthe rend la catin plus affectueuse, mais la poésie coûte moins cher, et *toi*, ça t'a vraiment accrochée. Tu arrivais dans mon enclave de barbiers en titubant, tu puais le sexe de caniveau, une odeur de morue restée huit jours à l'étalage. Cette tête de nœud t'a fait loucher tout l'été. Personnellement, je n'ai jamais bien vu ce que tu lui trouvais.

— Parce qu'il ne te l'a jamais montré, rétorque Jorrie en riant de sa propre plaisanterie. Ça valait vraiment le coup d'œil. Tu aurais été jaloux !

— Simplement, ne va pas prétendre que tu étais amoureuse. Ce n'était que du désir vil et sordide. Les hormones t'avaient embrouillé le cerveau. »

Il comprend très bien ce genre de chose, il a lui-même vécu de telles situations. Elles sont toujours comiques aux yeux des autres.

Jorrie pousse un soupir.

« Il avait un corps magnifique. Tant que ça a duré.

— Ma foi, répond Tin, il ne doit plus être vraiment magnifique, étant donné que c'est maintenant un cadavre. »

Ils ricanent tous les deux.

« Tu veux bien venir avec moi ? demande Jorrie. À la cérémonie funèbre ? Jouer les badauds ? »

Elle prend un air dégagé, mais elle ne trompe personne.

« Je ne pense pas que tu devrais y aller. Ça te ferait du mal.

— Pourquoi ? Je suis curieuse. Il y aura peut-être quelques-unes de ses épouses.

— Tu as trop l'esprit de compétition. Tu n'arrives toujours pas à croire qu'une autre femme ait pu t'écarter d'un coup de coude et gagner le cochon à ta place.

Regarde les choses en face, vous n'étiez vraiment pas faits l'un pour l'autre.

— Oh, je le sais bien ! On s'est carbonisés. Trop brûlants pour que ça dure. Je veux juste voir le double menton des épouses. Et peut-être que Tu-Sais-Qui sera là. Ce ne serait pas génial, ça ? »

Ah non, je t'en prie, songe Tin. Pas Tu-Sais-Qui ! Jorrie est encore tellement tourneboulée par Constance, la petite amie dont elle avait profané le matelas, qu'elle ne veut même pas prononcer son nom.

Malheureusement, Constance W. Starr ne s'est pas effacée dans l'obscurité comme son insignifiance de petite souris aurait pu le laisser supposer. Au contraire, elle est devenue incroyablement célèbre, même si c'est pour une raison ridicule : en effet, sous le nom de C. W. Starr, elle est l'auteure d'une série de fantasy pour débiles mentaux intitulée Alphinland. Alphinland a engrangé une telle masse d'argent que Gavin le Poète Relativement Indigent a dû se retourner dans sa tombe des dizaines d'années avant de mourir pour de bon. Il a dû maudire le jour où il s'était laissé entraîner hors du droit chemin par les œstrogènes surchauffés de Jorrie.

Tandis que l'étoile de Starr montait au zénith, celle de Jorrie a décliné : elle ne scintille plus. La frénésie vorace des lecteurs de C. W. Starr génère de longues queues vociférantes devant les librairies le jour de la sortie de ses nouveaux livres, avec des enfants et des adultes des deux sexes déguisés en différents personnages tels que l'affreux Milzreth Main Rouge, ou l'impassible Skinkroy l'Avaleur de Temps, ou encore Frenosia aux Antennes Parfumées, la déesse aux yeux d'insecte avec son entourage d'abeilles magiques couleur émeraude et indigo. Tout ce tralala doit horripiler Jorrie, même si elle n'a jamais admis l'avoir remarqué.

Pour l'avoir accompagnée quelquefois à La Péniche, Tin se souvient vaguement de la genèse invraisemblable d'Alphinland. La saga avait commencé par quelques ersatz de contes de fées peuplés de guerriers et de sorciers, publiés dans des magazines à deux sous avec des couvertures montrant des filles à moitié nues lorgnées par des Hommes Lézards libidineux. La bande qui traînait à La Péniche – particulièrement les poètes – se moquait de Constance, mais Tin a dans l'idée qu'ils ne le font plus beaucoup maintenant. L'argent pêche avec un hameçon en or.

Il a lu la série Alphinland, bien sûr, du moins en partie : il avait l'impression qu'il le devait à Jorrie. Au cas où elle lui demanderait son avis critique, il pourrait loyalement lui répondre que c'était très mauvais. Et Jorrie l'a lue aussi, bien sûr. Emportée par sa curiosité jalouse, elle aura été incapable de s'en empêcher. Mais aucun des deux n'a avoué avoir ne fût-ce qu'ouvert un de ces livres.

Heureusement, songe Tin, il paraît que Constance W. Starr mène une vie de recluse, encore plus depuis la mort de son mari, une notice nécrologique que Jorrie a passée sous silence. Dans un monde parfait, C. W. Starr ne devrait pas être présente à l'enterrement.

Quelle est la probabilité d'un monde parfait ? Une chance sur un million.

« Si la cérémonie pour ce Putnam doit tourner autour de Constance W. Starr, déclare Tin, j'oppose fermement mon veto. Parce que ça ne sera pas, comme tu dis, génial. Ce sera très destructeur pour toi. »

Ce qu'il ne dit pas : *Tu vas perdre, Jorrie. Tu vas perdre comme la dernière fois. Elle est moralement en position de force.*

« Il ne s'agit pas d'elle, je te le jure ! Ça remonte à plus de cinquante ans ! Comment pourrait-il s'agir d'elle, alors que je n'arrive même pas à me souvenir de son *nom* ? De toute façon, elle était tellement insignifiante !

Un petit bout de femme de rien du tout ! J'aurais pu la faire s'envoler rien qu'en éternuant ! »

Elle s'étouffe de rire.

Tin réfléchit. Un tel discours, chez Jorrie, est signe de vulnérabilité. Par conséquent, elle a besoin de son soutien.

« Très bien, j'irai, se résout-il à dire. Mais je n'ai pas un bon pressentiment.

— Tope là, *compadre*. »

L'expression vient d'un western, ils l'utilisaient beaucoup quand ils étaient enfants.

« Où a lieu cette sinistre affaire ? » demande Tin le matin du jour fixé pour la cérémonie.

C'est un dimanche, le seul jour où Jorrie a le droit de faire la cuisine. Ses talents culinaires se limitent essentiellement à ouvrir des plats préparés, mais quand elle se sent de l'ambition, on peut s'attendre à de la vaisselle cassée, des jurons et des incinérations. Aujourd'hui, elle se limite à des bagels, Dieu soit loué. Et le café est parfait parce qu'il l'a fait lui-même.

« À l'école Enoch-Turner, dit-elle. Elle prodigue une élégante atmosphère qui évoque une ère ancienne.

— Qui a écrit ça ? s'enquiert Tin. Charles Dickens ?

— Non, moi, répond Jorrie. Il y a des années de ça. Juste après être passée en free-lance. Ils voulaient un ton archaïque. »

En fait, elle n'était pas exactement passée free-lance, pour autant que Tin se souvienne : une guerre civile s'était déclarée au sein de sa boîte de pub, et elle s'était trouvée dans le camp des vaincus, ayant malencontreusement dit à ses antagonistes ce qu'elle pensait vraiment d'eux. Cela étant, elle avait obtenu un parachute raisonnable qui lui avait permis d'investir dans la spéculation immobilière. Elle avait ainsi pu continuer de s'offrir des fantaisies de designer et des vacances d'hiver extravagantes, jusqu'à ce qu'un de ses amants de la période ménopausée la quitte en emportant toutes ses économies. Elle s'est retrouvée lourdement endettée et a dû vendre dans un marché déprimé. Elle a perdu une fortune. Alors, que pouvait faire Tin sinon lui offrir un refuge ? Sa maison était assez grande pour deux, mais tout juste : Jorrie prenait beaucoup de place.

« J'espère que cette école n'est pas un ramassis de décoration kitsch, lâche-t-il.

— Avons-nous le choix ? »

Après avoir fouillé dans son placard, Jorrie brandit trois robes sur leurs cintres afin que Tin puisse les évaluer. C'est l'une de ses requêtes – une de ses exigences – lorsqu'il accepte de l'accompagner à des sorties.

« Quel est le verdict ? demande-t-elle.

— Pas la rose vif.

— Mais c'est une authentique Chanel ! »

Ils fréquentent tous deux des friperies, mais uniquement du haut de gamme. Au moins, ils ont gardé la ligne. Tin peut encore mettre les élégants costumes trois pièces des années 30 qu'il affectionne depuis quelques dizaines d'années. Il a même une canne laquée.

« Aucune importance, dit-il. Personne ne va lire les griffes, et tu n'es pas Jackie Kennedy. Le rose vif attirerait trop l'attention sur toi. »

Jorrie *veut* attirer l'attention sur elle : c'est tout le but ! Si des épouses de Gavin sont là, et surtout si Tu-Sais-Qui se pointe, elle veut qu'elles la remarquent aussitôt qu'elle fera son entrée. Mais elle accepte de renoncer au rose, parce qu'elle sait qu'autrement Tin ne viendra pas avec elle.

« Et pas l'étole en faux léopard non plus.

— Mais ça revient à la mode !

— Exactement. C'est beaucoup trop à la mode. Ne fais pas cette moue, on dirait un chameau.

— Alors, tu votes pour la grise. Est-ce que tu m'autorises un bâillement ?

— Tu peux, mais ça ne changera rien à la réalité. La grise a une coupe magnifique. Très sobre. Avec un foulard, peut-être ?

— Pour cacher mon cou décharné ?

— C'est toi qui l'as dit, pas moi.

— Je peux toujours compter sur toi », dit Jorrie.

Elle le pense sincèrement : Tin la sauve d'elle-même, lorsqu'elle tient compte de son avis. Quand elle sortira de la maison, elle pourra être sûre d'être présentable. Le foulard qu'il choisit pour elle est d'un rouge de Chine discret, qui mettra son teint en valeur.

« Comment me trouves-tu ? interroge Jorrie en pivotant devant lui.

— Prodigieuse.

— J'aime bien quand tu me mens.

— Je ne mens pas », proteste Tin.

Prodigieux : [En parlant d'un être] Fabuleux, monstrueux. Ça colle à peu près. Au bout d'un moment, il y a des limites à ce qu'une robe grise magnifiquement coupée peut rattraper.

Ils sont enfin prêts à se mettre en route.

« Tu vas devoir mettre ton manteau le plus chaud, dit Tin. Dehors, c'est la frédure.

— La quoi ?

— Il fait très froid. Vingt au-dessous de zéro, c'est la prévision maximale. Lunettes ? »

Il veut qu'elle puisse lire le programme toute seule, sans avoir à lui casser les pieds pour qu'il le fasse pour elle.

« Oui, oui, j'en ai deux paires.

— Mouchoir ?

— Ne t'inquiète pas, dit Jorrie, je n'ai pas l'intention de pleurer. Pas pour ce salopard !

— Si tu le fais quand même, tu ne pourras pas te servir de ma manche. »

Elle redresse fièrement le menton, prête au combat.

« Je n'en aurai pas besoin. »

Tin insiste pour conduire. Se trouver dans une voiture avec Jorrie au volant lui évoque trop la roulette russe. Quelquefois, ça se passe bien, mais la semaine précédente, elle a écrasé un raton laveur. Elle a prétendu qu'il était déjà mort, pourtant Tin en doute. « De toute façon, a-t-elle fait remarquer, il n'avait rien à faire là, par un temps pareil. »

Ils avancent prudemment par les rues verglacées, dans la Peugeot 1995 que Tin a soigneusement préservée. Les pneus crissent sur la neige. On n'a pas encore dégagé les accumulations de la veille – heureusement, ce n'était qu'un blizzard, pas une tempête de glace comme celle qui s'est abattue à Noël. Les trois jours passés dans la maison de Cabbagetown sans chauffage ni lumière avaient été une épreuve, parce que Jorrie avait considéré la tempête comme un affront personnel et passé son temps à se plaindre de cette injustice. Comment le temps pouvait-il lui faire une chose pareille ?

Il y a un parking au nord de King Street, que Tin a pris soin de repérer en ligne au préalable – il ne manquerait plus que Jorrie lui donne de mauvaises indications –, et étonnamment, ils s'y garent de justesse : plusieurs véhicules derrière eux se voient refuser l'accès. Il extrait Jorrie du siège avant et la soutient quand elle glisse sur le sol gelé. Pourquoi ne lui a-t-il pas interdit ces bottines à talons aiguilles ? Elle pourrait faire une mauvaise chute et se casser quelque chose – une hanche, une jambe –, et se retrouverait alors des mois au lit tandis qu'il devrait apporter les plateaux-repas et vider les pots de chambre. En la tenant fermement par le bras, il l'entraîne dans King Street, puis au sud dans Trinity.

« Regarde-moi tout ce monde, dit-elle. Mais bon sang, qui sont ces gens ? »

Effectivement, il y a une vraie foule qui se dirige vers l'école Enoch-Turner. Un bon nombre sont ce qu'on pourrait attendre – la génération des vieux croûtons, comme Tin et Jorrie – mais, assez bizarrement, il y a pas mal de jeunes gens. Gavin Putnam ferait-il l'objet d'un culte au sein de la jeunesse ? Quelle idée déplaisante, songe Tin.

Jorrie se serre plus fort contre lui. Sa tête pivote comme un périscope.

« Je ne la vois pas, chuchote-t-elle. Elle n'est pas là !

— Elle ne viendra pas, rétorque-t-il. Elle a trop peur que tu l'appelles Tu-Sais-Qui. »

Sa sœur rit, mais pas vraiment aux éclats. Elle n'a préparé aucun plan, songe Tin, elle se rue aveuglément en avant, comme toujours. C'est une bonne chose qu'il soit là avec elle.

À l'intérieur, la salle est bondée et surchauffée, mais il y règne une élégante atmosphère qui évoque une ère ancienne. Il y a un murmure de conversations indistinctes. Tin aide Jorrie à retirer son manteau, il se défait du sien et s'installe pour attendre que ça se passe.

Jorrie lui donne un coup de coude et chuchote :

« Ça doit être la veuve, là-bas, celle en bleu. Ah, bon sang, elle a l'air d'avoir douze ans. Quel pervers, ce Gav ! »

Tin essaie de voir, mais il n'arrive pas à repérer la candidate probable. Comment Jorrie peut-elle le savoir, de dos ?

Un grand silence s'établit : un maître de cérémonie s'est installé au pupitre – un homme assez jeune vêtu d'une veste en tweed et d'un pull à col roulé, une tenue professorale – et leur souhaite à tous la bienvenue à cette commémoration de la vie et de l'œuvre d'un de nos poètes les plus renommés, les plus aimés, et – s'il peut le formuler ainsi – les plus essentiels.

Parle pour toi, pense Tin : pas essentiel pour *moi*. Il coupe le son et tourne son esprit vers une ou deux phrases de Martial qu'il veut affûter. Il ne publie plus les résultats de ses efforts, à quoi bon ? Mais ce processus de traduction impromptu est un exercice mental qui fait passer le temps agréablement, quand le temps a besoin d'être passé.

Contrairement à toi, qui t'exhibes à notre vue,
Elles évitent le public, ces putains :
Elles baisent en secret derrière des portes closes,
Dans des chambres isolées drapées de tentures.
Même les plus sales et les plus viles
S'éclipsent furtivement pour exercer leur métier
Derrière les tombes.
Agis plus modestement, comme elles !
Lesbia, tu me trouves méchant ?
Baise à en perdre la tête ! Seulement – évite d'être vue !

Un peu trop comme *Ma mère l'Oye*, la rime, le rythme ? Alors, peut-être encore plus succinctement :

Pourquoi ne pas imiter la catin, Lesbia ?
Suçote, branlotte, tout ce que tu voudras,
Mais ne va pas le crier sur les toits !

Non, ça ne va pas : c'est encore plus stupide que les plus stupides poèmes de Martial, et beaucoup trop de détails sont passés à la trappe. Les tombes de l'original méritent d'être conservées, il y a tant à dire sur les rendez-vous galants dans les cimetières. Il s'y réattaquera plus tard. En attendant, il devrait peut-être essayer celui sur les mérites respectifs de la cerise et du pruneau…

Jorrie lui donne un grand coup de coude.

« Tu t'endors ! » chuchote-t-elle.

Tin se redresse en sursaut. Il consulte rapidement le programme qui décrit l'ordre des événements, avec la photo de Gavin qui fronce les sourcils dans son cadre noir. Où en sont-ils ? Les petits-enfants ont-ils déjà chanté ? Oui, apparemment : même pas un de ces hymnes lugubres, mais – oh, horreur ! – « My Way ». Celui qui a suggéré ça devrait être fouetté en place publique ; heureusement, Tin dormait à ce moment-là.

À présent, le fils est en train de lire non pas un extrait de la Bible, mais un échantillon de l'œuvre du défunt troubadour lui-même : un poème tardif à propos de feuilles mortes dans une piscine.

Maria ratisse les feuilles mourantes.
Sont-ce des âmes ? L'une d'elles est-elle la mienne ?
Est-elle l'Ange de la Mort, avec ses cheveux noirs,
Avec son ombre noire, venue me recueillir ?
Âme errante qui s'estompe, tournant dans ce bassin glacé,
Si longtemps la complice de mon corps, cet imbécile,
Où finiras-tu par atterrir ? Sur quel rivage désolé ?
Ne seras-tu rien d'autre qu'une feuille morte ? Ou bien…

Ah. Le poème est inachevé : Gavin était en train de l'écrire quand il est mort. Là, on touche au summum du pathétique, songe Tin. Pas étonnant que des sanglots et des gémissements étouffés s'élèvent autour de lui comme des chants de grenouilles au printemps. N'empêche, moyennant un peu d'affinage, le poème aurait pu produire un résultat passable, à part le plagiat mal dissimulé de l'épitaphe de l'empereur Hadrien s'adressant à sa propre âme errante. *Plagiat* est peut-être trop fort : *allusion* est le terme qu'utiliserait un critique bien disposé à son égard. Le fait que Gavin Putnam ait suffisamment bien connu Hadrien pour lui voler quelque chose a fortement amélioré l'opinion de Tin à l'égard du versificateur décédé. C'est-à-dire en tant que poète, pas en tant qu'homme.

« *Animula, vagula, blandula*, récite-t-il à voix basse. *Hospes comesque corporis / Quae nunc abibis in loca / Pallidula, rigida, nudula / Nec, ut soles. Dabis iocos…* »

Difficile de faire mieux. Bien que beaucoup s'y soient essayés.

Il y a un interlude de méditation silencieuse, pendant laquelle ils sont tous invités à fermer les yeux et à réfléchir à la riche et fertile amitié qui les unissait à leur collègue et compagnon qui n'est plus, et à ce que cette amitié signifiait pour eux personnellement. Jorrie enfonce encore son coude dans les côtes de Tin. Ce geste signifie : *On va bien s'amuser en repensant à tout ça plus tard !*

L'offrande funèbre suivante n'est pas longue à venir. Un des chanteurs de folk parmi les moins connus de l'ère de La Péniche, profondément ridé et avec une barbiche filasse qui ressemble au ventre d'un mille-pattes, se lève pour leur interpréter une chanson de l'époque : « Mister Tambourine Man ». Un choix curieux, comme le folkeux le reconnaît lui-même avant de la chanter. « Mais c'est pas une question de… heu, d'être tristes et tout. C'est une célébration ! Et je sais que Gavin nous écoute probablement en ce moment, et il tape du pied de joie ! Hé, là-haut, mon pote ! On te fait de grands signes ! »

Sanglots étouffés ici et là dans la salle. Épargne-nous, Seigneur, soupire Tin. À côté de lui, Jorrie tremble. Elle pleure ou elle pouffe ? Il ne faut pas qu'il la regarde : si elle pouffe, ils vont se mettre à rire tous les deux, et ça pourrait se révéler embarrassant parce que Jorrie risquerait de ne plus pouvoir s'arrêter.

Il y a ensuite un éloge funèbre, prononcé par une jeune femme au teint couleur café, d'une beauté presque criminelle, avec un châle coloré et des bottes montantes. Elle se présente – Naveena quelque chose – comme une spécialiste universitaire de l'œuvre du poète. Puis elle dit vouloir partager avec eux le fait que, si elle n'a rencontré M. Putnam que le jour de sa mort, l'expérience de sa personnalité pleine de compassion et son amour communicatif de la vie l'ont profondément émue, et elle voue donc une grande reconnaissance à Mme Putnam – Reynolds – d'avoir rendu la chose possible, et bien qu'elle ait perdu M. Putnam, elle s'est fait une nouvelle amie en la personne de Reynolds à travers cette terrible épreuve, et elle est bien contente de ne pas avoir quitté la Floride le jour où ça s'est produit, parce qu'elle a pu rester là pour Reynolds, et elle est sûre que tout le monde ici se joindra à elle pour adresser les vœux les plus chaleureux à Reynolds dans ce moment tragique et difficile, et... – sa voix tremble, se brise.

« Je suis désolée, dit-elle, je voulais en dire plus, sur, vous savez, sa poésie, mais je... »

En larmes, elle quitte précipitamment la scène.

Touchante petite créature.

Tin consulte sa montre.

Arrive enfin le dernier numéro musical. C'est « Fare Thee Well », un chant traditionnel dont on dit qu'il a inspiré Gavin Putnam pendant qu'il écrivait son premier recueil, désormais célèbre, *Pesant clair de lune*. Un jeune homme aux cheveux roux, qui ne doit pas avoir plus de dix-huit ans, monte sur scène pour la chanter, accompagné de deux ados avec des guitares.

Prends soin de toi, mon unique amour,
Et adieu pour un temps.
Je m'en vais, mais je reviendrai,
Même si c'est de l'autre bout du monde.

Ça marche à tous les coups : la promesse de revenir, couplée à la certitude qu'aucun retour n'est possible. Les dernières notes de la voix de ténor chevrotante du chanteur sont suivies d'un concert de sanglots et de toussotements. Tin sent un museau humide contre sa manche.

« Oh, Tin », dit Jorrie.

Il lui a conseillé d'emporter un mouchoir, ce qu'elle n'a pas fait, naturellement. Il sort le sien de sa poche et le lui tend.

Des murmures à présent, des bruits de chaises qu'on repousse, de gens qui se lèvent. Un bar est ouvert au Grand Salon, leur annonce-t-on, et l'on sert des rafraîchissements dans le Hall Ouest. Il y a une ruée discrète.

« Où sont les toilettes ? » demande Jorrie.

Elle s'est tamponné le visage, maladroitement : du mascara lui coule sur les joues. Tin récupère son mouchoir et efface du mieux qu'il peut les traînées noirâtres.

« Tu veux bien m'attendre devant ? demande-t-elle d'un ton plaintif.

— J'y vais aussi, répond-il. Je te retrouverai au bar.

— Surtout, n'y passe pas la journée, dit-elle. Il faut que je sorte de ce poulailler. »

Les récriminations commencent : son taux de sucre dans le sang doit être bas. Dans la fièvre des préparatifs, ils ont oublié de déjeuner. Il va lui faire ingurgiter un peu d'alcool, pour la remonter rapidement, et la diriger vers les sandwichs au pain de mie. Ensuite, après un ou deux carrés au citron – qu'est-ce qu'une occasion funèbre sans carré au citron ? –, ils fileront à l'anglaise.

Dans les toilettes des hommes, il tombe sur Seth MacDonald, professeur émérite au département de langues anciennes à Princeton, célèbre traducteur des *Hymnes orphiques* et, apparemment, une vieille connaissance de Gavin Putnam. Pas professionnellement, non, mais ils avaient fait ensemble une croisière en Méditerranée – « Les hauts lieux de l'Antiquité » – où ils s'étaient bien entendus, et s'était ensuivie une correspondance au cours des dernières années. Des commisérations sont échangées. Tin embraye sur les mensonges de routine pour inventer une raison à sa présence :

« Nous nous intéressions tous les deux à Hadrien.

— Ah, oui, dit Seth. Oui. J'ai remarqué l'allusion. Très habilement faite. »

Ce délai inattendu signifie que Jorrie sort des toilettes avant lui. Il n'aurait jamais dû la quitter des yeux ! Elle s'est barbouillée de fond de teint métallique brillant, et en plus, elle s'est appliqué autre chose : une couche de grosses paillettes dorées qui scintillent à la lumière. On dirait un sac à main en cuir garni de sequins. Elle a dû cacher tout ça dans son sac : elle se venge du veto qu'il a opposé à la robe Chanel rose. Bien sûr, elle n'a pas pu mesurer le plein effet de ses applications dans le miroir des toilettes : elle n'avait pas mis ses lunettes.

« Qu'est-ce que tu… », commence-t-il.

Elle le foudroie du regard. *Ne t'avise pas de me faire des remarques !* Elle a raison : c'est trop tard, maintenant.

Il la saisit par le coude.

« En avant, la brigade légère, dit-il.

— Quoi ?

— Allons prendre un verre. »

Une fois leurs verres de vin blanc en main – pas formidable, mais acceptable –, ils se dirigent vers la table où est dressé le buffet. En approchant de la foule qui l'entoure, Jorrie se raidit :

« Avec la troisième épouse, regarde ! Elle est là ! »

Elle tremble de tout son corps.

« Qui ça ? » demande Tin alors qu'il le sait très bien.

C'est la gorgone, Tu-Sais-Qui – C. W. Starr en personne, reconnaissable d'après ses photos publiées dans les journaux. Une petite vieille dame aux cheveux blancs, mal fagotée dans un manteau molletonné. Pas de poudre scintillante sur elle. En fait, pas un soupçon de maquillage.

« Elle ne me reconnaît pas ! » chuchote Jorrie.

Maintenant, elle jubile. Qui donc *pourrait* te reconnaître, songe Tin, avec cette couche de stuc et d'écailles de dragon sur la figure ?

« Elle m'a regardée droit dans les yeux ! ajoute Jorrie. Viens, allons écouter ce qu'elles se disent ! »

Réminiscences de leurs espionnages d'enfants. Elle le prend par la main et essaie de l'entraîner.

« Non, Jorrie », résiste-t-il comme à un fox-terrier mal dressé.

Mais ça ne sert à rien. Elle plonge en avant en tirant sur la laisse invisible qu'il ne parvient pas à lui serrer autour du cou.

Constance W. Starr tient d'une main un sandwich aux œufs brouillés et de l'autre un verre d'eau. Elle semble harassée et hagarde. À sa droite, ça doit être la veuve éplorée, Reynolds Putnam, vêtue chastement d'une robe bleue et d'un collier de perles. Elle est vraiment très jeune. Elle n'a pas l'air trop affligée, mais d'un autre côté, du temps a passé depuis la mort effective. À la droite de Mme Putnam se tient Naveena, la jeune et ravissante admiratrice qui a craqué pendant qu'elle prononçait son oraison funèbre. Elle semble parfaitement remise, elle est en train de pérorer.

Mais pas au sujet de Gavin Putnam et de son immortel verbiage. Une fois accoutumé à son accent plat du Midwest, Tin se rend compte qu'elle s'extasie sur la série Alphinland. Constance W. Starr prend une bouchée de son sandwich : ce n'est sans doute pas la première fois qu'elle entend ce genre de discours.

« La Malédiction de Frenosia, est en train de dire Naveena. Livre IV. C'était tellement... avec les abeilles, et la Sorcière Écarlate de Ruptous emmurée dans la ruche de pierre : c'est d'une telle... »

Il y a un espace libre à gauche de l'illustre romancière, et Jorrie s'y glisse. Elle agrippe fermement le bras de Tin. Elle penche la tête en avant, dans une attitude d'écoute extatique. Compte-t-elle se faire passer pour une fan ? se demande Tin. Qu'est-ce qu'elle mijote ?

« Livre III, dit Constance W. Starr. Frenosia apparaît pour la première fois dans le livre III. Pas le IV. »

Elle prend une autre bouchée et continue de mâchonner imperturbablement.

« Ah, bien sûr, le livre III, reprend Naveena en gloussant nerveusement. Et M. Putnam a dit, il a dit que vous l'aviez mis dans la série. C'était quand vous avez quitté la pièce, précise-t-elle à Reynolds. Pour aller faire le thé. C'est là qu'il me l'a dit. »

Le visage de Reynolds s'est durci : ça, c'est du braconnage sur ses terres.

« Vous êtes sûre ? Il l'a toujours nié énergiquement.

— Il a dit qu'il y avait des tas de choses qu'il ne vous avait jamais racontées. Pour ne pas vous blesser. Il ne voulait pas que vous vous sentiez mise à l'écart parce que vous n'étiez pas vous-même dans Alphinland.

— Vous mentez ! lance Reynolds. Il ne m'a jamais rien caché ! Il considérait Alphinland comme un ramassis de sottises !

— En fait, intervient Constance, j'ai bien mis Gavin dans Alphinland. »

Jusque-là, elle n'avait pas eu l'air de remarquer la présence de Jorrie, mais à présent, elle se tourne vers elle et la regarde droit dans les yeux.

« Pour qu'il soit en sécurité, ajoute-t-elle.

— C'est inconvenant, dit Reynolds. Je crois que vous devriez…

— Et ça a marché, poursuit Constance. Il était dans une barrique de vin. Il y a dormi pendant cinquante ans.

— Oh, je le savais ! s'exclame Naveena. J'ai toujours su qu'il était dans la série. C'est dans quel livre ? »

Constance ne lui répond pas. Elle continue de s'adresser à Jorrie.

« Mais maintenant, je l'ai laissé sortir. Il peut donc aller et venir où bon lui semble. Il ne court plus aucun risque avec toi. »

Qu'est-ce qui lui prend, à Constance Starr ? se demande Tin. Gavin Putnam, courant un risque avec Jorrie ? Mais c'est lui qui l'a rejetée, qui lui a fait du mal. Y aurait-il de la vodka dans ce verre d'eau ?

« Quoi ? dit Jorrie. C'est à moi que vous parlez ? »

Elle serre le bras de Tin, pas pour s'empêcher de rire, cette fois. Elle semble plutôt avoir peur.

« Gavin n'est pas dans ce foutu *bouquin* ! Gavin est *mort* ! » s'écrie Reynolds.

Elle se met à pleurer. Naveena esquisse un pas vers elle, avant de reculer.

« Il courait le risque de tes mauvaises intentions, Marjorie, dit Constance d'une voix très calme. Et de ta colère. Cette combinaison est un sortilège puissant, tu sais. Tant que son esprit occupait encore un réceptacle de chair de ce côté, il était en danger. »

Elle sait exactement qui est Jorrie : malgré les écailles dorées et la poudre bronzante, elle a dû le savoir dès la première seconde.

« Bien sûr que j'étais en colère, à cause de ce qu'il m'a fait ! s'exclame Jorrie. Il m'a flanquée dehors, il s'est débarrassé de moi comme, comme d'une vieille...

— Oh, fait Constance. (Le temps semble s'arrêter.) Je n'avais pas compris ça, déclare-t-elle enfin. Je croyais que c'était l'inverse. Je croyais que tu l'avais blessé. »

Est-il en train d'assister à un duel ? se demande Tin. La matière contre l'antimatière ? Vont-elles se faire exploser l'une l'autre ?

« C'est ce qu'il a dit ? demande Jorrie. Et merde, bien sûr ! Forcément, il a dû dire que c'était ma faute !

— Oh, mon Dieu, souffle Naveena à Jorrie, *sotto voce*. Vous êtes la Dame en Noir ! Des *Sonnets* ! Nous pourrions peut-être parler de...

— C'est censé être un *enterrement*, répond Reynolds. Pas une *conférence* ! Gavin aurait *détesté* ça ! »

Les autres femmes l'ignorent complètement. Elle se mouche, lance autour d'elle un regard furieux et s'éloigne en direction du bar.

Constance W. Starr plante le reste de son sandwich dans son verre d'eau. Jorrie la regarde fixement, comme si elle préparait une potion magique.

« Dans ce cas, reprend enfin Constance, l'honneur me commande de te libérer. Il y a eu un grave malentendu.

— Quoi ? hurle presque Jorrie. Me libérer de quoi ? De quoi tu parles, là ?

— Te libérer de la ruche de pierre, explique Constance. Où tu as été emprisonnée si longtemps, et piquée par des abeilles indigo. Pour te punir. Et pour t'empêcher de faire du mal à Gavin.

— C'est la Sorcière Écarlate de Ruptous ! s'écrie Naveena. C'est tellement diabolique ! Est-ce que vous pourriez me dire... »

Constance continue de l'ignorer.

« Je suis désolée, pour les abeilles, dit-elle à Jorrie. Ça devait être très douloureux. »

Tin agrippe le coude de Jorrie et essaie de l'entraîner à l'écart. Il ne serait pas impossible qu'elle pique une crise et qu'elle donne un coup de pied dans les tibias de la vieille romancière, ou qu'elle se mette au moins à hurler. Il faut qu'il réussisse une extraction. Ils rentreront à la maison et il leur servira à tous les deux un grand verre d'alcool, il la calmera et ils pourront rire de toute cette affaire.

Mais Jorrie ne bouge pas, bien qu'elle ait lâché le bras de Tin.

« C'était très douloureux, chuchote-t-elle. Tellement douloureux… Tout a été si douloureux, toute ma vie… »

Est-elle en train de pleurer ? Oui, de vraies larmes, des larmes métalliques, étincelantes d'or et de bronze.

« Pour moi aussi, c'était douloureux, murmure Constance.

— Je sais », dit Jorrie.

Elles se regardent dans les yeux, enfermées dans une sorte de fusion des esprits impénétrable.

« Nous vivons dans deux endroits, résume Constance. Il n'y a pas de passé dans Alphinland. Le temps n'existe pas. Mais le temps existe ici, là où nous sommes maintenant. Il nous reste encore un peu de temps.

— Oui, dit Jorrie. Il est temps. Moi aussi, je suis désolée. Et moi aussi, je te libère. »

Elle fait un pas en avant. Est-ce une embrassade ? se demande Tin. Elles se serrent dans les bras, ou elles se battent ? Est-ce une situation de crise ? Comment peut-il aider ? Quelle bizarrerie de femelles se déroule en ce moment ?

Il se sent stupide. N'a-t-il donc rien compris de Jorrie, toutes ces années ? Possède-t-elle d'autres couches, d'autres pouvoirs ? Des dimensions qu'il n'a jamais soupçonnées ?

Constance a reculé.

« Dieu te bénisse », dit-elle à Jorrie.

La peau parcheminée de son visage scintille à présent de paillettes d'or.

La jeune Naveena n'arrive pas à croire à sa chance. Sa bouche est entrouverte, elle se mordille le bout des doigts, retient son souffle. Elle est en train de nous enchâsser dans de l'ambre, songe Tin. Comme des insectes fossiles. Elle nous préserve à jamais. Dans des perles d'ambre, dans des mots d'ambre. Juste sous nos yeux.

LUSUS NATURAE

•••••••••

Que pouvait-on faire de moi, que devait-on faire de moi ? Il s'agissait d'une seule et même question. Les possibilités étaient limitées. La famille les avait toutes débattues, lugubrement, interminablement, assise le soir autour de la table de la cuisine, les volets clos, mangeant leurs saucisses sèches et poilues, et buvant leur soupe de pommes de terre. Lorsque j'étais dans une de mes phases de lucidité, je m'asseyais avec eux et me joignais à la conversation dans la mesure de mes possibilités tout en cherchant les morceaux de pomme de terre dans mon bol. Sinon, je me réfugiais dans le coin le plus sombre en miaulant, et j'écoutais les voix gazouillantes que personne d'autre ne pouvait entendre.

« C'était un bébé tellement mignon, disait ma mère. Il n'y avait rien d'anormal chez elle. »

Cela l'attristait d'avoir donné le jour à une chose comme moi : c'était comme un reproche, un jugement. Qu'avait-elle fait de mal pour mériter ça ?

« C'est peut-être un sort », suggéra ma grand-mère.

Elle était aussi sèche et poilue que les saucisses, mais c'était normal chez elle, étant donné son âge.

« Elle a été très bien pendant des années, ajouta mon père. C'est venu après sa rougeole, quand elle avait sept ans. Après ça.

— Qui pourrait vouloir nous jeter un sort ? » répondit ma mère.

Ma grand-mère fit une grimace. Elle avait une longue liste de candidats en tête, mais il lui était impossible d'en distinguer un dans le lot. Notre famille avait toujours été respectée, aimée même, plus ou moins. Elle l'était encore, et continuerait de l'être si on pouvait faire quelque chose à mon sujet. Avant que je ne fuite, pour ainsi dire.

« Le docteur estime que c'est une maladie », intervint mon père.

Il aimait prétendre qu'il était un homme rationnel. Il recevait les journaux. C'est lui qui avait insisté pour que j'apprenne à lire, et il avait persisté dans ses encouragements en dépit de tout. Cela étant, je ne me nichais plus désormais dans le creux de son bras. Il me faisait asseoir de l'autre côté de la table. Cette distance me peinait, mais je le comprenais.

« Mais alors, interrogea ma mère, pourquoi est-ce qu'il ne lui donne pas des médicaments ? »

Ma grand-mère émit un grognement. Elle avait ses propres idées sur le sujet, à base de vesses-de-loup et de distillats de liqueurs. Une fois, elle m'avait maintenu la tête sous l'eau de trempage du linge, tout en marmonnant des prières. C'était pour expulser le démon qui – elle en était convaincue – s'était introduit en moi par la bouche et logeait derrière mon sternum. Ma mère avait dit que cela partait d'une bonne intention.

« Nourrissez-la de pain, avait recommandé le docteur. Elle voudra beaucoup de pain. Et aussi des pommes de terre. Elle voudra boire du sang. Du sang de poulet fera l'affaire, ou du sang de vache. Ne la laissez pas en boire trop. » Il nous avait dit le nom de la maladie, dans lequel il y avait des *p* et des *r*, et qui ne signifiait rien pour moi. Jusqu'ici, il n'avait rencontré qu'un cas semblable, avait-il ajouté en regardant mes yeux jaunes, mes dents roses, mes ongles rouges, et les longs poils qui poussaient sur ma poitrine et sur mes bras. Il voulait m'emmener à la ville, pour que d'autres médecins puissent m'examiner, mais ma famille avait refusé.

« C'est un *lusus naturae*, avait-il expliqué.

— Qu'est-ce que ça veut dire ? avait demandé ma grand-mère.

— Un jeu de la nature. »

Ce médecin venait de très loin. C'est nous qui l'avions fait venir, parce que le nôtre aurait propagé des rumeurs.

« C'est du latin, avait-il ajouté. Comme un monstre. (Il croyait que je ne pouvais pas entendre, parce que je miaulais.) Ce n'est la faute de personne.

— C'est un être humain », avait relevé mon père.

Puis il avait donné beaucoup d'argent au docteur pour qu'il retourne dans son lointain pays et ne revienne jamais.

« Pourquoi Dieu nous a-t-il fait ça ? demanda ma mère.

— Sort ou maladie, peu importe, dit ma grande sœur. De toute façon, personne ne voudra m'épouser, si on le découvre. »

Je hochai la tête : c'était vrai. Ma sœur était une jolie fille, et nous n'étions pas pauvres. Nous faisions presque partie de la noblesse. Sans moi, son avenir serait dégagé.

La journée, je restais enfermée dans ma chambre plongée dans l'obscurité. Je n'étais plus un sujet de plaisanterie. Ça me convenait tout à fait, parce que je ne supportais pas le soleil. La nuit, incapable de dormir, j'errais à travers la maison, écoutant les ronflements des autres, leurs petits cris de cauchemar. Le chat me tenait compagnie. J'avais une odeur de sang, de vieux sang séché : c'est peut-être pour ça qu'il me suivait comme mon ombre, qu'il me grimpait dessus et se mettait à me lécher.

Ils avaient raconté aux voisins que j'avais une maladie chronique, une fièvre, un délire. Les voisins nous faisaient porter des œufs et des choux. De temps en temps, ils nous rendaient visite pour glaner des nouvelles, mais ils ne tenaient pas à me voir : ce que j'avais était peut-être contagieux.

Il fut décidé que je devais mourir. Comme ça, je ne serais plus un obstacle pour ma sœur, une menace permanente flottant au-dessus de sa tête.

« Mieux vaut qu'il y en ait une qui soit heureuse plutôt que deux malheureuses », avança ma grand-mère – qui accrochait à présent des gousses d'ail sur le chambranle de ma porte.

Je consentis à ce plan. Je voulais aider.

On soudoya le prêtre, mais on fit aussi appel à son esprit de compassion. Les gens aiment penser qu'ils font le bien tout en empochant une grosse somme d'argent, et notre prêtre ne faisait pas exception à la règle. Il me dit que Dieu m'avait choisie, que j'étais spéciale, une jeune mariée en quelque sorte. Il me dit que j'étais appelée à faire des sacrifices, et que mes souffrances purifieraient mon âme. Il me dit que j'avais de la chance, car je resterais innocente toute ma vie, aucun homme ne voudrait me souiller, et que je monterais alors tout droit au paradis.

Il raconta aux voisins que j'étais morte en odeur de sainteté. On m'exposa dans un cercueil très profond, dans une pièce très sombre, vêtue d'une robe blanche et recouverte de nombreux voiles blancs, une tenue appropriée pour une vierge et bien utile pour masquer ma pilosité.

Je restai allongée là pendant deux jours, mais bien sûr, je pouvais me lever la nuit et me promener dans la pièce. Je retenais ma respiration quand quelqu'un entrait. Les gens marchaient sur la pointe des pieds et parlaient à voix basse. Ils ne s'approchaient pas trop, ils avaient encore peur de ma maladie. À ma mère, ils disaient que je ressemblais à un ange.

Assise dans la cuisine, ma mère pleurait comme si j'étais vraiment morte. Même ma sœur réussissait à avoir l'air triste. Mon père portait son costume noir. Ma grand-mère faisait de la pâtisserie. Tout le monde s'empiffrait. Le troisième jour, ils remplirent le cercueil de paille humide et l'emportèrent au cimetière pour l'enterrer, avec des prières et une modeste pierre tombale. Trois mois plus tard, ma sœur se maria. On la conduisit à l'église dans un carrosse, une première dans notre famille. Mon cercueil était un barreau sur l'échelle sociale de ma sœur.

Maintenant que j'étais morte, j'étais libre. Seule ma mère avait le droit d'entrer dans ma chambre – mon ancienne chambre, comme ils l'appelaient. Ils avaient raconté aux voisins qu'ils la conservaient intacte, en hommage à ma mémoire. Un portrait de moi était accroché sur la porte, réalisé quand j'avais encore l'air d'un être humain. Je ne savais pas de quoi j'avais l'air maintenant. J'évitais les miroirs.

Dans la pénombre, je lisais Pouchkine, Lord Byron et les poèmes de John Keats. Je découvrais les amours tragiques, la défiance et la douceur de la mort. Je trouvais ces pensées réconfortantes. Ma mère m'apportait mes pommes de terre et mon pain, ainsi que mon bol de sang, et remportait le pot de chambre. Pendant un temps, elle avait brossé ma toison, avant que les poils ne tombent par poignées. Avant, elle me serrait aussi dans ses bras en pleurant, mais elle avait désormais dépassé ce stade. Elle venait et repartait aussi vite qu'elle le pouvait. Elle avait beau essayer de le cacher, elle m'en voulait, naturellement. Il y a des limites à la pitié qu'on peut éprouver pour quelqu'un, avant de trouver que son affliction est un acte de malice perpétré contre vous.

La nuit, j'avais toute liberté de me promener dans la maison, puis dans le jardin, et ensuite dans la forêt. Je n'avais plus à craindre d'être un obstacle entre les autres et leur avenir. Quant à moi, je n'avais pas d'avenir. Je n'avais qu'un présent, un présent qui changeait – me semblait-il – avec la lune. S'il n'y avait pas eu les crises, les heures de souffrance et le gazouillis des voix que je ne comprenais pas, j'aurais presque pu dire que j'étais heureuse.

Ma grand-mère mourut, puis mon père. Le chat se fit vieux. Ma mère s'enfonça plus profondément dans le désespoir. « Ma pauvre fille, disait-elle – bien que je ne fusse plus exactement une fille. Qui s'occupera de toi quand je serai partie ? »

À cela, il n'y avait qu'une réponse : il faudrait que ce soit moi. Je commençai à explorer les limites de mon pouvoir. Je découvris que j'en avais beaucoup plus quand j'étais invisible que visible, et surtout quand je ne l'étais qu'en partie. Un jour, délibérément, j'effrayai deux enfants dans les bois. Je leur montrai mes dents roses, mon visage velu, mes ongles rouges, en miaulant férocement, et ils s'enfuirent à toutes jambes en hurlant. Bientôt, les gens évitèrent notre coin de la forêt. Une nuit, je collai mon visage à une fenêtre et provoquai une crise d'hystérie chez une jeune femme. « Une chose ! J'ai vu une chose ! » hurla-t-elle en sanglotant. J'étais donc une chose. J'y réfléchis un moment. En quoi une chose n'était-elle pas une personne ?

Un étranger fit une offre pour acheter notre ferme. Ma mère voulait vendre et emménager avec ma sœur et son noble de mari, avec sa famille qui s'agrandissait et dont on venait juste de peindre les portraits. Elle n'arrivait plus à s'en sortir seule, mais comment pourrait-elle m'abandonner ?

« Fais-le, lui dis-je. (À ce stade, ma voix était une sorte de grognement.) Je quitterai ma chambre. Il y a un endroit où je peux m'installer. »

Elle me fut reconnaissante, la pauvre âme. Elle avait un attachement pour moi, comme on peut s'attacher à une petite peau à la racine de l'ongle, ou à une verrue. J'étais à elle. Mais elle était soulagée de pouvoir se débarrasser de moi. Elle avait suffisamment accompli son devoir pour toute une vie.

Pendant le déménagement et la vente de notre mobilier, je restai cachée dans une meule de foin. C'était suffisant, mais ça ne conviendrait pas pour l'hiver. Une fois que les nouveaux occupants eurent emménagé, il ne me fut pas difficile de m'en débarrasser. Je connaissais la maison mieux qu'eux, ses accès et ses issues. Je pouvais m'y déplacer dans le noir. Je devins une apparition, puis une autre. J'étais une main aux ongles rouges touchant un visage dans le clair de lune ; j'étais le bruit d'un gond rouillé que je faisais malgré moi. Ils prirent leurs jambes à leur cou, et notre maison fut déclarée hantée. Et je l'eus pour moi toute seule.

Je me nourrissais de pommes de terre déterrées à la lumière de la lune, d'œufs chapardés dans les poulaillers. De temps en temps, je volais une poule – j'en buvais d'abord le sang. Il y avait des chiens de garde, mais ils avaient beau hurler après moi, ils ne m'attaquaient jamais. Ils ne savaient pas ce que j'étais. Dans notre maison, j'essayai un miroir. On dit que les morts ne peuvent pas y voir leur reflet, et c'était vrai : j'étais incapable de m'y voir. Je voyais bien quelque chose, mais ce quelque chose n'était pas moi. Ça n'avait rien à voir avec la jolie et gentille jeune fille que je savais être, au fond de moi.

Mais maintenant, les choses vont prendre fin. Je suis devenue trop visible.

Voici comment c'est arrivé.

Je cueillais des mûres dans la pénombre du crépuscule, à la lisière de la forêt, quand j'ai vu deux personnes s'approcher, venant de directions différentes. L'une était un jeune homme, l'autre une jeune fille. Il avait de plus beaux habits qu'elle. Il portait des chaussures.

Ils semblaient furtifs. Je connaissais cet air – les regards qu'on lance par-dessus son épaule, les pauses, les hésitations –, car j'étais moi-même remarquablement furtive. Je m'accroupis dans les buissons pour les observer. Ils se serrèrent l'un contre l'autre, tombèrent à terre. Ils commencèrent à faire des bruits de miaulement, à grogner, à pousser de petits cris. Ils étaient peut-être victimes d'une crise, tous les deux en même temps. Peut-être étaient-ils – ah, enfin ! – des êtres comme moi. Je m'approchai en rampant, pour mieux voir. Non, ils n'étaient pas comme moi – ils n'étaient pas velus, par exemple, sauf sur la tête, et je pouvais facilement m'en rendre compte parce qu'ils s'étaient débarrassés de presque tous leurs vêtements –, mais d'un autre côté, il m'avait fallu un certain temps pour devenir ce que j'étais. Ils doivent en être seulement aux stades préliminaires, songeai-je. Ils savent qu'ils sont en train de changer, ils se sont cherchés pour se tenir compagnie, et partager leurs crises.

Ils semblaient tirer du plaisir de leurs gesticulations, même s'ils se mordaient de temps en temps. Je savais bien comment ça pouvait arriver. Quelle consolation ce serait pour moi si je pouvais me joindre à eux ! Au fil des ans, je m'étais endurcie pour me résigner à ma solitude, mais à présent, je sentais cette carapace se dissoudre. J'étais cependant trop timorée pour m'approcher d'eux.

Un soir, le jeune homme s'endormit. La fille le couvrit de la chemise qu'il avait retirée et l'embrassa sur le front, avant de partir sans faire de bruit.

Je sortis des fourrés et me dirigeai lentement vers lui. Il était là, endormi dans un ovale d'herbe foulée, comme disposé sur un plateau. Je dois malheureusement avouer que je n'ai pas pu me retenir. J'ai posé sur lui mes ongles rouges, je l'ai mordu dans le cou. Était-ce du désir ou de la faim ? Comment pourrais-je faire la différence ? Il s'est réveillé, il a vu mes dents roses, mes yeux jaunes. Ma robe noire flottant dans la brise. Il m'a vue m'enfuir. Il a vu où j'allais.

Il l'a dit aux autres, dans le village, et ils ont commencé à réfléchir. Ils ont déterré mon cercueil, l'ont trouvé vide, et ils ont craint le pire. À présent, ils se dirigent vers cette maison, dans le crépuscule, avec de longs pieux, des flambeaux. Ma sœur est parmi eux, son mari aussi, et le jeune homme que j'ai embrassé. C'est tout ce que je voulais, l'embrasser.

Que puis-je leur dire, comment m'expliquer ? Quand des démons sont nécessaires, on trouvera toujours quelqu'un pour jouer ce rôle, et qu'on fasse un pas en avant ou qu'on vous pousse, le résultat final reste le même. « Je suis un être humain », pourrais-je leur dire. Mais quelle preuve en ai-je ? « Je suis un *lusus naturae* ! Emmenez-moi à la ville. Je devrais être étudiée ! » Aucun espoir de ce côté-là. J'ai bien peur que ce ne soit une mauvaise nouvelle pour le chat. Quoi qu'ils me fassent, ils le lui feront aussi.

Je suis de nature à pardonner. Je sais qu'ils sont animés des meilleures intentions. J'ai mis ma robe d'enterrement blanche et mon voile blanc, ainsi qu'il sied à une vierge. Il faut avoir le sens du décorum. Les voix gazouillantes sont très fortes : il est temps pour moi de prendre mon envol. Je tomberai du toit en flammes telle une comète. Je brûlerai tel un bûcher. Ils seront obligés de prononcer de nombreuses formules magiques au-dessus de mes cendres, pour s'assurer que je suis bien morte, cette fois. Au bout de quelque temps, je deviendrai une sainte à rebours. Les os de mes doigts seront vendus comme des reliques de magie noire. Je serai alors une légende.

Au paradis, je ressemblerai peut-être à un ange. Ou peut-être les anges me ressembleront-ils. Quelle surprise ce serait, pour tous les autres ! J'ai hâte de voir ça.

LE MARIÉ LYOPHILISÉ

Le truc qui va arriver ensuite, c'est que sa voiture va refuser de démarrer. C'est la faute à cette tempête de glace, causée par le vortex polaire – un terme qui a déjà donné lieu à de nombreuses plaisanteries en ligne, par des comiques qui l'ont comparé au vagin de leur femme.

Sam partage ce sentiment. Avant qu'elle ne lui en coupe définitivement l'accès, Gwyneth avait l'habitude de changer le drap du dessous afin de signaler, lèvres pincées, qu'elle était enfin prête à lui concéder un peu de sexe délavé sur une surface immaculée. Juste après, elle changeait le drap afin de renforcer le message : Sam était une créature salissante, infestée de microbes et de poux, qui l'obligeait à faire tourner sa machine à laver. Elle avait renoncé à simuler – plus de gémissements en carton-pâte –, de sorte que l'acte se déroulait dans un silence inquiétant, enveloppé des effluves roses et écœurants de produit adoucissant. Elle le pénétrait par les pores, cette odeur. Dans ces circonstances, il est étonné d'avoir été capable de fonctionner, et avec empressement, en plus. Mais il ne cesse jamais de s'étonner lui-même. Qui sait ce qu'il va encore inventer ? Pas lui.

Voici comment débute cette journée. Au petit déjeuner – déjà un désastre en soi –, Gwyneth annonce à Sam que leur mariage est fini. Sam laisse tomber sa fourchette, qu'il récupère aussitôt pour écarter les restes de ses œufs brouillés. D'ordinaire, Gwyneth réussit merveilleusement les œufs brouillés, il en conclut donc que les œufs brouillés de ce matin, durs comme de la semelle, font partie du processus d'éviction. Elle ne cherche plus à lui faire plaisir, bien au contraire. Elle aurait pu attendre qu'il ait bu un peu de café : elle sait qu'il ne peut pas se concentrer tant qu'il n'a pas eu sa dose de caféine.

« Holà, attends une minute », dit-il.

Mais il s'interrompt aussitôt. Ça ne servira à rien. Il ne s'agit pas du coup d'ouverture pour une scène, ni d'une supplique pour avoir plus d'attention, ni d'une proposition dans une négociation. Sam a déjà vécu ces trois cas, et il connaît bien les expressions faciales qui les accompagnent. Gwyneth ne grimace pas, elle ne fait pas de moue boudeuse, elle ne fronce pas les sourcils : son regard est glacial, sa voix posée. Là, c'est une déclaration.

Sam envisage de protester : qu'a-t-il fait de si grave, de si dégoûtant, de si répugnant, d'aussi fatal qu'un cancer en phase terminale ? Rien, en termes de détournement d'argent ou de traces de rouge à lèvres sur le col, qu'il n'ait déjà fait avant. Il pourrait critiquer le ton qu'elle adopte : pourquoi est-elle aussi grincheuse, tout à coup ? S'attaquer à ses valeurs biaisées : que sont devenus son sens de l'humour, son amour de la vie, son équilibre moral ? Ou bien il pourrait prêcher : le pardon est une vertu ! Tenter de la cajoler : comment une femme aussi douce, patiente et aimante qu'elle peut-elle frapper un pauvre type vulnérable comme lui avec une matraque psychique aussi brutale ? Promettre de se réformer : Que faut-il que je fasse ? Dis-le-moi simplement ! Il pourrait supplier qu'elle lui accorde une seconde chance, mais elle rétorquerait certainement qu'il a déjà épuisé tout son stock de secondes chances. Il pourrait lui dire qu'il l'aime, mais elle répondrait – comme elle l'a fait ces derniers temps, avec une fréquence parfaitement prévisible – que l'amour ne se limite pas aux mots : il faut des actes.

Elle est assise à table en face de lui, prête au combat auquel elle s'attend certainement, le front bien dégagé avec ses cheveux sévèrement tirés en arrière et enroulés sur sa nuque comme un tourniquet, affublée de ses boucles d'oreilles rectilignes en or et de son collier cliquetant pour renforcer la dureté métallique de son décret. Elle s'est maquillée en prévision de cette scène – lèvres de la couleur du sang séché, sourcils noirs comme un ciel d'orage – et ses bras sont croisés sur ses seins autrefois accueillants : aucun moyen d'aller là, mon pote. Le pire, c'est que sous cette carapace dans laquelle elle s'est enfermée, elle n'éprouve qu'indifférence pour lui. Maintenant qu'ils ont tous les deux joué à tous les types de mélodrame possibles, il a fini par l'ennuyer. Elle compte les minutes, attendant qu'il s'en aille.

Il se lève. Elle aurait au moins pu avoir la décence de repousser sa déclaration le temps qu'il s'habille et se rase : un homme vêtu de son vieux pyjama est tristement à son désavantage.

« Où vas-tu ? demande-t-elle. Il faut que nous discutions des détails. »

Il est tenté de répliquer avec quelque chose de blessant, d'incisif : « Dans la rue. » « Comme si ça t'intéressait ! » « Ça n'est vraiment plus tes oignons, maintenant ! » Mais ce serait une erreur tactique.

« On pourra faire ça plus tard, répond-il. La paperasse légale. Je dois préparer ma valise. »

Si elle bluffait, ce serait le moment de le révéler, mais non, elle ne le retient pas. Elle ne dit même pas : « Voyons, Sam, ne sois pas bête ! Je ne voulais pas dire que tu devais partir tout de suite ! Assieds-toi et prends un café. Nous sommes encore amis ! »

Mais ils ne sont plus amis, apparemment.

« Comme tu voudras », dit-elle en le fixant toujours de son regard glacial.

Il est donc forcé de quitter ignominieusement la cuisine dans son pyjama au motif de moutons sautant par-dessus une barrière – le cadeau qu'elle lui a fait pour son anniversaire il y a deux ans, quand elle le trouvait encore mignon et drôle – et chaussé de ses vieilles charentaises éculées.

Il savait bien que ça arriverait un jour, mais pas aussi vite. Il aurait dû être plus vigilant et la plaquer d'abord. Il aurait gardé la tête haute. Ou ne serait-ce pas plutôt la tête basse ? Toujours est-il que, comme ça, il peut s'attribuer le rôle de la partie lésée. Il enfile son jean et un sweat, fourre quelques affaires dans un sac de toile qu'il a depuis quelque temps – pour un projet de voyage en mer qui n'a jamais abouti. Il pourra revenir plus tard récupérer le reste. Leur chambre, qui sera bientôt uniquement celle de Gwyneth – autrefois si chargée d'électricité sexuelle, puis le cadre de leurs interminables luttes à la corde, je-te-pousse, tu-me-tires –, ressemble déjà à une chambre d'hôtel qu'il s'apprête à abandonner. Avait-il aidé à choisir ce lit sans élégance, une imitation du style victorien ? Oui – en tout cas il était resté muet pendant que le crime était commis. Mais pas le tissu des rideaux, non, pas avec ces roses idiotes. Là, pour le coup, il est innocent.

Rasoir, chaussettes, slips, T-shirts et ainsi de suite. Il enchaîne avec la chambre d'amis qui lui servait de bureau, rafle son portable, téléphone, carnet de notes et écheveau de câbles, et flanque le tout dans sa sacoche d'ordinateur. Quelques documents épars, non pas qu'il fasse confiance au papier. Portefeuille, cartes de crédit, passeport : il les glisse dans différentes pochettes.

Comment peut-il sortir de la maison sans qu'elle le voie battre en retraite de façon aussi abjecte ? Nouer un drap, passer par la fenêtre et se glisser le long du mur ? Il n'a pas les idées claires, la colère le fait légèrement loucher. Pour se calmer, il se livre au petit jeu d'esprit qu'il affectionne. Imaginons qu'il soit la victime d'un meurtre : son dentifrice constituerait-il un indice ? *J'estime que ce tube a été pressé pour la dernière fois il y a vingt-quatre heures. La victime était donc encore vivante à ce moment-là.* Et son iPod ? *Voyons ce qu'il écoutait juste avant que le couteau à découper ne pénètre dans son oreille. Sa playlist pourrait être un code !* Ou ses affreux boutons de manchettes avec une tête de lion et ses initiales gravées, un cadeau de Noël de Gwyneth d'il y a deux ans ? *Ces boutons ne peuvent pas être les siens, un homme de goût comme lui ! Ils doivent appartenir à l'assassin !*

Mais c'étaient bien les siens. Ils correspondaient à l'image que Gwyneth avait de lui quand ils avaient commencé à sortir ensemble : le roi des animaux, le puissant prédateur qui la secouerait un peu dans sa gueule, qui la mordrait, qui la maintiendrait à terre, tremblante de désir, une patte posée sur son cou.

Pourquoi trouve-t-il apaisant de s'imaginer étendu sur une table d'autopsie dans une morgue, tandis qu'un médecin légiste – toujours une blonde capiteuse, bien qu'elle porte une blouse de laboratoire par-dessus ses seins fermes – explore son cadavre avec des doigts délicats mais experts ? *Si jeune, si bien membré !* pense-t-elle. *Quel gâchis !* Et ensuite, sacrée petite fouinarde de détective qu'elle est, elle tente de reconstituer son existence si tristement écourtée, de retracer le méandre des pas qui l'ont amené à fréquenter un gang sinistre et ont conduit à sa fin tragique. *Bonne chance, ma mignonne*, lui transmet-il silencieusement depuis l'intérieur de son crâne glacé. *Je suis une énigme, tu ne sauras jamais rien de moi. Mais refais encore une fois ce truc avec le gant de caoutchouc. Oh oui !*

Dans certains de ses fantasmes, il se redresse parce qu'il n'est pas mort du tout. Cris ! Et puis : baisers ! Dans d'autres versions, il se redresse bien qu'il soit mort. Ses yeux ont roulé dans leurs orbites, mais ses mains avides se tendent vers les boutons de la blouse blanche. C'est un scénario différent.

Un dernier sweat ajouté à son sac : là, ça devrait suffire. Il referme le sac et le met sur son épaule, prend sa sacoche d'ordinateur de l'autre main et descend les marches deux à deux, en trottinant, comme il l'a souvent fait. Le remplacement du tapis de cet escalier ne le concerne plus : au moins un point positif.

Dans le couloir d'entrée, il sort sa parka du placard, vérifie que ses gants sont bien dans les poches, son écharpe de laine, son bonnet en mouton retourné. Il voit Gwyneth, toujours dans la cuisine, les coudes posés sur l'élégante table à plateau de verre qui vient de son côté à lui mais qui est maintenant à elle, parce qu'il n'a aucunement l'intention de mégoter là-dessus. De toute façon, il ne l'a pas vraiment payée : il l'a simplement acquise.

Elle prend bien soin de l'ignorer. Elle s'est fait un peu de café, l'arôme est délicieux. Et aussi un toast, semble-t-il. Manifestement, elle n'est pas contrariée au point de perdre l'appétit. Il lui en veut : comment peut-elle mâcher dans un moment pareil ? Il ne signifie donc rien pour elle ?

« Quand est-ce que je te revois ? lui lance-t-elle alors qu'il se dirige vers la porte.

— Je t'enverrai un texto, répond-il. Profite bien de ta vie. »

Était-ce trop amer ? Oui : la rancœur est une erreur. Ne fais pas l'idiot, Sam, se dit-il. Reste cool.

C'est le moment que la voiture choisit pour ne pas démarrer. Putain d'Audi. Il n'aurait jamais dû accepter de se faire payer avec ce tas de ferraille de luxe à la place de l'argent qu'un type lui devait, même si, sur le moment, l'affaire avait semblé excellente.

C'est vraiment ce qu'on appelle rater sa sortie. Il ne peut même pas disparaître au coin de la rue dans un rugissement de moteur, *vroum-vroum* et adieu, le marin qui pique vers le large, pourquoi s'embarrasser de nanas qui vous entraînent vers le fond comme deux blocs de ciment attachés aux chevilles ? Un petit signe de la main, et il serait en route pour de nouvelles aventures.

Il essaie encore de tourner la clé de contact. *Clic, clic* : complètement mort. Sa respiration fume dans l'air glacé, le bout de ses doigts est blanc, les lobes de ses oreilles sont engourdis. Il téléphone à son service de dépannage habituel pour qu'ils viennent relancer sa batterie, mais il tombe sur un message enregistré : un conseiller va bientôt lui répondre, qu'il sache cependant que, compte tenu des intempéries actuelles, le temps d'attente est en moyenne de deux heures, restez en ligne parce que nous apprécions sincèrement votre clientèle. Ça enchaîne sur une musique entraînante. Il n'y a pas de paroles, pourtant, il peut presque les entendre : *Gèle-toi les miches, parce que, gloire soit rendue au vortex polaire, nous, on se fait un max de blé. Si tu étais malin, tu t'achèterais un chauffe-moteur. En attendant, va te faire foutre.*

Il retourne donc dans la maison, la queue basse. Une chance qu'il ait encore une clé, même si *Faire changer les serrures* figure certainement en haut de la liste de Gwyneth. C'est le genre de femme à faire des listes.

« Pourquoi es-tu revenu ? » demande-t-elle.

Il lui fait un joli sourire de chien battu : elle aurait peut-être la gentillesse de voir si sa voiture à elle démarre, et comme ça, elle pourrait lui donner un petit coup de jus ? Façon de parler, ajoute-t-il en silence. Il ne verrait pas d'inconvénient à lui en filer un, de petit coup de jus, histoire de voir s'il réussit à la reconquérir, en tout cas suffisamment longtemps pour profiter de la passion des réconciliations sur l'oreiller, mais le moment n'est pas bien choisi.

« Sinon, poursuit-il avec un autre sourire qu'il espère insouciant, il faudra que j'attende ici jusqu'à l'arrivée de la dépanneuse. Ça pourrait prendre des heures. Ça pourrait… Je pourrais devoir rester ici toute la journée. Je ne crois pas que tu en aies vraiment envie. »

Elle n'en a pas envie. Elle pousse un long soupir résigné – une voiture qui refuse de démarrer n'est qu'un élément de plus sur la liste déjà longue des bêtises de Sam – et commence à s'envelopper de matériaux isolants : manteau d'hiver, moufles, écharpes et bottes fourrées. Il l'entend relever ses manches invisibles : *Bon, allons-y, puisqu'il le faut*. Le sortir des mauvaises passes, l'épousseter, le faire briller comme un sou neuf – c'est le genre de chose qu'elle adorait faire autrefois, qu'elle considérait comme son but dans la vie. Si quelqu'un pouvait le réparer, c'était bien elle.

Mais elle a échoué.

Quand ils se sont rapprochés, au début, après qu'elle fut venue dans son magasin à la recherche d'une affreuse antiquité – un épagneul en céramique du Staffordshire pour faire la paire avec celui dont elle avait récemment hérité –, Gwyneth le trouvait pratiquement irrésistible : dangereux, excitant mais distrayant, comme un de ces seconds rôles dans les comédies musicales des années 50. Un adorable personnage de gangster comique, un peu canaille mais en qui on peut avoir confiance. Il est possible qu'aucun homme ne se soit jamais intéressé à elle comme il le faisait – cet examen tactile détaillé, comme si elle était une précieuse porcelaine de Chine. Ou peut-être n'avait-elle pas remarqué dans le passé les invites d'autres mâles, parce qu'elle était trop occupée avec ses parents malades pour s'intéresser beaucoup aux hommes, ou pour les laisser passer trop de temps sur elle. Façon de parler. Non pas qu'elle ne fût pas belle – elle l'était, d'une beauté un peu ordinaire – mais elle ne semblait pas se rendre compte de ce qu'elle pouvait en faire. Elle avait eu des petits amis, c'est vrai, mais pour autant qu'il pût en juger, c'étaient tous des mauviettes.

Mais le jour de l'épagneul en porcelaine, elle était prête à passer à l'action. Elle n'aurait pas dû se montrer aussi ouverte avec des étrangers, lui en l'occurrence. Elle n'aurait pas dû fournir autant d'informations. Les parents décédés, l'héritage, suffisant pour lui permettre de quitter son travail d'enseignante et de commencer à profiter de la vie. Mais comment ?

Et voici que Sam fait son entrée, pile à l'heure : expert en Staffordshire, avec un large sourire libidineux. Et il était très fort pour ce qui était de profiter de la vie, un talent que peu de gens possèdent. Il était ravi de le partager.

Il avait été relativement honnête avec elle, ou disons qu'il n'avait pas menti effrontément. Il lui avait dit que ses revenus provenaient de sa boutique d'antiquités, ce qui était en partie vrai. Il n'avait pas mentionné d'où venait le reste. Il lui avait dit qu'il était à son compte – exact –, mais qu'il avait un associé, également exact. Ce qu'elle voyait en lui, c'était un homme d'action excitant, un magicien du sexe ; ce qu'il voyait en elle, c'était une façade respectable derrière laquelle il pourrait se cacher quelque temps. Ce serait bien agréable de ne plus avoir à vivre dans des motels ou camper dans son arrière-boutique, et c'était donc bien pratique qu'elle soit déjà propriétaire d'une maison, avec une chambre pour lui quand il était là. Ce qui, tandis que les choses se calmaient, était de moins en moins fréquent. Son travail nécessitait beaucoup de déplacements, lui avait-il expliqué. Pour authentifier des antiquités.

Il ne peut pas dire qu'il n'a pas apprécié les avantages d'être marié avec elle, au début. Les petits soins. Le confort.

Ce n'était pas un parfait salaud : il s'était convaincu qu'il devait se marier, il avait même cru que ça pourrait marcher. Il n'était plus tout jeune, il devrait peut-être se ranger. Et alors, quelle importance si ce n'était pas un canon ? Les filles canon peuvent être imbues d'elles-mêmes, elles sont exigeantes et inconstantes. Gwyneth n'était pas suffisamment attirante pour ne pas apprécier ce qu'il lui donnait. Un jour, il l'avait allongée nue sur le lit et l'avait couverte de billets de cent dollars : de quoi faire tourner la tête à une gentille fille, et quel aphrodisiaque ! Mais une fois qu'elle a découvert – quand il avait dû lui emprunter de l'argent pour se sortir d'une mauvaise passe – que les billets de cent dollars manquaient périodiquement à l'appel, et de plus en plus fréquemment, l'effet a été strictement inverse. Ses yeux se sont plissés, ses tétons rétractés comme des raisins secs, et elle s'est desséchée comme un pruneau. Juste au moment où il aurait eu besoin d'un peu de sympathie et de réconfort, *bang !* Il s'est retrouvé enfermé dans le réfrigérateur virtuel, malgré ses grands yeux bleus.

Il s'est reposé sur eux toute sa vie, ces grands yeux bleus. Ronds, sincères. Des yeux d'escroc professionnel. « Tu ressembles à une poupée », lui avait dit une femme à propos de ses yeux. « Et je suis si fragile », avait-il répondu avec un sourire enjôleur. En regardant dans ces yeux, quelle femme pourrait trouver au fond de son cœur une raison de ne pas croire aux excuses qu'il étalait devant elle comme un camelot présentant un foulard de marque prestigieuse ?

Cependant, ses grands yeux rétrécissent, il en est convaincu – ou serait-ce son visage qui s'élargit ? Quelle qu'en soit la cause, le ratio entre ses yeux et son visage est en train de changer, comme celui entre ses épaules et son ventre. Il peut encore faire le coup des yeux bleus, ça marche toujours, enfin, la plupart du temps. Mais pas avec les hommes, bien sûr. Les hommes sont plus forts pour voir quand d'autres hommes leur débitent des conneries. L'astuce avec les femmes, c'est de regarder fixement leur bouche. *Une* des astuces.

Gwyneth et lui n'ont pas d'enfants, la procédure de divorce ne devrait donc pas prendre trop longtemps. Quand les formalités seront accomplies, Sam se retrouvera livré à lui-même, une fois de plus. Il errera à travers le monde tel un escargot, avec sa maison sur le dos – ce qui, finalement, est peut-être la situation où il se sent le plus à l'aise. Il sifflera un air joyeux. Il vagabondera. Il retrouvera sa propre odeur.

La voiture de Gwyneth démarre sans aucun problème. Elle coupe le moteur, observe Sam à travers la vitre avec des yeux de vache satisfaite tandis que celui-ci, les doigts gelés, s'escrime avec les câbles de démarrage. Elle espère peut-être qu'il va s'électrocuter. Elle n'a pas cette chance : il lui fait signe de mettre le contact, le flot d'électricité coule entre les deux voitures, et le voilà de nouveau mobile. Des sourires figés sont échangés. Il s'engage lentement dans la rue verglacée, lui fait un petit signe de la main. Mais elle a déjà tourné le dos.

Pour une fois, sa place de parking derrière le bâtiment est vide. Le magasin est à l'ouest dans Queen Street, juste là où la vague montante de la branchitude rencontre le rivage aride des pouilleux. D'un côté, les boutiques de lingerie et les brûleries à la mode ; de l'autre, les boutiques de prêteurs sur gages et de vente de robes bon marché – dont la marchandise jaunit sur des mannequins craquelés. *Metrazzle*, proclame l'enseigne de Sam. Dans la vitrine, on voit une salle à manger en teck des années 50, complétée d'un meuble-stéréo en bois blond. Les disques vinyle sont de retour : un gamin avec de riches parents trouvera ce meuble irrésistible.

Metrazzle n'est pas encore ouvert. Sam sort son trousseau de clés et entreprend de les introduire une à une dans les nombreuses serrures. Son associé est déjà là, dans l'arrière-boutique. Il se livre à son occupation habituelle : la contrefaçon de meubles. Non : l'*amélioration* de meubles. Ned est son nom, du moins celui qu'il utilise. Déprimant est son métier, ou l'un de ses métiers. Il est le spécialiste Botox du bois, sauf qu'il le vieillit au lieu de le rajeunir. De la sciure flotte dans l'air, ainsi qu'une forte odeur de vernis.

Sam pose son sac sur un fauteuil Eames en acier.

« Il fait un froid de gueux, dehors », déclare-t-il.

Ned lève les yeux de son maillet et de son burin : il est en train d'ajouter quelques craquelures.

« Ce n'est pas fini, répond-il. La tempête est sur Chicago en ce moment. Ils ont fermé l'aéroport.

— Quand est-ce qu'elle arrive ici ?

— Plus tard. »

Tap-tap, fait son maillet.

« Ça doit être à cause du réchauffement climatique », commente Sam.

C'est ce que les gens disent, comme ils disaient autrefois : *Nous avons mis Dieu en colère*. Et comme on ne peut absolument rien y faire, pourquoi même en parler ? Faisons la fête tant que ça dure. Faisons la fête tant qu'on le peut. Sauf qu'il n'en a pas très envie, aujourd'hui. Ce que Gwyneth lui a fait commence à pénétrer son esprit. Il a comme un nœud glacé quelque part au niveau de l'estomac.

« Putain de neige, bougonne-t-il. J'en ai vraiment ras le bol. »

Tap-tap-tap. Une pause.

« Ta femme t'a flanqué dehors ?

— C'est moi qui suis parti, réplique Sam avec toute l'indifférence dont il est capable. Ça faisait un moment que j'y pensais.

— Simple question de temps. Ça devait arriver. »

Sam apprécie que Ned accepte aussi facilement ce qu'il doit soupçonner être une assez sérieuse entorse à la vérité.

« Ouais, dit-il. C'est triste. Elle est un peu sonnée, mais elle s'en remettra. Ce n'est pas comme si elle était à la rue, elle ne meurt pas vraiment de faim.

— Ouais, ouais », fait Ned.

Il a tellement de tatouages sur les bras qu'on croirait qu'il a été tapissé. Il est avare de paroles : il a fait de la taule, et il en a conclu – fort justement – qu'une bouche cousue n'attirait pas les surins. Il aime son travail et il est reconnaissant de l'avoir, ce qui est une bonne chose pour Sam parce qu'il ne risque pas de tout gâcher en posant des questions. D'un autre côté, Ned emmagasine les informations comme un véritable ordinateur, et il les régurgite avec précision quand c'est nécessaire.

Sam récupère ainsi l'information qu'un client est passé la veille au soir, un type que Ned n'avait jamais vu, avec un blouson de cuir très chic. Il a examiné tous les bureaux. C'était bizarre, qu'il soit dehors avec une tempête de neige pareille, mais il y a des gars qui aiment le défi. Il s'intéressait surtout à l'élégante reproduction de style directoire : il a demandé le prix, raconté qu'il allait réfléchir. Il voulait une réserve de deux jours, et il a versé une caution de cent dollars. En liquide, pas de carte de crédit. Dans l'enveloppe cachetée à côté de la caisse. Le nom est à l'intérieur.

Ned retourne à son burinage. Sam va au comptoir et ouvre négligemment l'enveloppe. Avec le cash – en billets de vingt –, il y a un petit papier. Il ne comporte qu'une adresse et un nombre. Ned n'est pas dupe, mais ils opèrent selon un principe de sécurité maximale : considérer qu'il y a des micros partout. Sam regarde le nombre – 56 –, l'enregistre dans son cerveau, froisse le papier et le met dans sa poche. Les premières toilettes qu'il rencontre, ça ira dans la cuvette.

« Bon, dit-il, je crois que je vais aller faire un tour aux enchères, voir ce que je peux trouver.

— Bonne chance. »

Il s'agit d'une enchère pour des box de stockage. Sam participe à deux ou trois séances de ce genre chaque semaine, comme beaucoup de gens qui travaillent dans le commerce d'antiquités : ils font la tournée des sociétés de stockage qui entourent Toronto et les villes avoisinantes, situées dans les grands espaces commerciaux. Sam est abonné à une liste qui lui envoie automatiquement des mails avec toutes les enchères prévues dans la province, classées par code postal. Il ne se rend qu'à celles qui sont à sa portée : jamais plus de deux heures de voiture. Plus que ça, et les bénéfices ne couvriraient pas les frais, en tout cas pas en moyenne. Cela étant, des fortunes ont été gagnées par des enchérisseurs chanceux : qui sait quand un authentique tableau de grand maître va remonter à la surface, obscurci par la poussière et les couches de vernis ? Ou un coffret rempli de lettres d'amour adressées par une célébrité défunte à une maîtresse secrète ? Ou un tas de bijoux de pacotille qui se révèlent être des vrais ? Il y a eu récemment une vogue d'émissions de téléréalité qui prétendent prendre les gens au moment où ils ouvrent le box, et là, bingo ! ils font une découverte spectaculaire qui va changer leur vie, au milieu de grands *Oh* et de grands *Ah*.

Rien de tel n'est arrivé à Sam. N'empêche, il y a quelque chose de fascinant dans le fait de remporter une enchère, de prendre la clé du box, d'ouvrir la porte. En s'attendant à y trouver des trésors, puisque le bric-à-brac à l'intérieur doit avoir représenté des trésors autrefois, sinon les gens ne se seraient pas donné la peine de le stocker.

« Je devrais être de retour vers seize heures », dit Sam.

Il informe toujours Ned de ses horaires estimés. Ça fait partie du petit scénario qu'il ne peut s'empêcher de dérouler dans sa tête. *Il a dit qu'il serait de retour vers seize heures. Non, il n'avait pas l'air soucieux. Peut-être un peu inquiet quand même. Il m'a posé des questions sur un type qui était venu dans la boutique. Blouson de cuir. Il s'intéressait aux bureaux.*

« Envoie-moi un texto, pour me dire quand tu veux la camionnette, lui demande Ned.

— Espérons qu'il y aura quelque chose qui en vaille la peine », répond Sam.

Les box doivent être vidés dans les vingt-quatre heures, on ne peut pas se contenter de laisser la camelote dont on ne veut pas : vous l'avez gagnée, elle est à vous. Les gars de la société de stockage n'ont pas vraiment envie de payer pour transporter vos ordures à la décharge.

Sam et Ned se sont tacitement mis d'accord sur le fait que Sam cherche à récupérer des meubles corrects pour que Ned les améliore. Et c'est vrai qu'il en cherche, parce que, après tout, pourquoi pas ? Il espère gagner plus dans le mobilier qu'avec l'assortiment de trucs qu'il a trouvés la dernière fois : une guitare cassée, une table de bridge avec seulement trois pieds, un énorme ours en peluche gagné au tir dans une fête foraine, un jeu de Crokinole en bois – la seule chose qui ait eu un peu de valeur : il y a des collectionneurs de jeux anciens.

« Sois prudent sur la route », dit Ned.

Il m'a demandé par texto d'envoyer la camionnette. Il était quatorze heures trente-six. Je le sais parce que j'ai regardé l'horloge, celle qui est là-bas, style Art déco, vous voyez ? Elle fonctionne parfaitement. Et après, je ne sais pas, il a tout simplement disparu.

Avait-il des ennemis ? Vous savez, moi, je ne suis qu'un employé, ici.

Mais c'est vrai qu'il a dit... ouais, il m'a dit qu'il avait eu une scène violente avec sa femme. Elle s'appelle Gwyneth, je crois. Je ne la connais pas plus que ça. Au petit déjeuner, il lui a dit qu'il la quittait. Je le voyais venir gros comme une maison. Elle l'empêchait de respirer, elle ne lui laissait jamais assez d'espace. Ouais, jalouse, possessive, c'est ce qu'il m'a dit. Il était un dieu pour elle, elle ne jurait que par lui. Est-ce qu'elle aurait, est-ce qu'elle a jamais... ? Violente ? Ah, non, il n'a jamais dit ça. Sauf la fois où elle lui a lancé une bouteille de vin à la tête, une bouteille vide. Mais quelquefois, elles craquent d'un coup, les femmes. Elles pètent les plombs. Elles deviennent dingues.

Sam s'amuse à imaginer la découverte de son corps. Nu ou habillé ? Dehors ou dedans ? Couteau ou pistolet ? Seul ?

Cette fois, la voiture démarre du premier coup, ce que Sam considère comme un heureux présage. Il roule en zigzaguant pour rejoindre la Gardiner[1], qui ne s'est peut-être pas encore effondrée – non, elle est intacte, il y a peut-être un Dieu –, puis il prend la direction de l'ouest. L'adresse dans l'enveloppe était celle d'une

1. Voie express surélevée qui relie le centre-ville de Toronto à sa banlieue ouest.

société de stockage à Mississauga, pas trop loin d'ici. La circulation est infecte. Qu'est-ce qui fait qu'en hiver, les gens conduisent comme des pieds ?

Il arrive en avance sur le site, gare sa voiture, se rend dans le bureau principal et signe le registre. Tout se passe comme d'habitude. Maintenant, il va devoir traîner dans le coin en attendant que les enchères commencent. Il a horreur de ces moments perdus. Il consulte ses messages sur son téléphone. Ceci, cela, et puis un texto de Gwyneth : *On se voit demain ? Finalisons cette histoire.* Il n'y répond pas, il ne l'efface pas non plus. Qu'elle attende. Il aimerait bien faire un petit tour dehors pour s'en griller une, mais il résiste à la tentation : ça fait cinq mois qu'il a officiellement arrêté de fumer, pour la quatrième fois.

Deux autres gars entrent. Ce n'est pas franchement la foule, ce qui est plutôt mieux parce que ça limite la concurrence, ça maintient les enchères à un niveau raisonnable. Il fait trop froid pour les touristes : il n'y a pas cette atmosphère estivale, quand les gens aiment chiner, pas non plus de buzz de téléréalité. Rien qu'un petit groupe de gens impatients emmitouflés dans leurs manteaux, les mains dans les poches ou consultant leur montre ou leur téléphone.

Voici maintenant deux autres antiquaires. Ceux-là, il les connaît. Il les salue d'un hochement de tête, ils le saluent en retour. Il a déjà fait affaire avec eux : des choses qu'il a gagnées et qui ne rentraient pas dans son créneau, mais qui collaient avec les leurs. Il ne fait pas beaucoup de victorien : trop encombrant pour les appartements. Ni trop de mobilier datant de la guerre, trop bulbeux, trop marron. Il aime les meubles aux lignes plus nettes. Plus légères. Moins pondéreuses.

Le commissaire-priseur arrive cinq minutes en retard, avec un gobelet de café et un sac de donuts. Il jette un coup d'œil mécontent au public clairsemé et allume son micro – dont il n'a pas vraiment besoin, ce n'est pas un match de football, mais ça lui permet sans doute de se sentir important. Il y a sept box en vente aujourd'hui, sept propriétaires qui s'en fichent et ne se sont pas manifestés. Sam enchérit sur cinq, en remporte quatre, laisse le cinquième filer parce que comme ça, c'est plus plausible. Celui qu'il veut vraiment est le deuxième, le numéro 56 – le nombre qui était dans l'enveloppe, c'est là que la cargaison secrète aura été planquée –, mais il essaie toujours d'en acquérir plusieurs.

Une fois la séance terminée, il règle ses comptes avec le commissaire-priseur, qui lui remet les clés des quatre box. « Ils doivent être vidés dans les vingt-quatre heures, lui explique l'homme. Et soigneusement balayés, telles sont les règles. » Sam acquiesce. Les règles, il les connaît, mais ça ne servirait à rien de le faire remarquer. Ce type est un connard, qui suit sans doute une formation de gardien de prison ou de politicien, ou pour un autre job quelconque de dictateur autoproclamé. Un non-connard lui aurait proposé un donut – ce type ne va quand même pas manger tout le sac, ça lui ferait du bien de perdre quelques kilos –, mais cet acte de philanthropie n'a pas lieu.

Sam se rend à pied au centre commercial tout proche, le col relevé pour se protéger du vent qui commence à forcir et l'écharpe par-dessus le menton. Là, il s'achète un café avec doubles doses de crème et de sucre, et son propre sac de donuts – avec glaçage au chocolat –, puis il rebrousse chemin pour aller inspecter tranquillement les box qu'il a achetés. Il aime bien attendre que les autres enchérisseurs aient dégagé les lieux. Il n'aime pas que des gens puissent regarder par-dessus son épaule. Il se réservera le numéro 56 pour la fin. À ce moment-là, tout le monde sera parti.

Le premier box est rempli de cartons empilés jusqu'au plafond. Sam en examine quelques-uns : merde, essentiellement des livres. Vu qu'il ne sait absolument pas comment évaluer ça, il s'arrangera avec un gars qu'il connaît, un spécialiste des bouquins : s'il y a quelque chose de vraiment intéressant là-dedans, Sam touchera sa part. Les autographes d'auteur valent parfois quelque chose, lui a appris le gars. D'un autre côté, ça ne marche pas toujours, si personne ne les connaît. Les auteurs morts peuvent valoir le coup, mais ça ne se produit pas si souvent que ça : il faut aussi qu'ils soient célèbres, pas seulement morts. Les livres d'art sont généralement intéressants, selon leur état. Très souvent, ils sont rares.

Le box suivant contient seulement un vieux scooter, un de ces quasi-tricycles italiens très légers. Sam n'en a rien à faire, mais ça intéressera quelqu'un, ne serait-ce que pour récupérer des pièces détachées. Il ne s'attarde pas. Ce serait idiot de se geler les miches : ces box ne sont pas chauffés, et la température continue de descendre.

Il trouve son troisième box et glisse la clé dans la serrure. Qui sait, cette fois sera peut-être la bonne et il y dénichera une vraie caverne d'Ali Baba... Cette idée arrive encore à l'enthousiasmer, bien qu'il sache que c'est comme croire au Père Noël. Il soulève le rideau de fer et allume la lumière.

Juste sur le devant, il y a une robe blanche de mariée avec une jupe comme une énorme cloche et de grandes manches bouffantes. Elle est enveloppée dans une housse en plastique transparent, comme si elle sortait à peine du magasin. On dirait qu'elle n'a jamais été portée. Une paire de souliers en satin blanc, qui ont l'air neufs, est rangée au fond de la housse. Il y a aussi de longs gants blancs avec des boutons épinglés aux manches. L'effet est saisissant : ils soulignent l'absence de tête. Un voile blanc est quand même là, il le repère maintenant, enroulé autour des épaules de la robe comme une étole. On y a attaché un chapelet de fleurs blanches artificielles et de semence de perles.

Qui peut bien mettre sa robe de mariée dans un box de stockage ? se demande Sam. Ce n'est pas ce que font les femmes. Dans un placard, peut-être, ou dans une malle, quelque chose de ce genre, mais pas dans un box. Où Gwyneth a-t-elle rangé la sienne, maintenant qu'il y pense ? Il n'en sait rien. Elle n'était pas aussi élaborée que celle-là. Ils n'avaient pas fait les choses à fond, pas de grand mariage à l'église : Gwyneth avait dit que ça, c'était pour les parents, et que les siens étaient morts, comme ceux de Sam – du moins c'est ce qu'il avait prétendu. Inutile de laisser sa mère raconter en long et en large à Gwyneth tous les hauts et les bas amusants, et les entrées et sorties pas aussi amusantes, de sa vie antérieure. Cela n'aurait fait que semer la confusion dans son esprit. Elle aurait eu à choisir entre deux réalités : celle de Sam et celle de sa mère, et ce genre de situation ne pouvait qu'empoisonner une atmosphère romantique.

Ils s'étaient donc contentés de la formalité habituelle à la mairie, puis il avait emmené Gwyneth pour une lune de miel de rêve dans les îles Caïman. Plonger dans la mer, sortir de la mer, se rouler dans le sable, regarder la lune. Des fleurs sur la table du petit déjeuner. Un autre coucher de soleil, se tenir la main au bar, la remplir de daïquiris bien frappés – c'était ce qu'elle aimait boire. Faire l'amour le matin, la lécher de bas en haut en commençant par les orteils, telle une limace sur une feuille de salade.

Oh, Sam ! C'est tellement... Je n'avais jamais imaginé...

Détends-toi, c'est ça. Mets ta main là.

Ce n'était pas difficile. À l'époque, il pouvait s'offrir tout ça, les plages, les daïquiris, il était plein aux as. L'argent est comme la marée, il a ses flux et ses reflux, telle est sa nature, mais il est fermement convaincu qu'il faut le dépenser tant qu'on en a. Était-ce à ce moment-là qu'il l'avait couverte de billets de cent dollars – pendant leur voyage de noces ? Non, ça, c'était plus tard.

Il écarte la robe de mariée. Elle est raide, elle bruisse. Encore d'autres trucs de mariage : sur une petite table de nuit est posé un énorme bouquet, enrubanné de satin rose. Il contient essentiellement des roses, mais il est sec comme un vieil os. De l'autre côté, derrière la robe blanche, une autre table de nuit fait la paire, avec un gâteau géant sous une de ces cloches de verre qu'on trouve dans les pâtisseries. Le glaçage est blanc, avec des roses en sucre et un minuscule couple de mariés tout en haut. Il n'a pas été découpé.

Sam commence à éprouver une sensation très bizarre. Il se glisse à côté de la robe. S'il ne se trompe pas, il devrait y avoir du champagne : il y a toujours du champagne dans les mariages. Et effectivement, il en trouve trois caisses. Aucune bouteille n'est ouverte. C'est un miracle qu'elles n'aient pas gelé et éclaté. À côté sont entreposés plusieurs cartons de flûtes, pas ouverts non plus : elles sont en verre, pas en plastique, c'est de la bonne qualité. Quelques boîtes d'assiettes en porcelaine blanche également, et un grand carton de serviettes – en tissu, pas en papier. Quelqu'un a stocké ici son mariage tout entier. Un mariage haut de gamme.

Derrière les cartons, se trouvent quelques valises – flambant neuves, assorties, rouge cerise.

Et derrière tout ça, dans le coin le plus sombre, le marié.

« Ah, putain ! » s'exclame Sam.

Son souffle se déploie en fumée blanche à cause du froid. C'est peut-être ce froid qui explique l'absence d'odeur. Maintenant qu'il y pense, en fait, il flotte dans l'air une légère odeur douceâtre – mais ça pourrait venir du gâteau – qui rappelle un peu une odeur de chaussettes sales, avec une pointe de nourriture pour chien qui aurait traîné trop longtemps.

Sam s'enroule l'écharpe autour du nez. Il a une vague nausée. C'est dingue. Il ne sait pas qui a pu ranger le marié ici, ça doit être un fou dangereux, un fétichiste complètement malade. Il devrait partir tout de suite. Il devrait appeler les flics. Non, pas ça. Il ne voudrait pas qu'ils jettent un coup d'œil dans son dernier box, le numéro 56 – celui qu'il n'a pas encore ouvert.

Le marié porte la tenue traditionnelle : jaquette noire à queue-de-pie, chemise blanche, cravate de soie, œillet à la boutonnière. A-t-il un haut-de-forme ? Sam n'en voit pas, mais il doit être quelque part – dans une valise, il est prêt à parier –, parce que celui qui a fait ça a opté pour la panoplie complète.

Sauf la mariée : il n'y a pas de mariée.

Le visage de l'homme semble desséché, comme s'il avait été momifié. Il est enfermé sous plusieurs couches de plastique transparent. Des housses à vêtement, peut-être, comme celle qui contient la robe. Oui, voilà les fermetures à glissière : du ruban adhésif a été soigneusement appliqué sur les coutures. À travers ces couches de plastique, le marié semble onduler légèrement, comme s'il était sous l'eau. Ses yeux sont fermés, au grand soulagement de Sam. Comment ça se fait ? Les yeux des cadavres ne sont-ils pas toujours ouverts ? Ils tiennent avec de la colle ? Du scotch ? Il a l'étrange impression que cet homme lui est familier, quelqu'un qu'il connaîtrait, mais c'est impossible.

Sam recule lentement et sort du box. Il referme la porte et la verrouille. Puis il reste un instant devant, la clé à la main. Putain, qu'est-ce qu'il est censé faire, maintenant ? Avec le marié desséché ? Il ne peut pas le laisser enfermé là-dedans. Il a acheté ce mariage, il lui appartient, il est responsable de son déménagement. Il ne peut pas demander à Ned d'envoyer la camionnette pour ça, à moins qu'il ne la conduise lui-même – on peut lui faire confiance pour ne rien dire. Mais Ned ne conduit jamais la camionnette : ils font appel à un service.

Et s'il lui demandait de louer une camionnette à une autre société et de la conduire jusqu'ici ? Imaginons qu'il attende que Ned arrive, en restant devant le box, parce qu'il ne voudrait pas que quelqu'un d'autre y fourre son nez. Imaginons qu'il reste ici à se geler les miches dans ce qui va bientôt être l'obscurité du soir, et qu'ensuite ils chargent tout le mariage dans la camionnette et qu'ils le transportent jusqu'à la boutique… Bon, imaginons tout ça. Et ensuite ? Ils emmènent ce pauvre gars ratatiné dans un champ quelque part, pour l'enterrer ? Ils le jettent dans le lac Ontario, après s'être aventurés sur la couche de glace sans qu'elle craque et qu'ils se noient ? Même s'ils y arrivent, il y aurait toutes les chances pour que le cadavre flotte. *Le marié momifié reste un mystère pour la brigade criminelle. Circonstances suspectes entourant l'étrange participant au mariage. Choc nuptial : elle a épousé un zombie.*

Ne pas signaler la découverte d'un corps, n'est-ce pas un crime ? Pire : le type a dû être assassiné. On ne se retrouve pas enveloppé dans plusieurs couches de plastique avec du ruban adhésif sur les fermetures, en tenue de marié, sans avoir été assassiné au préalable.

Tandis que Sam passe en revue les choix qui s'offrent à lui, une femme assez grande apparaît à l'angle du couloir. Elle porte un de ces manteaux en peau de mouton retournée, avec une capuche sur ses cheveux blonds. Elle court presque. La voilà qui le rejoint. Elle a l'air inquiète, même si elle essaie de le cacher.

Ah, songe-t-il. La mariée manquante.

Elle pose la main sur son bras.

« Excusez-moi, dit-elle. C'est vous qui venez d'acheter le contenu de ce box ? Aux enchères ? »

Il lui sourit, ouvre largement ses grands yeux bleus. Il les baisse un instant pour regarder sa bouche, puis il les relève. Elle est à peu près de la même taille que lui. Suffisamment costaude pour avoir tiré le marié dans le box toute seule, alors même qu'il n'était pas encore desséché.

« Oui, c'est moi, répond-il. Je plaide coupable.

— Mais vous ne l'avez pas encore ouvert ? »

Voici le moment décisif. Il pourrait lui tendre la clé en disant : *J'ai vu le bazar que vous y avez laissé, nettoyez-le vous-même*. Il pourrait aussi lui annoncer : *Oui, je l'ai ouvert, et j'appelle la police*. Ou bien : *J'ai jeté un rapide coup d'œil, on dirait un mariage. C'est le vôtre ?*

« Non, répond-il, pas encore. J'ai aussi acheté deux autres box. Je m'apprêtais à ouvrir celui-là.

— Quel que soit le prix que vous avez payé, je vous offre le double. Je ne voulais pas qu'il soit vendu, mais il y a eu une erreur, le chèque s'est perdu dans la poste, et j'étais en voyage d'affaires. Je n'ai pas reçu la notification suffisamment tôt, et j'ai ensuite pris le premier vol que je pouvais, mais je me suis trouvée coincée à Chicago pendant six heures à cause de la tempête. Il y avait une neige *incroyable* ! Et ensuite, la circulation depuis l'aéroport, c'était *horrible* ! »

Elle conclut par un petit rire nerveux. Elle a dû préparer ce discours à l'avance : c'est sorti en une seule longue tirade, comme un rouleau de téléscripteur.

« J'ai entendu parler de la tempête, dit-il. À Chicago. Vraiment pas de chance. Je suis désolé d'apprendre que vous avez été retardée. »

Il ne réagit pas à sa proposition financière. Elle flotte dans l'air entre eux, comme leurs souffles.

« Cette tempête se dirige par ici, reprend-elle. C'est un sacré blizzard. Ils se déplacent toujours vers l'est. Si vous ne voulez pas vous retrouver coincé, vous feriez mieux de prendre la route maintenant. Je vais accélérer les choses pour nous – je paierai en liquide.

— Merci. Je réfléchis. Qu'est-ce qu'il y a là-dedans, au fait ? Ça doit avoir de la valeur, si c'est aussi important pour vous. »

Il est curieux d'entendre ce qu'elle va dire.

« Juste des objets de famille, répond-elle. Des choses dont j'ai hérité. Vous savez, du cristal, de la porcelaine, qui viennent de ma grand-mère. Quelques bijoux fantaisie. Valeur sentimentale. Vous n'en tireriez pas grand-chose.

— Des objets de famille ? répète-t-il. Il y a du mobilier ?

— Juste quelques meubles. Pas de très bonne qualité. Des vieux meubles. Rien qui puisse intéresser quelqu'un.

— Mais c'est justement mon métier. Les vieux meubles. Je possède un magasin d'antiquités. J'aimerais bien y jeter un œil. »

Il regarde de nouveau sa bouche.

« Je triple le prix, dit-elle. (Elle tremble, à présent.) Il fait beaucoup trop froid pour examiner le contenu de ce box maintenant ! Si nous partions d'ici avant que la tempête n'arrive ? On pourrait prendre un verre, et puis, je ne sais pas, moi, dîner ou quelque chose ? On pourrait discuter de tout ça. »

Elle lui sourit, un sourire aguicheur. Une mèche de cheveux s'est dégagée et se balance devant sa bouche. Elle la remet en place derrière son oreille, lentement, puis elle baisse les yeux et regarde en direction de la ceinture de Sam. Elle est en train de faire monter les enjeux.

« D'accord, approuve-t-il. Ça me semble une bonne idée. Vous pourrez m'en dire plus sur les meubles. Mais en admettant que j'accepte votre proposition, ce box doit être vidé dans les vingt-quatre heures. Sinon, ils viendront le faire eux-mêmes, et ils garderont ma caution de nettoyage.

— Oh, je ferai le nécessaire pour qu'il soit vidé. (Elle lui glisse sa main sous le bras.) Mais j'aurai besoin de la clé.

— Rien ne presse. Nous n'avons pas encore fixé le prix. »

Elle le regarde. Elle ne sourit plus. Elle sait qu'il sait.

Il devrait arrêter ce petit jeu idiot. Prendre le fric et se tirer. Mais il s'amuse beaucoup trop. Une vraie meurtrière, qui lui fait du rentre-dedans ! C'est dangereux, c'est audacieux, c'est érotique ! Ça fait quelque temps qu'il ne s'est pas senti aussi vivant. Va-t-elle essayer de mettre du poison dans son verre ? Va-t-elle l'entraîner dans un coin sombre, sortir brusquement un canif et s'attaquer à sa carotide ? Serait-il suffisamment rapide pour lui saisir le poignet ? Il veut révéler ce qu'il sait sur elle dans un endroit sûr, avec des gens autour. Il veut observer son visage quand elle comprendra qu'il la tient à la gorge, pour ainsi dire. Il veut entendre l'histoire qu'elle aura à raconter. Ou plutôt *les* histoires : elle doit en avoir plus d'une. Lui, il en aurait des tas.

« En sortant d'ici, prenez à droite, lui dit-il. Au prochain feu, il y a un motel – Le Chevalier d'argent. (Il connaît tous les motels à proximité des endroits où il participe à des enchères.) Je vous retrouverai au bar. Installez-vous dans un coin avec banquettes. Il faut juste que j'aille voir mon autre box. »

Il a failli ajouter : « Tant que vous y êtes, réservez une chambre, parce que nous savons tous les deux de quoi il retourne », mais ça serait un peu précipiter les choses.

« Le Chevalier d'argent, répète-t-elle. Il y a un chevalier en armure d'argent devant ? Qui chevauche à la rescousse ? »

Elle essaie de jouer le ton léger, la note d'humour. Encore une fois le rire, un peu étouffé. Sam ne joue pas le jeu. Il préfère adopter un froncement de sourcils réprobateur. *Ne va pas croire que tu peux m'avoir au charme, ma jolie. Je suis ici pour rafler la mise.*

« Vous ne pouvez pas le rater », répond-il.

Est-ce qu'elle va lui poser un lapin ? Le laisser seul avec ce fiasco ? Personne ne saurait comment retrouver sa trace, à moins qu'elle n'ait commis l'erreur d'utiliser son vrai nom pour louer ce box. C'est risqué, de la laisser hors de sa vue, mais c'est un risque qu'il est obligé de prendre. Il est sûr à quatre-vingt-dix-neuf pour cent qu'elle sera assise au bar du Chevalier d'argent quand il y arrivera à son tour.

Il envoie un texto à Ned : *Trafic de merde. Blizzard de merde. Camionnette demain matin. Bonne nuit.* Il a une soudaine envie de sortir la carte SIM de son téléphone et de la glisser dans la poche du veston du marié desséché, mais il résiste à la tentation. Il se met quand même en mode avion : pas le noir total, mais gris foncé.

Je ne sais pas, inspecteur, dira Ned. *Il m'a envoyé un texto depuis la société de stockage. Peut-être vers seize heures. Il allait bien à ce moment-là. Il était censé venir à la boutique le lendemain matin, pour qu'on aille ensuite chercher la camionnette et vider les box. Après ça, plus rien.*

Quel gars desséché dans un costume de pingouin ? Non, vraiment ? Ah, putain ! Je ne suis pas au courant.

Chaque chose en son temps. D'abord, il ouvre le box 56. Tout est en ordre, comme prévu : plusieurs meubles de relativement bonne qualité, le genre d'objets qu'ils peuvent revendre à Metrazzle. Un rocking-chair, en pin, du Québec. Deux tables d'appoint, années 50, aspect acajou, pieds incurvés, teinte ébène. Et dans le lot, un bureau Arts and Crafts. Les petits sachets blancs hermétiquement scellés sont dans les trois tiroirs de droite.

C'est vraiment parfait. Il peut plaider la complète ignorance, aucun moyen d'établir un lien entre eux et lui. *Je ne sais absolument pas comment ça a pu arriver ici ! J'ai acheté ce box dans une vente aux enchères, j'étais le mieux offrant, ça aurait pu être n'importe qui d'autre. Je suis aussi surpris que vous ! Non, je n'ai pas ouvert les tiroirs avant de rapporter le meuble à la boutique, pourquoi l'aurais-je fait ? Je vends des antiquités, pas des trucs dans des tiroirs.*

Ensuite, le destinataire final achète le bureau, très vraisemblablement le lundi, et voilà, c'est tout. Il n'est rien de plus que la boîte aux lettres, le petit commissionnaire.

Ned n'ouvrira pas non plus les tiroirs. Il possède un sixième sens très développé qui lui dit quels tiroirs il ne doit pas ouvrir.

Sam peut laisser la camelote ici : elle est en sécurité, personne ne va venir fouiner dans ce box verrouillé avant demain midi. Sa camionnette et lui seront déjà loin.

Il consulte son téléphone : un nouveau message, de Gwyneth. « J'ai eu tort, s'il te plaît, reviens, on peut se parler, arranger ça. » Il éprouve une petite pointe de nostalgie : le familier, le confortable, le sûr. Suffisamment sûr. C'est agréable de savoir que tout ça l'attend. Mais il ne répond pas. Il a besoin de cette parabole en chute libre dans laquelle il s'apprête à plonger. Il peut absolument s'y passer n'importe quoi.

Quand il entre dans le bar du Chevalier d'argent, elle est là qui l'attend. Elle a même trouvé un compartiment à l'écart. Cette docilité instantanée lui fait chaud au cœur. Elle n'a plus son manteau, maintenant. Elle porte le genre de robe qui convient à une femme comme elle : noire, comme la veuve, comme l'araignée. Ça va bien avec ses cheveux blond cendré. Ses yeux sont noisette, ses cils longs.

Elle sourit quand il se glisse sur la banquette en face d'elle, mais pas trop : un léger sourire mélancolique. Elle a devant elle un verre de vin blanc, auquel elle a à peine touché. Il commande la même chose. Il y a un silence. Qui va commencer ? Tous les poils de la nuque de Sam sont en alerte. Sur l'écran plat accroché au mur derrière la tête de la femme, le blizzard progresse vers eux en silence, telle une immense vague de confettis.

« Je crois bien que nous pourrions être coincés ici, dit-elle.

— Buvons à cette perspective », répond Sam en ouvrant bien grand ses yeux bleus.

Il fait le coup du regard direct, lève son verre. Que peut-elle faire d'autre que lever le sien ?

Ouais, c'est bien lui, aucun doute là-dessus. Je tenais le bar ce soir-là, le soir du blizzard. Il était avec une blonde torride en robe noire, ils semblaient en très bons termes, si vous voyez ce que je veux dire. Je ne les ai pas vus partir. Vous voulez parier qu'ils vont la retrouver dans une congère, quant tout ça commencera à fondre ?

« Alors, vous avez regardé à l'intérieur, poursuit-elle.

— Oui. Qui était-ce ? Qu'est-ce qui s'est passé ? »

Il espère qu'elle ne va pas s'abaisser à fondre en larmes. Il serait déçu. Mais non, elle se contente d'un petit tremblement du menton, un mordillement de la lèvre.

« C'était horrible. C'était une erreur. Il n'était pas censé mourir.

— Mais il est mort, dit Sam d'une voix compatissante. Ce sont des choses qui arrivent.

— Oh oui, c'est vrai. Je ne sais pas comment l'exprimer, ça semble tellement…

— Vous pouvez me faire confiance. »

Elle n'en a pas l'intention, mais elle va faire comme si.

« Il aimait être… Clyde aimait qu'on l'étrangle. Ce n'est pas que j'y prenais du plaisir, mais je l'aimais. J'étais amoureuse de lui, je voulais donc répondre à ses désirs.

— Bien sûr. »

Il regrette qu'elle ait donné un nom au marié momifié. *Clyde*, c'est vraiment nul. Il aurait préféré qu'il reste anonyme. Il est évident qu'elle ment, mais à quel point ? Pour ses propres mensonges, il aime rester quelque part à portée de tir de la vérité, si c'est possible – ça signifie moins de choses à fabriquer, moins d'efforts pour s'en souvenir –, et donc il doit y avoir une part de vérité là-dedans.

« Et alors, poursuit-elle, il l'a été.

— Et alors il a été quoi ? demande Sam.

— Étranglé. Il est mort. Avec les spasmes, j'ai cru qu'il avait simplement, vous savez… comme d'habitude. Mais c'est allé trop loin. Et là, je n'ai plus su quoi faire. C'était la veille de notre mariage. J'avais passé des mois à le préparer ! J'ai raconté à tout le monde qu'il m'avait laissé un mot, qu'il avait disparu, qu'il m'avait plaquée, qu'il m'avait laissée sur le carreau. J'étais tellement contrariée ! Toutes les livraisons arrivaient, la robe, le gâteau, tout ça. Alors, eh bien, ça peut paraître fou, mais je l'ai habillé, avec l'œillet à la boutonnière et tout, il était si beau dans ce costume. Et puis j'ai stocké tout ça dans le box. Je n'avais pas les idées claires. J'avais tellement rêvé de ce mariage. En garder tous les éléments était un peu comme s'il avait réellement eu lieu.

— Vous l'avez mis là-dedans toute seule ? Avec le gâteau et tout le reste ?

— Oui, ça n'a pas été si difficile que ça. Je me suis servie d'un chariot. Vous savez, pour déplacer des caisses lourdes ou du mobilier, des choses comme ça ?

— Ça dénote une grande débrouillardise. Vous êtes une fille intelligente.

— Merci.

— C'est une sacrée histoire. Il n'y a pas beaucoup de gens qui la croiraient. »

Elle baisse les yeux vers la table.

« Je sais, dit-elle d'une petite voix. (Puis elle relève les yeux.) Mais vous, vous la croyez, n'est-ce pas ?

— Je ne suis pas très fort pour ce qui est de croire aux histoires, répond Sam. Mais disons que je crois à celle-là, pour l'instant. »

Il parviendra peut-être à lui soutirer la vérité plus tard. Ou peut-être pas.

« Merci, répète-t-elle. Vous n'en parlerez à personne ? »

Le sourire tremblant, la lèvre mordillée. Elle y va à la truelle. Qu'a-t-elle réellement fait ? Elle lui a flanqué un coup de bouteille de champagne sur le crâne ? Elle lui a injecté une overdose ? Combien d'argent était en jeu, et sous quelle forme ? C'était forcément une question d'argent. Est-ce qu'elle siphonnait le compte en banque du pauvre bougre, et il l'a découvert ?

« Allons-y, dit Sam. L'ascenseur est sur la gauche. »

La chambre est sombre, éclairée seulement par une faible lueur venant de la rue. Le bruit de la circulation, pour le peu qu'il y en ait, est étouffé. La neige est arrivée à gros flocons, qui tapent doucement contre la fenêtre telle une armée de minuscules souris kamikazes qui se jetteraient sur la vitre pour essayer d'entrer.

La tenir dans ses bras – non, la maintenir à bout de bras – est la chose la plus électrique qu'il ait jamais faite. Elle bourdonne de danger, elle est comme un câble à haute tension, comme une prise dénudée. Elle est la somme de sa propre ignorance, de tout ce qu'il ne comprend pas et ne comprendra jamais. Dès l'instant où il relâchera une de ses mains, il pourrait se retrouver mort. Dès l'instant où il lui tournera le dos. Est-il en train de fuir pour sauver sa vie ? Est-ce son souffle court qui le poursuit ?

« Nous devrions être ensemble, lâche-t-elle. Nous devrions rester ensemble pour toujours. »

Est-ce ce qu'elle a dit à l'autre ? À son triste double momifié ? Il l'agrippe par les cheveux, plaque sa bouche contre la sienne, mord. Il a encore le dessus, il gagne du terrain sur elle. Plus vite !

Personne ne sait où il est.

JE RÊVE DE ZENIA AUX DENTS ROUGES ET BRILLANTES

« J'ai rêvé de Zenia la nuit dernière, dit Charis.
— Qui ça ? demande Tony.
— Ah, crotte ! » fait Roz.

Ouida, la chienne noir et blanc de Charis, au pedigree mystérieux, vient juste de poser ses pattes boueuses sur son nouveau manteau. Le manteau est orange, peut-être pas le choix le plus heureux. Charis prétend que Ouida possède des pouvoirs de perception spéciaux, et que ces taches de boue sont des messages. Qu'est-ce que Ouida essaie de me dire ? se demande Roz. Que j'ai l'air d'une citrouille ?

C'est l'automne. Les trois femmes marchent dans la ravine au milieu des feuilles mortes, pour leur promenade quotidienne. C'est un pacte qu'elles ont signé : faire plus d'exercice, améliorer leur taux d'autophagie cellulaire. Roz a lu un article là-dessus dans un magazine de santé, dans la salle d'attente de son dentiste : des morceaux de vos cellules mangent d'autres morceaux qui sont malades ou mourants. Ce cannibalisme intracellulaire est censé vous aider à vivre plus longtemps.

« Comment ça, “crotte” ? » demande Charis.

Avec son long visage blanc et ridé, ses longs cheveux blancs frisés, elle ressemble plus que jamais à un mouton. Ou plutôt à une chèvre angora, songe Tony, qui préfère le spécifique au général. Cet air de rumination pensive…

« Je ne parlais pas de ton rêve, répond Roz. C’était pour Ouida. Assise, Ouida !

— Elle t’aime, déclare Charis d’un ton affectueux.

— Assise, Ouida ! » répète Roz avec un certain agacement.

Ouida s’éloigne en bondissant.

« Elle déborde tellement d’énergie ! » s’exclame Charis.

Ça ne fait que trois mois qu’elle a un chien, et déjà, toutes les bêtises que fait ce cabot lui semblent adorables. À croire qu’elle lui a donné la vie.

« Ouah, génial ! » s’écrie Tony qui s’exprime parfois comme ses étudiants.

Elle est à présent professeur émérite, mais elle continue d’enseigner pour un séminaire de doctorat, « Les débuts de la technologie guerrière ». Ils viennent juste de faire les bombes à scorpions, un sujet qui plaît toujours, et en sont maintenant aux petits arcs composites d’Attila le Hun, avec leurs raidisseurs en os.

« Zenia ! Pas croyable ! Elle suintait de sa tombe ? »

Tony regarde Charis à travers ses lunettes rondes. Quand elle avait une vingtaine d’années, Tony ressemblait à un lutin. C’est encore le cas à présent, mais le lutin semble maintenant pressé entre deux pages d’un livre, comme une fleur. En plus desséché.

« Quand est-ce qu’elle est morte, déjà ? demande Roz. J’ai un peu perdu le fil. C’est affreux, non ?

— Peu après 1989, répond Tony. Ou 1990. Quand le mur de Berlin est tombé. J’en ai un morceau.

— Tu crois que c'est un vrai ? demande Roz. À l'époque, les gens taillaient des morceaux de béton dans n'importe quoi ! C'est comme la Sainte Croix, ou les phalanges de saints, ou… ou les fausses Rolex.

— C'est un souvenir, un rappel, dit Tony. Ça n'a pas besoin d'être vrai.

— Le temps n'est pas le même dans les rêves, enchaîne Charis (qui aime bien lire des choses sur ce qui se passe dans sa tête quand elle n'est pas éveillée, même si quelquefois, songe Roz, c'est difficile de faire la différence). Dans les rêves, personne n'est vraiment mort. C'est ce que le type qui… il dit que dans les rêves, le temps est toujours *Maintenant*.

— Ça n'est pas très réconfortant », commente Tony.

Elle aime que les choses restent dans leurs catégories. Les stylos dans un pot, les crayons dans un autre. Les légumes sur le côté droit de l'assiette, la viande à gauche. Les vivants ici, les morts là-bas. Trop d'osmose, trop d'hésitation – ça peut vous donner le vertige.

« Qu'est-ce qu'elle portait ? » demande Roz.

De son vivant, Zenia était toujours habillée de façon spectaculaire. Sa préférence allait vers des couleurs riches, dans les tons sépia ou prune. Elle était glamour, alors que Roz n'a jamais eu que de la classe.

« Combinaison de cuir, suggère Tony. Avec un fouet à manche d'argent.

— Juste une sorte de linceul, répond Charis. Il était blanc.

— Je n'arrive pas à l'imaginer en blanc, dit Roz.

— On n'a pas utilisé de linceul, renchérit Tony. Pour la crémation. On a choisi une de ses robes, tu te souviens ? Une sorte de robe de cocktail. Foncée. »

Lu à l'envers, « Zenia » donne « Ainez », un prénom à consonance espagnole. Et il y avait vraiment quelque chose d'espagnol chez Zenia : chanteuse, elle aurait été contralto.

« C'est vous deux qui avez pris cette décision, dit Roz. Moi, je l'aurais fourrée dans un sac. »

Elle avait effectivement proposé l'idée du sac, mais Charis avait plaidé pour des vêtements corrects : sinon, Zenia aurait pu leur en vouloir et rester dans les parages.

« Bon, d'accord, intervient Charis, peut-être pas un linceul. Disons plutôt une chemise de nuit. Qui flottait un peu.

— Est-ce qu'elle brillait ? s'enquiert Tony avec intérêt. Comme un ectoplasme ?

— Et pour ce qui est des chaussures ? » interroge Roz.

Les chaussures ont joué autrefois un rôle important dans sa vie – des chaussures de prix avec des talons hauts –, mais ses orteils noueux et ses œils-de-perdrix y ont mis un terme. Cela étant, des chaussures de marche peuvent être très bien aussi. Elle pourrait s'acheter une paire de ces nouveaux modèles, où chaque orteil est séparé. Ça vous donne l'air d'une grenouille, mais on les dit très confortables.

« Bien sûr, c'était en réalité de la gaze peinte, ajoute Tony. Ils s'en mettaient dans les narines.

— De quoi tu parles, là ? interroge Roz.

— Il ne s'agit pas de ses pieds, dit Charis. L'*important*, c'est que…

— J'imagine qu'elle avait des crocs pleins de sang », la coupe Tony.

Exactement le genre de détail excessif qui aurait plu à Zenia. Des lentilles de contact rouges, des ongles griffus, des sifflements de serpent, la totale.

Charis devrait arrêter de regarder des films de vampires le soir. C'est mauvais pour elle, elle est si impressionnable. C'est ce que pensent Tony et Roz, c'est pourquoi elles vont chez elle les soirs de vampires, pour que, au moins, elle ne regarde pas ça toute seule. Charis prépare une infusion de menthe et du pop-corn, et elles s'installent sur le canapé comme des ados en enfournant le pop-corn. De temps en temps, elles en donnent une poignée à Ouida, scotchées à l'écran tandis que la musique devient inquiétante, que des yeux rougissent ou jaunissent, que des dents s'allongent et que le sang gicle comme du ketchup sur tout ce qui passe à portée. Chaque fois qu'on entend des loups, Ouida se met à hurler.

Pourquoi se livrent-elles toutes les trois à ces activités d'adolescentes ? Est-ce une façon sinistre de compenser la diminution de leur activité sexuelle ? Elles semblent avoir jeté aux orties toute la maturité, l'expérience et la sagesse qu'elles ont accumulées au fil des ans comme des points de fidélité sur les lignes aériennes. Elles s'en sont tout bonnement débarrassées, en faveur du mâchonnement irresponsable de machins beurrés et salés et d'une perte de temps dégoulinante d'adrénaline. Après ces curieuses orgies, Tony passe des jours à retirer des poils blancs de son cardigan – certains de Ouida, certains de Charis. « Tu as passé une bonne soirée ? » demande toujours West, à quoi elle répond qu'elles ont juste discuté de trucs de filles inintéressants, comme d'habitude. Elle ne veut pas qu'il ait l'impression d'avoir raté quelque chose.

Tout fout le camp : Tony se surprend à formuler cette opinion au moins une fois par jour. Le climat qui se dérègle. La politique haineuse. Les milliers de tours de verre qui poussent comme des miroirs en 3D, ou des engins de siège. Le tri sélectif des déchets : qui peut se souvenir de ce que veulent dire toutes ces couleurs ? Où est-ce qu'on doit mettre les emballages en plastique transparent, et pourquoi le petit numéro en dessous n'est-il pas une indication fiable ?

Et les vampires. Autrefois, on savait à quoi s'en tenir avec eux – malodorants, méchants, morts-vivants –, mais il existe à présent des vampires vertueux et des vampires peu recommandables, des vampires sexy et des vampires à paillettes, et plus aucune des anciennes règles ne s'applique. Autrefois, on pouvait compter sur l'ail, le lever du soleil et les crucifix. On pouvait se débarrasser des vampires une bonne fois pour toutes. Mais plus maintenant.

« En fait, dit Charis, ce n'étaient pas vraiment des crocs à proprement parler. Même si, en y repensant, ses dents étaient un peu pointues. Et rosâtres. Ouida, arrête ça tout de suite ! »

Ouida est en train de courir dans tous les sens en aboyant : ça l'excite de se trouver dans la ravine, libérée de sa laisse. Elle aime fouiner sous les troncs abattus et se planquer derrière les buissons, pour retarder le moment de sa recapture, et aussi cacher ses… Comment les appeler ? Charis n'aime pas les mots grossiers comme *merde*. Roz a proposé *caca*, mais Charis a refusé, considérant que ça faisait trop bébé. Les productions de son tube digestif ? a suggéré Tony. Non, ça sonne trop froid et intellectuel, a répondu Charis. Ses Offrandes à la Terre. Voilà.

Ouida cache donc ses Offrandes à la Terre tandis que Charis traînaille derrière, un sac en plastique à la main pour les récupérer (sacs qu'elle n'utilise pratiquement jamais, parce que souvent elle n'arrive pas à repérer les Offrandes), et l'appelle de temps en temps, d'une voix faible, comme elle le fait en ce moment :

« Ouida ! Ouida ! Viens ici ! Gentille fille !

— Donc, dit Tony, Zenia était là, dans ton rêve. Et ensuite ?

— Je sais que tu trouves ça idiot, répond Charis, mais bon, toujours est-il qu'elle n'était pas menaçante ni rien. En fait, elle semblait plutôt amicale. Elle avait un message pour moi. Ce qu'elle m'a dit, c'est : *Billy revient*.

— Les nouvelles ne doivent pas voyager très vite, dans l'au-delà, commente Tony, parce que Billy est *déjà* revenu, non ?

— Pas exactement *revenu*, précise Charis. Je veux dire, nous ne sommes pas… nous sommes simplement voisins.

— Ce qui est déjà largement suffisant, intervient Roz. Qu'est-ce qui t'est passé par la tête de louer à ce minable, ça, je ne comprendrai jamais. »

Longtemps auparavant, quand elles étaient toutes beaucoup plus jeunes, Zenia avait volé un homme à chacune d'elles. À Tony, elle avait volé West, qui s'était cependant ravisé – c'est du moins la version officielle à laquelle Tony adhère personnellement –, et qui est maintenant bien enraciné chez elle, où il consacre ses journées à bidouiller son système de musique électronique et à devenir un peu plus sourd à chaque minute qui passe. À Roz, elle avait volé Mitch, ce qui n'était pas bien difficile parce qu'il n'avait jamais réussi à garder sa braguette fermée. Mais ensuite, après lui avoir non seulement vidé les poches mais aussi ce que Charis appelait son intégrité psychique, Zenia l'avait plaqué, et il était allé se noyer dans le lac Ontario. Il portait un gilet de sauvetage, et il avait maquillé ça en accident de bateau, mais Roz avait très bien su ce qu'il en était.

Elle en est remise, à présent – pour autant qu'une femme puisse s'en remettre –, elle a un mari bien plus gentil qui s'appelle Sam, qui travaille dans une banque d'affaires et qui lui convient beaucoup mieux, avec un meilleur sens de l'humour. N'empêche, c'est une cicatrice. Et les enfants en ont souffert : c'est l'aspect qu'elle ne peut pas pardonner, malgré le psy chez lequel elle est allée pour tenter d'effacer tout ça. Non qu'il y ait un intérêt quelconque à ne pas pardonner à quelqu'un qui n'est plus en vie.

À Charis, Zenia avait volé Billy. C'était peut-être le larcin le plus cruel, pensent Tony et Roz, parce que Charis était tellement confiante et sans défense, et elle avait recueilli Zenia qui traversait de graves problèmes ; c'était une femme cabossée par la vie, elle avait un cancer, elle avait besoin de quelqu'un pour s'occuper d'elle, c'était du moins ce qu'elle prétendait – un mensonge éhonté de bout en bout. En ce temps-là, Charis et Billy habitaient sur l'Île, dans une petite maison qui était plutôt un cottage. Ils élevaient des poulets. Billy avait construit le poulailler de ses propres mains. Comme il s'était soustrait à la conscription, il n'avait pas vraiment d'emploi stable.

Il n'y avait pas tant de place que ça dans le cottage pour Zenia, mais Charis s'était débrouillée, parce qu'elle avait le sens de l'hospitalité et du partage, comme tous les gens sur l'Île à l'époque, et aussi dans les communautés d'insoumis. Il y avait un pommier. Charis faisait des gâteaux aux pommes et d'autres pâtisseries, avec les œufs. Elle était si heureuse… enceinte aussi. Et voilà que, sans crier gare, Billy et Zenia étaient partis ensemble, et tous les poulets étaient morts. Ils avaient eu le cou tranché avec le couteau à pain. C'était juste tellement méchant…

Pourquoi Zenia avait-elle fait ça ? Tout ça ? Pourquoi les chats mangent-ils les oiseaux ? rétorquait Roz, ce qui n'aidait pas beaucoup. Tony pensait que ça partait d'un désir d'exercer son pouvoir. Charis était certaine qu'il y avait une raison, enfouie quelque part au milieu des rouages de l'univers, mais elle ne savait pas vraiment ce que ça pouvait être.

Au bout du compte, Roz et Tony se sont retrouvées chacune avec un homme à demeure, malgré tous les efforts de Zenia pour leur gâcher la vie, mais pas Charis. C'était parce qu'elle n'avait jamais pu tourner la page, selon la théorie de Roz. Elle ne réussissait pas à se trouver un type suffisamment débile, selon celle de Tony. Mais à peine un mois auparavant, qui voilà si ce n'est ce gros nullard de Billy ? Et qu'est-ce que Charis trouve à faire, si ce n'est lui louer l'autre moitié de son duplex ? Il y a vraiment de quoi s'arracher les cheveux par leurs petites racines grises, songe Roz, qui continue de se faire retoucher les siens tous les quinze jours. Une jolie couleur châtain, pas trop vive, sinon ça nuit au teint.

Le duplex de Charis est une drôle d'histoire. Les cousines éloignées ne devraient jamais mourir, songe Tony, ou alors, elles ne devraient jamais léguer leur argent à des idiotes au grand cœur comme Charis.

Parce que, maintenant que Charis n'est plus une ex-enfant du Flower Power, précédemment éleveuse de poulets, vivant de pain rassis et de nourriture pour chat et de Dieu sait quoi encore dans un cottage d'été mal isolé sur l'Île, avec pour seule perspective une vieillesse hypothermique dans une pauvreté grandissante, luttant contre les tentatives de sa bureaucrate de fille à Ottawa pour la placer dans une maison de retraite, parce que Charis n'est plus destinée à devenir une vieille folle errant dans les rues, mais qu'elle a un respectable paquet de fric, Billy est revenu dans sa vie, comme téléporté.

Non pas que la cousine éloignée lui ait légué une fortune princière, mais elle lui a laissé suffisamment pour que Charis puisse quitter l'Île. De toute façon, ça devenait trop chic à son goût, disait-elle, avec toutes ces rénovations de maisons et les snobs qui débarquaient, et elle ne s'y sentait plus acceptée. Suffisamment pour écarter la fatalité de la maison de retraite et le pain rassis. Suffisamment pour s'acheter une maison à elle.

Charis aurait pu choisir un pavillon indépendant, mais il lui arrivait peut-être parfois de perdre le contact avec la réalité des choses – c'est comme ça qu'elle l'avait formulé, ce qui avait conduit Tony à dire « Et pas qu'un peu ! » à Roz lors d'une conversation téléphonique –, et son idée avait été qu'elle pourrait acheter deux petites maisons jumelles, un duplex, habiter dans l'une et louer l'autre à quelqu'un qui était, disons, plus à l'aise qu'elle avec les outils, et à qui elle ferait payer un loyer réduit en échange de travaux d'entretien et de réparation. Cette forme de troc était tellement moins cupide que d'exiger un loyer au prix du marché, Roz et Tony n'étaient-elles pas d'accord ?

Non, elles ne l'étaient pas, mais Charis n'avait pas tenu compte de leur avis, et elle avait passé une annonce sur Craigslist, avec (pense Tony) un peu trop de détails sur elle-même et sur ses goûts, ce qui constituait (pense Roz) une invitation directe pour un salopard sans scrupules du genre de Billy. Et hop, comme ça, il avait débarqué.

Ouida n'aime pas Billy. Elle grogne rageusement dès qu'elle le voit. Ce qui est un peu réconfortant, parce que Charis tient désormais compte de l'avis de Ouida bien plus que de n'importe qui d'autre, même de ses deux plus vieilles amies.

Ce sont elles qui lui ont offert cette chienne, maintenant que Charis habite Parkdale – un quartier qui s'embourgeoise rapidement, d'après Roz qui suit attentivement les prix de l'immobilier, et Charis aura donc fait un bon investissement à terme, mais l'embourgeoisement est loin d'être achevé, et on ne sait jamais sur qui on peut tomber, sans parler des dealers. En plus, de l'avis de Tony, Charis est tellement innocente qu'elle n'a aucun instinct pour les embuscades. Et puis elle n'aime pas conduire : elle préfère se promener à pied dans les endroits les plus dangereux de la ville, les ravines et High Park, entre autres, pour communier avec l'esprit des plantes. Ou Dieu sait ce qu'elle a dans la tête, enchérit Roz, espérons simplement qu'elle ne décide pas que la Fée du Lierre Vénéneux est sa meilleure amie.

Elles n'ont pas envie de voir le nom de Charis dans le journal : « Une femme âgée agressée sous un pont » ; « Une excentrique inoffensive retrouvée battue à mort ». Un chien peut dissuader des agresseurs potentiels, et Ouida a du sang de fox-terrier dans les veines, avec peut-être un peu de colley. Une chienne intelligente, en tout cas, ont-elles conclu en signant les papiers du refuge pour chiens perdus. Et moyennant un minimum de dressage…

« Ma foi, dit Tony un mois après que Ouida se fut installée, c'était la faille dans notre plan. Charis serait incapable de dresser une banane.

— Mais Ouida est très loyale, ajoute Roz. J'ai en elle une confiance totale. Elle grogne très bien.

— Bah, elle grogne après les moustiques. »

En tant qu'historienne, Tony ne croit absolument pas aux conséquences prétendument prévisibles.

Ouida est ainsi nommée d'après une romancière du XIXe siècle ; elle adorait les chiens, quel meilleur nom pour le nouvel animal de Charis ? a dit Tony, dont c'était l'idée. Roz et Tony soupçonnent Charis de croire quelquefois que Ouida la chienne est en fait Ouida la romancière, puisqu'elle croit au recyclage non seulement pour les bouteilles et les plastiques, mais aussi pour les entités psychiques. Pour se défendre, elle a expliqué une fois que le Premier ministre Mackenzie King était convaincu que sa mère s'était réincarnée dans son terrier irlandais, et que personne n'avait trouvé ça bizarre à l'époque. Tony s'est abstenue de faire remarquer que si personne n'avait trouvé ça bizarre à l'époque, c'était simplement parce que personne ne le savait. Mais après coup, oui, ils avaient trouvé ça carrément bizarre.

Une fois rentrée chez elle après leur promenade, Roz appelle Tony sur son portable.

« Qu'est-ce qu'on va faire ? demande-t-elle.

— Au sujet de Zenia ?

— Non, au sujet de Billy. Ce type est un psychopathe. Il a assassiné ces poulets !

— Assassiner des poulets, c'est un service rendu à la société. Il faut bien que quelqu'un le fasse, ou sinon, on se retrouverait ensevelis sous une couche de gallinacés.

— Tony, sois un peu sérieuse.

— Que pouvons-nous faire ? Elle est majeure, nous ne sommes pas sa mère. Elle a déjà cette expression d'amoureuse béate.

— Je vais peut-être engager un détective privé. Pour me faire une idée du parcours de Billy. Avant qu'il ne l'enterre dans le jardin.

— Cette maison n'a pas de jardin, rectifie Tony. Seulement un patio. Il sera obligé de l'enterrer dans la cave. Fais surveiller la quincaillerie, pour voir s'il achète des pelles et des pioches.

— Charis est notre amie ! Ce n'est pas un sujet de plaisanterie !

— Je sais. Désolée. Je plaisante quand je ne sais pas quoi faire.

— Je ne sais pas quoi faire non plus, avoue Roz.

— Il ne nous reste plus qu'à prier et à compter sur Ouida, conclut Tony. C'est notre dernière ligne de défense. »

Leurs promenades régulières ont lieu le samedi, mais comme c'est une situation de crise, Roz fixe le déjeuner au mercredi.

Elles avaient l'habitude d'aller toutes les trois au Toxique, du temps de Zenia. La partie ouest de Queen Street était alors plus marginale : plus de cheveux verts, plus de cuir noir, plus de boutiques de comics.

Aujourd'hui, les chaînes de prêt-à-porter milieu de gamme s'y sont installées, même s'il reste encore quelques boutiques de tatouage et de piercing, et le Condom Shack continue de résister vaillamment. En revanche, le Toxique a disparu depuis longtemps. Roz choisit le Café de la Reine Mère. Un peu désuet et défraîchi, mais confortable, comme elles le sont toutes les trois.

Ou plutôt comme elles l'étaient. Aujourd'hui, Charis est mal à l'aise. Elle chipote dans son plat végétarien thaï tout en jetant fréquemment des coups d'œil au-dehors, où Ouida attend impatiemment, attachée à un arceau pour vélo.

« C'est quand, la prochaine soirée vampires ? » demande Roz.

Elle sort juste de chez le dentiste, et elle a du mal à manger à cause de l'anesthésie. Ses dents sont en train de suivre le même chemin que ses chaussures à talons, et pour les mêmes raisons : l'écroulement et la douleur. Et à quel coût ! C'est comme si elle déversait de l'argent à la pelle dans sa bouche ouverte. Pour voir quand même le bon côté des choses, les séances de dentiste sont bien plus agréables qu'autrefois. Au lieu de se tortiller et de transpirer, Roz chausse ses lunettes noires, se met son casque sur les oreilles et écoute de la musique New Age en surfant sur une vague de sédatifs et d'analgésiques.

« Hem, fait Charis d'un air coupable, c'est-à-dire que… la soirée vampires, c'était hier soir.

— Et tu ne nous l'as pas dit ? s'étonne Tony. On serait venues chez toi. Je parie que c'est pour ça que tu as fait de mauvais rêves sur Zenia.

— Non, ça, c'était la nuit d'avant, répond Charis. Zenia est venue s'asseoir sur le bord de mon lit, et elle m'a conseillé de me méfier de cette personne… un nom que je ne connais pas. On aurait cru un nom de femme.

Une sorte de nom martien, tu vois, ça commençait par un *Y*. Cette fois, elle portait de la fourrure.

— Quel genre de fourrure ? » interroge Tony.

Elle est sûre que c'était du carcajou.

« Je ne sais pas, répond Charis. Elle était noir et blanc.

— Ah, mince, dit Roz. Et tu as regardé un film de vampires toute seule ? C'était drôlement imprudent.

— Je... répond Charis, toute rose à présent. Je ne l'ai pas regardé toute seule.

— Ah, flûte ! s'exclame Roz. Pas Billy !

— Vous avez couché ensemble ? » demande Tony.

C'est une question indiscrète, mais Roz et elle ont besoin de connaître exactement la position de l'ennemi.

« Non ! s'écrie Charis. C'était juste amical ! On a bavardé ! Et je me sens beaucoup mieux maintenant, parce que comment peut-on vraiment pardonner à quelqu'un s'il n'est pas là ?

— Il t'a passé le bras autour des épaules ? » interroge Roz – avec l'impression d'être sa propre mère. Non, sa grand-mère.

Charis élude la question.

« Billy pense que nous devrions ouvrir un bed and breakfast, lâche-t-elle. Une sorte d'investissement. Ça se développe beaucoup en ce moment. Dans une moitié du duplex. Il s'occuperait de la rénovation, et moi, je ferais la cuisine.

— Et il gérerait aussi les finances, hein, c'est ça ? enchérit Roz.

— Le nom que t'a dit Zenia, ce ne serait pas Yllib, par hasard ? » demande Tony.

Zenia avait toujours été très forte pour les codes et les énigmes.

« Crois-moi, intervient Roz, tu ferais mieux d'oublier tout ça ! Billy est un vrai aspirateur, il va te sucer la moelle.

— Qu'est-ce que Ouida en pense ? questionne Tony.

— Elle est un peu jalouse, je dois le reconnaître, répond Charis. J'ai été obligée de… de la séquestrer. »

À présent, elle rougit carrément.

« Elle a dû enfermer Ouida dans le placard, j'imagine, dit Tony à Roz plus tard au téléphone.

— C'est un désastre. »

Elles mettent au point un système de veille téléphonique : Charis recevra deux appels par jour, un de Tony et un de Roz, pour voir comment la situation évolue. Mais Charis ne répond plus au téléphone.

Trois jours passent, puis Tony reçoit un SMS : « Besoin de te parler. Viens vite. Désolée. » Il vient de Charis.

Tony prend Roz au passage, ou plutôt Roz la prend dans sa Prius. Quand elles arrivent au duplex, elles trouvent Charis assise dans la cuisine. Elle a pleuré. Mais au moins, elle est encore vivante.

« Que s'est-il passé, ma chérie ? » demande Roz.

Il n'y a pas de signes de violence. Ce salopard de Billy a peut-être empoché les économies de Charis.

Tony regarde Ouida. La chienne est assise à côté de Charis, les oreilles dressées, la langue pendante. Il y a quelque chose sur le pelage de sa poitrine. De la sauce tomate ?

« Billy est à l'hôpital, explique Charis. Ouida l'a mordu. »

Elle se met à renifler. Brave chienne, Ouida, songe Tony.

« Je vais nous faire un peu d'infusion de menthe, dit Roz. Pourquoi Ouida a-t-elle… ?

— Eh bien, on allait, tu sais… dans la chambre. Et comme Ouida aboyait, j'ai dû l'enfermer dans le placard du couloir, à l'étage. Et puis, juste avant que… Il fallait vraiment que j'en aie le cœur net. Alors, j'ai dit : "Billy, qui a assassiné mes poulets ?" Parce que, à l'époque,

Zenia m'avait dit que c'était Billy, mais je n'ai jamais su ce que je devais croire, vu que Zenia était une telle menteuse, alors je ne pouvais tout simplement pas… avec quelqu'un qui aurait fait ça. Et Billy a répondu : "C'était Zenia, elle leur a tranché la gorge, j'ai essayé de l'en empêcher." Et là, Ouida a commencé à aboyer vraiment très fort, comme si quelque chose lui faisait mal, il fallait que je monte voir ce qui se passait, et puis quand j'ai ouvert la porte du placard, elle s'est précipitée sur le lit et elle a mordu Billy. Il a beaucoup crié, il y avait du sang sur les draps, c'était…

— Tu peux l'enlever avec de l'eau froide, dit Roz.

— À la jambe ? demande Tony.

— Pas exactement, répond Charis. Il ne portait pas de vêtements, sinon je suis sûre qu'elle n'aurait pas… mais ils sont en train de le recoudre. Je me sens coupable. Je leur ai dit à l'hôpital, quand ils l'ont transporté aux urgences… j'ai dit que c'était moi qui l'avait mordu, que c'était un truc sexuel que Billy aimait bien, mais que c'était allé trop loin ; ils ont été très gentils, ils ont dit que c'étaient des choses qui arrivaient. J'ai horreur de mentir, mais ils auraient pu, vous savez, emmener Ouida. C'était tellement stressant ! Enfin, au moins, maintenant, je connais la réponse.

— Quelle réponse ? demande Roz. La réponse à quoi ? »

Charis dit que tout est très clair. Zenia est revenue pour la mettre en garde contre Billy, qui était en fait le meurtrier des poulets. Mais Charis était trop bête pour comprendre – elle voulait seulement voir le meilleur en Billy, et c'était tellement agréable au début qu'il soit de retour dans sa vie, comme si la boucle était bouclée –, et c'est pourquoi Zenia a été obligée de passer à la deuxième étape, en se réincarnant dans le corps de Ouida. C'est pour ça qu'elle portait une fourrure dans le deuxième rêve. Naturellement, elle n'avait pas apprécié d'entendre Billy lui faire porter le chapeau pour quelque chose qu'elle n'avait pas fait.

En réalité, continue Charis, les intentions de Zenia avaient peut-être été bienveillantes dès le départ. Elle avait peut-être volé Billy pour protéger Charis d'une brebis galeuse comme lui. Elle avait peut-être volé West pour que Tony apprenne une leçon sur la vie, comme apprécier la musique, par exemple, et peut-être qu'elle avait volé Mitch pour dégager la voie et que Roz se trouve un bien meilleur mari, Sam. Au fond, Zenia avait peut-être été l'alter ego de chacune d'elles, faisant à leur place des choses qu'elles n'avaient pas la force d'accomplir elles-mêmes. Quand on regardait les choses sous cet angle…

C'est donc sous cet angle que Tony et Roz ont accepté de regarder les choses, du moins quand elles sont avec Charis, parce que ça la rend plus heureuse. Ça exige un certain effort de prétendre qu'un chien noir et blanc de taille moyenne, qui s'essuie les pattes sur votre manteau et fait ses crottes derrière des vieilles souches, est en réalité Zenia, mais elles n'ont pas besoin de le faire tout le temps : Zenia va et vient, imprévisible comme elle l'a toujours été, et seule Charis est capable de dire quand elle est présente à l'intérieur de Ouida, et quand elle ne l'est pas.

Billy a vaguement menacé d'intenter un procès contre Charis pour ses blessures, mais Roz l'a sèchement renvoyé dans ses buts : elle peut lui opposer une armée d'avocats quand elle veut, lui a-t-elle assuré. Grâce aux recherches approfondies effectuées par son détective privé, elle sait tout de sa carrière passée : les matrones dépouillées, les pyramides de Ponzi et les usurpations d'identité, et s'il croit pouvoir se servir de Ouida comme moyen de chantage, il devrait y réfléchir à deux fois, parce que c'est sa parole contre celle de Charis, et à son avis, qui un jury va-t-il croire ?

Ainsi, Billy est parti ailleurs, et on ne le reverra jamais plus. C'est maintenant un jovial plombier à la retraite qui occupe l'autre moitié du duplex de Charis. Il est veuf, et Roz et Tony fondent de grands espoirs en lui. Il est en train de refaire la salle de bains, ce qui est un début. Il plaît à Ouida, qui essaie de se fourrer sous l'évier quand il est en dessous avec sa clé à molette, le lèche chaque fois qu'elle peut et flirte avec lui de façon éhontée.

LA MAIN MORTE T'AIME

Au départ, *La Main morte t'aime* était une blague. Ou plutôt un défi. Il aurait dû se montrer plus prudent, mais le fait est qu'il fumait pas mal d'herbe à l'époque et qu'il buvait beaucoup trop de mauvais alcool : il n'avait donc pas été totalement responsable. On ne devrait d'ailleurs pas le tenir pour responsable. Il ne devrait pas être obligé de respecter les clauses de ce foutu contrat. Voilà le boulet qu'il traînait aux pieds : le contrat.

Et pas moyen de s'en débarrasser, parce qu'il ne mentionnait aucune date d'expiration. Il aurait dû en mettre une, comme sur les packs de lait, les pots de yaourt et les tubes de mayonnaise, mais qu'est-ce qu'il connaissait aux contrats, à cette époque ? Il n'avait que vingt-deux ans.

Et il avait besoin d'argent.

Ça n'impliquait même pas beaucoup d'argent… Un marché vraiment merdique. Il était exploité. Comment ces trois-là avaient-ils pu abuser de lui comme ça ? Mais ils refusent de reconnaître l'injustice de cette affaire. Ils se contentent de citer ce putain de contrat, avec ces signatures incontestables, dont la sienne, et par conséquent, il n'a plus qu'à mettre un mouchoir par-dessus et cracher le fric. Au début, il a refusé de payer, jusqu'à ce qu'Irena prenne un avocat. Maintenant, ils ont tous les trois des avocats comme les chiens ont des puces. Irena aurait dû se montrer plus compréhensive, étant donné qu'ils étaient très proches autrefois, mais non, elle a un cœur d'asphalte, plus dur, plus sec et plus recuit au soleil à chaque année qui passe. L'argent l'a pourrie.

Son argent à *lui*, parce que c'est grâce à *lui* qu'Irena et les deux autres sont suffisamment riches pour se payer tous ces avocats. Des avocats de premier ordre, en plus, aussi bons que les siens. Non pas qu'il ait envie de se plonger dans une mêlée d'avocats se bagarrant à coups de griffes et de crocs : en fait, c'est le client qui finit toujours comme petit déjeuner de ces hyènes, leur os à moelle à craquer. Ils vous déchiquettent à belles dents, ils vous rongent comme une bande de furets, de rats, de piranhas, jusqu'à ce qu'il ne reste plus de vous que des lambeaux de chair, des cartilages et des ongles de pied.

Il a donc été obligé de raquer, décennie après décennie, puisque, comme ils le faisaient remarquer à juste titre, il n'aurait aucune chance devant un tribunal. Il l'avait signé, ce contrat du diable. Il l'avait signé de son sang.

À l'époque du contrat, ils étaient étudiants. Pas exactement dans la misère, parce que sinon ils n'auraient pas pu bénéficier d'une prétendue éducation supérieure. Ils auraient rebouché des nids-de-poule sur les routes, ou bien foutu le feu à des hamburgers, ou fait des passes dans des bars minables au milieu des odeurs de vomi – Irena, en tout cas. Mais, sans être miséreux, ils ne nageaient pas non plus dans l'opulence. Ils s'en sortaient grâce à des jobs d'été, des prêts soutirés à des membres de la famille et, dans le cas d'Irena, une maigre bourse.

Ils avaient fait connaissance à travers un groupe qui se réunissait dans un bar où le demi de bière coûtait dix *cents*. Ces étudiants aimaient échanger des vannes, se plaindre ou se vanter – mais pas Irena, bien sûr, ce n'était pas son genre. Elle jouait plutôt le rôle de mère poule, payant l'addition quand les autres étaient trop soûls pour se souvenir où ils avaient mis leur porte-monnaie, ou trop sournois pour en avoir apporté un, même si jamais personne ne la remboursait. Ils s'étaient découvert un besoin commun de dépenser moins pour leur logement, et ils avaient donc loué une maison à quatre, tout près de l'université.

C'était au début des années 60, du temps où un étudiant pouvait louer une maison dans ce quartier, même si ce n'était qu'une maison en brique rouge de l'époque victorienne, étroite, au toit pointu surmontant deux étages, étouffante l'été, glaciale l'hiver, décrépite, sentant la pisse, au papier peint décollé, au plancher gondolé, aux radiateurs asthmatiques, infestée de rats et de cafards. C'était avant que ces maisons ne soient rénovées en tant que bâtiments du patrimoine fédéral. Elles coûtent aujourd'hui la peau des fesses et la vessie avec, et leurs façades sont ornées de plaques historiques posées par des simples d'esprit qui n'ont rien de mieux à faire que de visser des plaques sur des maisons prétentieuses au prix extravagant.

Sa propre maison – celle où le maudit contrat a été signé – a une plaque, elle aussi. On peut y lire – ô surprise – qu'il y a habité autrefois. Il le sait bien, qu'il y a habité, il n'a pas besoin qu'on le lui rappelle. Il n'a pas besoin de lire son nom, « Jack Dace, 1963-1964 », comme s'il n'avait vécu qu'un an, avec en dessous, en tout petits caractères : « Dans cette maison a été écrit le grand classique international de l'horreur, *LA MAIN MORTE T'AIME*. »

Je ne suis pas débile ! Je le sais, tout ça ! a-t-il envie de crier à la plaque ovale en émail bleu et blanc. Il devrait ne plus y penser, essayer d'oublier autant que possible toute cette affaire, mais il en est incapable, parce qu'elle est enchaînée à sa jambe. Il ne peut s'empêcher de venir jeter un coup d'œil à ce machin chaque fois qu'il est en ville pour un festival de films, de littérature, de BD, de monstres ou autre. D'un côté, c'est un rappel de l'idiotie dont il a fait preuve en signant ce contrat. De l'autre, c'est une satisfaction pitoyable de lire ces mots : *grand classique international de l'horreur*. Elle l'obsède trop, cette plaque. N'empêche, c'est un hommage à ce qui constitue la plus grande réussite de sa vie. Pour ce que ça vaut.

C'est peut-être ce qu'on gravera sur sa tombe : *LA MAIN MORTE T'AIME*, GRAND CLASSIQUE INTERNATIONAL DE L'HORREUR. Peut-être que des fans, des adolescentes aux yeux maquillés façon gothique, avec des coutures tatouées sur le cou comme la créature de Frankenstein et des pointillés sur les poignets accompagnés de l'instruction : DÉCOUPER ICI, viendront se recueillir sur sa tombe et y laisseront des témoignages composés de roses fanées et d'os de poulet blanchis. Elles lui envoient déjà ce genre de trucs alors qu'il n'est même pas encore mort.

Quelquefois, elles rôdent autour des événements auxquels il participe – des tables rondes où il est censé discourir sur les mérites inhérents à la littérature de « genre » ou se livrer à une rétrospective des différents films inspirés de son œuvre maîtresse –, vêtues de linceuls lacérés, le visage peint d'un vert maladif. Elles apportent des enveloppes contenant des photos d'elles, nues, la langue pendante et/ou avec une corde noire autour du cou et/ou des sachets contenant des touffes de leurs poils pubiens, et proposent des fellations spectaculaires qu'elle effectueront en portant de fausses dents de vampire – un peu limite, ça, il n'a jamais accepté aucune de ces propositions. Mais il n'a pas résisté à d'autres tentations. Comment le pourrait-il ?

C'est cependant toujours un risque, un risque pour son ego. Et s'il ne se montrait pas à la hauteur, au lit ? Ou plutôt – parce qu'un inconfort modéré excite ces filles – sur un plancher, debout contre un mur ou sur une chaise avec des cordes et des nœuds ? Et si elles disaient : « Je vous imaginais différemment » tout en rajustant leurs sous-vêtements en cuir, en renfilant leurs bas en toile d'araignée et en retouchant devant le miroir de la salle de bains les plaies purulentes qu'elles se sont collées sur le visage ? C'est arrivé, de plus en plus fréquemment à mesure que l'âge l'a flétri et rassis.

« Vous avez abîmé ma plaie » – elles ont même dit des trucs comme ça. Pire encore, elles l'ont dit sans la moindre trace d'ironie. Moue boudeuse. Ton accusateur. Regard dédaigneux. Mieux vaut donc maintenir ces filles à distance, les laisser vénérer de loin ses pouvoirs sataniques décadents. De toute façon, elles sont de plus en plus jeunes, de sorte qu'il est difficile d'avoir une conversation avec elles quand elles s'attendent à ce qu'il leur parle. La moitié du temps, il ne comprend rien à ce qui sort de leur bouche, quand ce n'est pas leur langue. Elles ont un vocabulaire totalement nouveau. Certains jours, il se dit qu'il a dû rester sous terre pendant un siècle.

Qui aurait prédit qu'il connaîtrait cette étrange forme de succès, à l'époque où tous ceux qui le connaissaient le considéraient comme un joyeux branleur, opinion qu'il partageait ? *La Main morte t'aime* avait dû lui être inspiré par quelque Muse ringarde, bouffée aux mites et fan de vieux feuilletons populaires, parce qu'il avait écrit ce roman d'une seule traite, sans aucune des hésitations et retours en arrière habituels, les pages froissées en boule et jetées à la corbeille, les accès de léthargie et de désespoir qui l'avaient généralement empêché de terminer quoi que ce soit. Il s'était assis et s'était mis à taper huit, neuf, dix pages par jour, sur la vieille Remington qu'il avait dégotée chez un prêteur sur gages. Comme c'était étrange de se souvenir des machines à écrire, avec leurs tiges qui se coinçaient, leurs rubans qui s'emmêlaient et les carbones qui vous salissaient les doigts. Ça lui avait pris peut-être trois semaines. Un mois au grand maximum.

Naturellement, il ne savait pas que ça deviendrait un grand classique international de l'horreur. Il n'avait pas dévalé les deux volées de marches en slip et T-shirt pour se précipiter dans la cuisine en criant : « Je viens juste d'écrire un grand classique international de l'horreur ! » Et s'il l'avait fait, les trois autres auraient éclaté d'un rire moqueur, assis à la table en Formica où ils buvaient leur café instantané et mangeaient un de ces gratins blanchâtres qu'Irena leur préparait, à base de riz, de nouilles, d'oignons, de boîtes de soupe aux champignons et de thon, parce que ces ingrédients étaient bon marché tout en étant nourrissants. Irena insistait beaucoup sur le côté *nourrissant*. Elle tenait à en avoir pour son argent, c'était son truc à elle.

Chacun mettait sa part pour la nourriture de la semaine dans la cagnotte, une boîte à biscuits en forme de cochon, mais Irena contribuait moins que les autres, parce qu'elle faisait la cuisine. La cuisine, les courses, le règlement des factures telles que l'électricité et le chauffage – Irena aimait bien faire tout ça. Autrefois, les femmes aimaient vraiment jouer ce rôle, et les hommes appréciaient aussi cet aspect des choses. Lui-même a bien aimé s'entendre reprocher maternellement de ne pas manger assez, il ne peut pas le nier. Le principe était que les trois autres devaient faire la vaisselle, même s'il ne se souvient pas qu'ils l'aient faite régulièrement – pas lui, en tout cas.

Pour cuisiner, Irena mettait un tablier avec un motif collé sur le devant qui représentait un gâteau. Jack doit reconnaître que ce tablier lui allait bien, entre autres parce qu'il était noué autour de la taille et qu'on pouvait donc voir qu'elle en avait une. Généralement, sa taille était dissimulée sous les couches de vêtements, tricotés ou tissés, qu'elle portait pour rester bien au chaud. Des vêtements gris foncé, des vêtements noirs, comme une Petite Sœur des pauvres.

Le fait qu'elle ait une taille signifiait aussi qu'on pouvait voir qu'elle avait des fesses et des seins, et Jack ne pouvait s'empêcher d'imaginer à quoi elle ressemblerait sans ses couches de vêtements, ni même le tablier. Et avec ses cheveux tombant sur les épaules, ces cheveux blonds qu'elle portait en chignon sur la nuque. Elle aurait l'air délectable et nourrissante, dodue et ferme à la fois, passivement accueillante, comme une bouillotte de chair recouverte de velours rose. Il aurait pu s'y laisser prendre, il s'y *était* laissé prendre : il avait cru qu'elle avait un cœur tendre, un cœur comme un oreiller en plume. Il l'avait idéalisée. Quel imbécile…

Bon, toujours est-il que s'il était entré dans la cuisine où flottait une odeur de nouilles et de thon, et s'il avait déclaré qu'il venait d'écrire un grand classique international de l'horreur, ils auraient simplement éclaté de rire et se seraient moqués de lui, parce qu'ils ne le prenaient pas au sérieux à l'époque, pas plus qu'aujourd'hui.

Jack avait le dernier étage. Le grenier. C'était le pire endroit de la maison. Bouillant en été, glacial en hiver. Les odeurs montaient jusque-là : les odeurs de cuisine, les odeurs de chaussettes sales des étages inférieurs, la puanteur des toilettes – tout flottait jusqu'à lui. Il ne pouvait exercer de représailles pour la chaleur, le froid et les odeurs, à part piétiner sur le plancher. Mais ça n'aurait fait qu'embêter Irena, qui habitait juste en dessous de lui, et il ne voulait pas la contrarier parce qu'il avait bien l'intention de la dépiauter pour voir le genre de sous-vêtements qu'elle portait.

Ils étaient de couleur noire, comme il allait bientôt le découvrir. À l'époque, il avait trouvé que les dessous noirs étaient sexy, d'une façon un peu crapuleuse, comme dans les magazines policiers à deux sous. Dans la vraie vie, en matière de petites culottes, il ne connaissait que le blanc et le rose, c'est-à-dire ce que portaient les filles avec qui il était sorti au lycée – même s'il n'avait jamais vraiment réussi à les examiner en détail, dans l'obscurité frustrante des banquettes arrière de voitures. Avec le recul, il a compris que ce choix du noir n'était pas provocant mais pragmatique : le noir d'Irena était un noir radin, dépourvu de toute dentelle, entrecroisement de mailles ou petites ouvertures affriolantes. Ce noir avait été choisi non pas pour mettre la chair en valeur, mais uniquement pour cacher la crasse et économiser des lavages.

Faire l'amour avec Irena était comme faire l'amour avec un gaufrier, s'était-il souvent dit plus tard en plaisantant, mais c'était après que la suite des événements eut déformé son regard rétrospectif, et gainé Irena de métal.

Elle n'était pas seule au premier étage. Jaffrey y habitait aussi, ce qui amenait Jack à se morfondre de jalousie : comme il devait être facile pour Jaffrey de se faufiler le long du couloir, dans ses chaussettes de laine malodorantes, l'écume aux lèvres de désir malsain, jusqu'à la porte d'Irena, sans que personne ne le voie ni ne l'entende, tandis que Jack lui-même dormait du sommeil du juste dans sa cellule du grenier. Mais la chambre de Jaffrey se trouvait au-dessus de la cuisine, une pièce en avancée derrière la maison tapissée de papier goudronné, mal isolée et recouverte d'une épaisse couche de crasse, il n'y avait donc pas de plafond au-dessus de sa tête sur lequel Jack aurait pu piétiner.

Rod était également hors de portée des piétinements, et lui aussi était l'objet des soupçons jaloux de Jack. Sa chambre était située au rez-de-chaussée, dans ce qui était à l'origine la salle à manger. Ils avaient condamné les doubles portes aux panneaux de verre dépoli qui permettaient d'accéder à ce qui était autrefois le salon, et qui était maintenant une sorte de fumerie d'opium. On n'y trouvait pas d'opium, bien sûr, seulement quelques coussins marron moisis, un tapis couleur vomi de chien dans lequel étaient incrustés des miettes de chips et des fragments de coque de noix, et un fauteuil cassé qui dégageait une odeur douceâtre d'Old Sailor Port, la boisson de prédilection des poivrots, et que buvaient également les étudiants en philosophie qui venaient leur rendre visite, parce qu'elle ne coûtait pratiquement rien.

C'est dans ce salon qu'ils passaient une bonne partie de leur temps. C'est là aussi qu'ils organisaient des fêtes, mais comme ce n'était vraiment pas très grand, les participants migraient dans le couloir étroit, à l'étage et dans la cuisine. Ils se scindaient en groupes, les fumeurs d'herbe d'un côté, les buveurs de l'autre. Les fumeurs d'herbe n'étaient pas des hippies à proprement parler, parce que ça n'existait pas encore, mais ça donnait une petite idée de ce qui se profilait, un groupe de quasi-beatniks un peu galeux et imbus de leur image, qui traînaient avec des musiciens de jazz et en adoptaient les comportements marginalement transgressifs. C'est dans ces moments-là que lui – Jack Dace, aujourd'hui l'auteur vénéré, honoré d'une plaque, d'un grand classique international de l'horreur –, c'est dans ces moments, donc, qu'il appréciait d'avoir sa chambre tout en haut de la maison, loin de la foule grouillante, de la puanteur de l'alcool et de la fumée de tabac et d'herbe, et parfois de celle du vomi, car certains ne savent pas quand il faut s'arrêter.

Avec une chambre à lui, tout en haut, il pourrait offrir un refuge temporaire à une jolie fille lassée du monde, sophistiquée, en pull à col roulé noir et aux yeux chargés de mascara, qu'il réussirait à attirer jusqu'à son boudoir jonché de vieux journaux et sur son couvre-lit en tissu indien avec la promesse d'une discussion artistique sur le travail de romancier, les affres et les tourments de la création, le besoin d'intégrité, les tentations de la littérature commerciale et la noblesse qu'implique le fait d'y résister, et ainsi de suite. Une promesse faite avec un soupçon d'autodérision, au cas où la fille le croirait pompeux et imbu de sa personne. Ce qu'il était, parce que, à cet âge, il faut l'être si on veut pouvoir se sortir du lit le matin et conserver la foi dans son propre potentiel illusoire pendant les douze heures d'éveil qui suivent.

Mais il n'avait jamais réussi à attirer une telle fille et, s'il y était parvenu, cela aurait pu réduire à néant ses chances avec Irena, qui commençait à manifester des signes subtils indiquant qu'elle pourrait ne pas être indifférente. Irena ne buvait pas et ne fumait pas, mais elle nettoyait derrière ceux qui le faisaient, et notait dans sa tête qui faisait quoi à qui, de sorte qu'elle s'en souvenait le lendemain matin. Elle ne le disait pas explicitement, elle était discrète, mais on le voyait à ce qu'elle évitait de dire.

Après la publication de *La Main morte t'aime* et les acclamations qu'elle avait suscitées – non, pas les acclamations, parce que ce genre de livre ne suscitait rien qu'on pût qualifier d'acclamations, pas à l'époque ; seulement beaucoup plus tard, une fois que les romans de genre eurent réussi à poser d'abord un bout d'orteil, puis une tête de pont sur les rivages de la légitimité littéraire –, et après qu'il avait été adapté pour le cinéma, ce genre de piège à filles est devenu beaucoup plus facile pour lui. Une fois sa réputation établie, du moins en tant qu'écrivain commercial, un écrivain commercial à fort tirage et dont les couvertures de livre étaient ornées de lettres dorées en relief... Il ne pouvait certes plus recourir à l'attrait de l'Art avec un grand A, mais pour compenser pas mal de filles aimaient le macabre, ou disaient l'aimer. Elles l'aimaient déjà à l'époque, avant le déferlement de la vague du gothique. Ça leur rappelait peut-être leur vie intérieure. Ou elles espéraient peut-être simplement qu'il les aide à faire du cinéma.

Oh, Jack, Jack, se dit-il en examinant dans le miroir les poches qu'il a sous les yeux, en tâtant la calvitie qui se développe au sommet de son crâne et en rentrant son ventre, ce qu'il n'arrive pas à faire bien longtemps. Tu es vraiment une loque. Une poire. Tu es vraiment seul. Oh, Jack l'agile, Jack le rapide avec ton bougeoir autrefois si fiable et ton talent pour improviser des bobards. Tu pétais tellement la forme. Tu étais si confiant. Tu étais si jeune.

L'histoire du contrat avait commencé dans des circonstances pénibles. C'était vers la fin mars, les pelouses étaient couvertes de neige fondue, grise et poreuse, l'air était frais et humide, tout le monde était grincheux. C'était l'heure du déjeuner. Les trois colocataires de Jack était installés dans la cuisine autour de la table en Formica – rouge, avec des volutes gris perle et des pieds chromés –, mâchonnant les restes qu'Irena avait coutume de servir au déjeuner parce qu'elle avait horreur qu'on gâche la nourriture. Lui-même avait dormi toute la matinée, ce qui n'était pas étonnant : il y avait eu une fête la veille, une fête particulièrement immonde et ennuyeuse au cours de laquelle, grâce à Jaffrey – qui aimait discourir pendant des heures à propos d'auteurs étrangers impénétrables –, Nietzsche et Camus avaient été passés en revue. Pas de chance pour Jack, car ce qu'il savait sur ces deux-là aurait pu tenir dans une salière. Il s'en serait pas trop mal tiré avec Kafka, qui avait écrit ce truc rigolo où un type se transforme en scarabée, impression qu'il avait lui-même la plupart du temps au réveil. Un sadique quelconque avait apporté un flacon d'alcool pur qu'il avait mélangé avec du jus de raisin et de la vodka, et lui, exaspéré par cet étalage d'érudition en littérature comparée, avait beaucoup trop bu et vomi jusqu'aux rotules. En plus de ce qu'il avait fumé, qui était probablement coupé avec de la poudre pour démangeaisons du bas-ventre.

Il n'avait donc pas été d'humeur à discuter du sujet qu'Irena avait impitoyablement mis sur la table, tout à trac, au milieu des restes de nouilles au thon.

« Tu as trois mois de retard sur le loyer », a-t-elle dit.

Avant même qu'il n'ait pu boire son café.

« Ah, bon sang. Regarde ça, j'ai les mains qui tremblent. J'ai vraiment pris une sacrée cuite la nuit dernière ! »

Putain, pourquoi ne pouvait-elle pas se montrer plus compréhensive, plus positive ? Même une remarque objective lui aurait un peu remonté le moral. « Tu as une mine de déterré », par exemple.

« Ne change pas de sujet, a dit Irena. Comme tu le sais, nous avons été obligés de payer ta part, ou sinon, nous aurions tous été expulsés. Mais il faut que ça cesse. Ou bien tu trouves un moyen de payer, ou bien tu devras partir. Nous aurons besoin de louer ta chambre à quelqu'un qui respecte ses engagements. »

Jack s'est affaissé sur sa chaise.

« Oui, je sais, je sais, a-t-il répondu. Vraiment désolé. Je vais arranger ça, j'ai juste besoin d'un peu plus de temps.

— Du temps pour quoi ? a demandé Jaffrey avec un rictus incrédule. Du temps absolu, ou du temps relatif ? Interne ou mesurable ? Euclidien ou kantien ? »

Il était encore beaucoup trop tôt pour commencer à couper les cheveux en quatre avec tout ce vocabulaire de cours de philosophie élémentaire. Jaffrey pouvait être un vrai connard.

« Quelqu'un aurait de l'aspirine ? » a demandé Jack.

Pas terrible, comme manœuvre de diversion, mais c'est la seule qui lui était venue à l'esprit. En fait, il avait un mal de tête carabiné. Irena s'est levée pour lui trouver quelque chose. Elle ne pouvait pas résister au plaisir de jouer les infirmières.

« Combien de temps encore ? » a demandé Rod.

Il avait sorti son petit carnet caca d'oie, celui dans lequel il faisait ses calculs : il était le comptable de leur association.

« Ça fait des semaines que tu as besoin de plus de temps, a dit Irena. Des mois, en fait. (Elle a posé deux cachets d'aspirine et un verre d'eau sur la table.) Il y a aussi de l'Alka-Seltzer, a-t-elle ajouté.

— C'est pour mon roman, a dit Jack – une excuse qu'il avait déjà sortie plusieurs fois. J'ai besoin de temps, j'ai vraiment… j'ai presque terminé. »

C'était faux. En fait, il était bloqué au troisième chapitre. Il avait défini les grandes lignes des personnages : il s'agissait de quatre étudiants – beaux, séduisants, saturés d'hormones – vivant dans une maison victorienne de deux étages en brique, au toit pointu, près de l'université. Ils prononçaient des phrases ésotériques à propos de leurs psychés et forniquaient beaucoup, mais il n'arrivait pas à aller plus loin, parce qu'il ne savait pas ce qu'ils pourraient bien faire d'autre.

« Je vais me trouver du boulot, a-t-il dit d'une voix faible.

— Quoi, par exemple ? a demandé Irena au cœur d'obsidienne. Il y a du *ginger ale*, si tu veux.

— Tu pourrais vendre des encyclopédies », a suggéré Rod.

Et tous les trois ont éclaté de rire. La vente d'encyclopédies était connue pour être le dernier recours des incapables, des incompétents et des désespérés. En plus, l'idée que Jack Dace puisse vendre quoi que ce soit à quelqu'un était du dernier comique. La vision qu'ils avaient de lui était celle d'un raté, d'un porte-poisse, que les chiens errants fuyaient parce qu'ils sentaient sur lui l'odeur de l'échec comme de la pisse de chat. Ces derniers temps, ils ne le laissaient même plus essuyer la vaisselle, parce qu'il en cassait trop. Il l'avait fait exprès : c'était utile d'être considéré comme inepte quand il fallait se répartir les corvées, mais maintenant, ça se retournait contre lui.

« Pourquoi ne vends-tu pas des parts de ton roman ? » a demandé Rod.

Il faisait des études d'économie. Il boursicotait avec son argent de poche, et il n'était pas trop mauvais, parce que c'est comme ça qu'il parvenait à payer son foutu loyer. Ça le rendait suffisant et insupportable sur le thème de l'argent, caractéristiques qu'il a conservées toute sa vie.

« D'accord, je suis partant », a dit Jack.

À ce stade, tout ça était pour rire. Ils se montraient sympas avec lui, en lui offrant une échappatoire, en reconnaissant le talent qu'il prétendait avoir, en lui ouvrant la voie vers la probité fiscale, même si elle n'était que théorique. C'est ce qu'ils ont prétendu plus tard, qu'ils s'étaient mis d'accord pour lui remonter le moral, l'amener à croire qu'ils croyaient en lui, lui fournir une validation. Comme ça, il pourrait vraiment se retrousser les manches et produire quelque chose, même s'ils ne pensaient pas qu'il y ait la moindre chance que ça arrive. Ce n'était pas leur faute si ça avait marché, et de façon aussi spectaculaire.

C'est Rod qui a rédigé le contrat. Le loyer pour quatre mois – les trois que Jack n'avait pas payés, plus celui qui allait commencer. En échange, les bénéfices générés par son roman restant à finaliser seraient répartis en quatre, un quart pour chacun. Ça aurait été contre-productif si Jack n'avait pas eu sa part. Sans rien à y gagner, il aurait pu ne pas avoir l'énergie suffisante pour terminer le machin, a fait remarquer Rod – qui avait foi en l'*Homo œconomicus* – tout en ricanant. Il ne croyait pas un instant que Jack finirait le travail.

Jack aurait-il signé un tel contrat s'il n'avait pas eu cette gueule de bois carabinée ? Probablement. Il ne voulait pas être expulsé. Il ne voulait pas se retrouver à la rue, ou pire, devoir retourner chez ses parents à Don Mills, en butte aux lamentations et aux rôtis braisés de sa mère, et aux sermons réprobateurs de son père. Il avait donc accepté chaque clause, il avait signé en poussant un soupir de soulagement et, sur l'insistance d'Irena, il avait mangé deux fourchettes de gratin de nouilles parce qu'il valait mieux ne pas rester l'estomac vide, et il était remonté dans sa chambre pour faire une sieste.

Mais ensuite, il a fallu qu'il écrive ce foutu machin.

Aucun espoir du côté des quatre étudiants dans la maison victorienne. Il était clair qu'ils refuseraient de lever leurs culs paralysés des chaises de cuisine bancales sur lesquelles leurs anus étaient actuellement collés telles les ventouses d'une pieuvre collective, même s'il allumait un feu sous leur plante des pieds. Il allait devoir essayer autre chose, quelque chose de très différent, et vite, parce que l'écriture de ce roman

– n'importe quel roman – était devenue pour lui une question d'amour-propre. Il ne pouvait pas laisser Jaffrey et Rod continuer de se moquer de lui, il ne pouvait plus supporter la lueur de mépris apitoyé qu'il voyait dans les ravissants yeux bleus d'Irena.

S'il vous plaît, je vous en supplie ! s'est-il mis à prier dans l'air glacé où flottait encore de la fumée. Tirez-moi de là ! N'importe quoi, ce que vous voudrez ! Du moment que ça se vend !

Et là, tout à coup, miroitant devant lui tel un champignon phosphorescent, s'est déployée la vision de *La Main*, parfaitement formée : il ne lui restait plus qu'à la coucher noir sur blanc – c'est en tout cas ce qu'il dirait plus tard dans des interviews. D'où venait-elle, *La Main morte t'aime* ? Qui sait ? Née du désespoir, sortie de sous son lit, de ses cauchemars d'enfant. Plus vraisemblablement des illustrés d'horreur en noir et blanc qu'il chipait dans la boutique du coin de sa rue quand il avait douze ans : des parties du corps détachées, desséchées et autopropulsées y figuraient régulièrement.

L'histoire était simple. Violet, une jeune fille très belle mais au cœur de pierre qui ressemblait à Irena – une version à la taille encore plus fine et avec des nichons plus rebondis – envoyait balader son fiancé fou amoureux d'elle, William, un beau jeune homme sensible qui faisait au moins quinze centimètres de plus que Jack, avec cependant la même couleur de cheveux. Elle le faisait pour des motifs sordides : son autre soupirant, Alf, le portrait craché de Jaffrey, était riche comme Crésus.

Violet effectuait son numéro de rupture de la façon la plus humiliante qui soit. Un soir où William – la droiture incarnée – devait sortir avec Violet, il était venu la chercher chez elle. Mais Alf était arrivé avant lui, et

William les surprenait dans une étreinte torride et impudique sur la balancelle de la véranda. Pire encore, Alf avait glissé une main sous la jupe de Violet, une liberté que William n'avait jamais même tentée, le pauvre imbécile.

Outré et choqué, William les interpellait vivement, mais ça ne le menait à rien. Après avoir dédaigneusement jeté sur le trottoir le bouquet de pâquerettes et de roses sauvages que William avait cueillies lui-même, ainsi que la modeste bague de fiançailles en or qui lui avait coûté deux mois d'un salaire durement gagné dans la société de vente d'encyclopédies où il travaillait, Violet s'éloignait d'un pas décidé sur ses talons hauts d'un rouge audacieux, et Alf et elle partaient dans l'Alfa Romeo décapotable gris argent qu'il avait achetée sur un simple caprice parce que le nom s'accordait avec le sien : il pouvait se permettre ce genre de gestes extravagants. L'écho de leur rire moqueur résonnait dans les oreilles du pauvre William. Et pour couronner le tout, la bague de fiançailles avait roulé et disparu dans une grille d'égout.

William était mortellement blessé. Ses rêves étaient brisés, détruite était l'image qu'il avait de la féminité parfaite. Profondément abattu, il retournait dans la chambre où il logeait, dans une pension de famille humble mais propre, où il rédigeait son testament : il voulait que l'on coupe sa main droite et qu'on l'enterre à part, dans le jardin public, à côté du banc où Violet et lui avaient passé tant de soirées idylliques à se bécoter et s'enlacer tendrement. Puis il se tirait une balle dans la tête avec le revolver hérité de son père – car William était orphelin –, qui l'avait utilisé de façon héroïque pendant la Seconde Guerre mondiale. Ce détail ajoutait une note de noblesse symbolique, pensait Jack.

La propriétaire de William, une veuve au cœur d'or avec un accent européen et une intuition de bohémienne, veillait à ce que soit honoré son souhait concernant la main coupée. En fait, elle s'introduisait furtivement la nuit dans le funérarium et découpait elle-même l'appendice avec une scie à chantourner provenant de l'établi de son défunt mari qui aimait travailler le bois, une scène qui, dans le film – dans les deux films, l'original et le remake –, permettait de jouer avec quelques ombres menaçantes et une étrange lueur provenant de la main. La propriétaire en avait les sangs retournés de voir cette lueur, mais elle continuait quand même son macabre travail. Ensuite, elle enterrait la main près du banc public, en creusant un trou suffisamment profond pour que les mouffettes ne puissent pas la déterrer. Elle plaçait enfin un crucifix par-dessus – car, venant de la Vieille Europe, elle était superstitieuse.

Comme la salope au cœur de pierre qu'elle était, Violet ne venait pas à l'enterrement, et elle ignorait tout de la main coupée. Personne n'était au courant sauf la propriétaire qui, peu de temps après, s'en allait très loin, en Croatie, où elle se faisait nonne afin d'expurger de son âme l'acte peut-être satanique qu'elle avait commis.

Le temps passait. Violet était désormais fiancée à Alf. Leur mariage fastueux s'organisait. Elle se sentait un peu coupable envers William, et avait un peu de peine pour lui, mais l'un dans l'autre, elle n'y pensait guère. Elle était bien trop occupée à essayer de nouveaux vêtements luxueux et à exhiber les différents objets incrustés de diamants et de saphirs que lui offrait l'ignoble Alf, dont la devise était que le chemin du cœur d'une fille passe par les bijoux – ce qui était parfaitement vrai dans le cas de Violet.

Jack a hésité un moment sur la suite de l'histoire. Devait-il garder la Main cachée jusqu'au jour du mariage ? Devait-il la dissimuler dans la longue traîne de satin de la robe de mariée afin qu'elle suive Violet jusqu'à l'autel, pour surgir brusquement et faire sensation juste avant qu'elle ne dise *Oui* ? Non, trop de témoins. Ils se mettraient tous à la pourchasser à travers l'église comme un singe évadé, et l'effet serait plus comique que terrifiant. Mieux valait que la Main surprenne Violet seule et, si possible, dévêtue.

Plusieurs semaines avant la date fixée pour le mariage, une enfant qui jouait dans le jardin public découvrait le crucifix de la propriétaire étincelant au soleil. Elle le rapportait chez elle, neutralisant ainsi son rôle protecteur. (Dans le film – le premier, pas le remake –, cette scène était accompagnée d'une musique rétro fort menaçante. Dans le remake, l'enfant était remplacée par un chien qui rapportait l'objet religieux à son maître. Celui-ci, ignorant tout des croyances anciennes, le jetait dans les fourrés.)

Et puis, la nuit de pleine lune suivante, à travers l'humus près du banc public, remontait la main de William, émergeant tel un crabe des sables ou une pousse de jonquille mutante. Le séjour souterrain ne l'avait pas arrangée : elle était brunâtre et rabougrie, avec des ongles démesurés. Elle quittait le parc en rampant et s'introduisait dans une conduite d'égout, d'où elle finissait par ressortir avec autour du petit doigt la bague de fiançailles jetée avec tant de désinvolture.

Toujours en se déplaçant comme un crabe, elle se rendait à la maison de Violet, où elle escaladait le lierre et s'introduisait par la fenêtre dans la chambre de la jeune femme. Là, elle se cachait derrière les jolis volants à fleurs de la coiffeuse et lorgnait Violet en train de se déshabiller. La Main pouvait-elle voir ? Non, parce qu'elle n'avait pas d'yeux. Mais elle possédait une sorte de vision sans voir, parce qu'elle était animée par l'esprit de William. Ou par une partie de cet esprit : pas la plus gentille.

(Le très vieux critique freudien invité à la séance spéciale de l'Association des langues modernes consacrée à *La Main morte*, il y a treize ans de cela – ou était-ce quinze ? –, a dit que la Main représentait le Retour du Refoulé. La critique jungienne s'est insurgée contre cette interprétation, citant de nombreux cas de main détachée dans le mythe et la magie : la Main, a-t-elle avancé, était une référence à la Main de Gloire, que l'on découpait sur le cadavre d'un criminel pendu, puis que l'on faisait macérer dans du vinaigre avant de lui ajouter une chandelle allumée – un instrument magique longtemps utilisé par les cambrioleurs. D'origine française, l'expression avait également donné son nom à la mandragore. L'expert freudien a rétorqué que cette information folklorique était à la fois obsolète et hors sujet. Le ton est monté. Jack, l'invité d'honneur, s'est excusé pour aller fumer une cigarette dehors. Il fumait encore à l'époque, c'était avant que son cardiologue ne lui dise qu'il avait le choix entre arrêter ou mourir.)

Tandis que la Main se livrait au voyeurisme sous la coiffeuse, Violet se dévêtait entièrement, puis elle se livrait à ses ablutions sous la douche, laissant la porte de sa salle de bains légèrement entrouverte afin d'offrir à la Main et au lecteur une vision alléchante. La somptuosité rose et les voluptueuses courbes plantureuses étaient abondamment décrites. Jack en avait vraiment rajouté une tartine, dans ce passage, il s'en rend compte aujourd'hui, mais les gars de vingt-deux ans sont à fond dans ce genre de détails. (Le réalisateur du premier film avait tourné la scène de la douche comme un hommage au *Psychose* d'Alfred Hitchcock, d'autant plus approprié que la première Violet était jouée par Sue Ellen Blake, une déesse blonde qui était un croisement entre Janet Leigh et Tippi Hedren, et que Jack a inlassablement poursuivie de ses assiduités, pour finir par être déçu. Sue Ellen était suffisamment narcissique pour apprécier les cadeaux et les actes d'adoration préliminaires, mais elle n'aimait pas le sexe en tant que tel, et elle avait horreur que son maquillage soit barbouillé.)

À l'époque où elle était étudiante, Irena n'avait jamais recouru au maquillage, sans doute parce que ça coûtait de l'argent, mais cela avait résulté en une fraîcheur délicate, une honnêteté dénuée d'ornements, comme une huître écaillée. En plus, elle ne laissait pas de taches beiges et rouges sur les taies d'oreiller. (Un détail que Jack, avec le recul, en est venu à apprécier.)

En regardant Violet se savonner différentes parties du corps, la Main pouvait à peine se retenir. Mais elle ne choisissait pas ce moment pour dévoiler son jeu. Elle préférait attendre patiemment tandis que se déroulait une longue liste d'adjectifs appliqués à Violet. La Main, le lecteur et Violet elle-même admiraient son corps qu'elle séchait délicatement, et dont elle frottait les surfaces parfaites et crémeuses avec une lotion aromatique. Puis elle se glissait dans une robe-fourreau garnie de sequins dorés, dessinait sa bouche pulpeuse avec un rouge à lèvres couleur rubis, fermait un collier étincelant autour de son cou sinueux, enveloppait ses douces épaules captivantes d'une luxueuse fourrure blanche et quittait la pièce avec un déhanchement à vous décrocher la mâchoire. La Main, bien sûr, n'avait pas de mâchoire qui pût se décrocher, mais elle souffrait à sa façon d'une frustration érotique, qui se manifestait dans les deux versions cinématographiques par un accès de tremblements répugnants.

Une fois Violet sortie, la Main fouillait dans son secrétaire. Elle y découvrait son papier à lettres rose marqué de ses initiales. Avec un stylo d'argent emprunté à Violet, elle écrivait un mot en utilisant l'écriture du défunt William – écriture dont elle se souvenait parfaitement, cela va sans dire.

Je t'aimerai toujours, mon adorable Violet. Même après la mort. À toi pour l'éternité, William.

Elle plaçait le billet sur l'oreiller de Violet, avec une rose rouge prise dans le bouquet posé sur sa coiffeuse. Le bouquet était frais, car Alf à l'Alfa Romeo lui envoyait chaque jour une douzaine de roses.

La Main allait ensuite rapidement dans le placard de Violet, où elle se cachait dans une boîte à chaussures pour attendre la suite des événements. Les chaussures que contenait cette boîte avaient des talons hauts d'un rouge audacieux : c'étaient celles-là même que portait Violet le jour où elle avait impitoyablement rejeté William, et le symbolisme n'échappait pas à la Main. Elle se mettait à les caresser de ses doigts desséchés aux ongles longs d'une façon à la fois libidineuse et fétichiste. (Cette scène a fait l'objet de nombreuses analyses dans les articles universitaires – principalement français mais aussi espagnols – qui ont vu dans le film – l'original, pas le remake, qui est considéré avec mépris par les cinéastes européens – un exemple tardif de néo-surréalisme puritain américain. Jack n'a rien à foutre de ces considérations : il avait simplement voulu montrer une main morte prenant son pied avec une paire de chaussures. Mais il est prêt à reconnaître que ça pourrait bien revenir au même.)

La Main attendait des heures dans la boîte à chaussures. Ça ne l'embêtait pas d'attendre, elle n'avait rien d'autre d'intéressant à faire. Dans le film (l'original, pas le remake), elle tambourinait de temps en temps du bout des doigts, pour marquer son impatience, mais c'était une idée rajoutée à la demande du réalisateur – Stanislaus Ludz, un type bizarre qui se considérait comme une sorte de Mozart de l'horreur, et qui s'est jeté plus tard à l'eau depuis le pont d'un remorqueur – qui pensait que regarder une main dans une boîte occupée à ne rien faire, ça manquait de suspense.

Dans les deux films, l'action alternait entre, d'une part, la Main dans la boîte à chaussures, et de l'autre, Violet et Alf dansant dans une boîte de nuit, joue contre joue et cuisse contre cuisse, avec Alf tripotant d'une façon possessive le cou de Violet garni de bijoux tout en murmurant : « Bientôt, tu seras mienne. » Dans le livre, Jack n'avait pas écrit cette scène de boîte de nuit, mais il l'aurait fait s'il y avait pensé. Et il y avait pensé quand il avait écrit le scénario – les deux scénarios –, c'était donc presque pareil.

Après une séquence suffisamment longue de danse, de tripotage de collier et d'attente dans une boîte, Violet retournait dans sa chambre. Elle avait ingurgité plusieurs coupes de champagne avec des gros plans sur sa gorge quand elle avalait, et elle se jetait sur son lit sans même un regard pour le billet d'amour soigneusement composé par la Main, ni pour la rose posée sur son oreiller. Elle avait deux oreillers, et le billet et la rose étaient sur l'autre, ce qui explique pourquoi elle n'avait pas vu le papier et ne s'était pas piquée avec les épines.

Quelles émotions ressentait la Main, maintenant qu'elle avait été ignorée une fois de plus ? De la tristesse, de la colère, un peu des deux ? Difficile à déchiffrer, une main.

Elle se glissait furtivement hors du placard et escaladait le couvre-lit négligemment écarté pour atteindre Violet abandonnée au sommeil dans sa chemise de nuit de dentelle. Allait-elle l'étrangler ? Ses doigts effrayants hésitaient un instant au-dessus de la gorge offerte – cris dans la salle à ce moment-là –, mais non, elle l'aimait encore. Elle commençait à lui caresser les cheveux, lentement, avec tendresse et désir. Et puis, incapable de se contenir plus longtemps, elle lui caressait la joue.

Cela réveillait Violet qui, dans la pénombre de la chambre cependant éclairée par la lune, trouvait sur son oreiller quelque chose qui ressemblait à une énorme araignée à cinq pattes. De nouveau des cris, poussés par Violet, cette fois. Prise de court, la Main disparaissait aussitôt, si bien que lorsque Violet, tremblante de frayeur, réussissait enfin à allumer sa lampe de chevet, la Main était cachée sous le lit.

En larmes, Violet téléphonait à Alf et lui tenait un discours incohérent, comme le font les filles dans de telles circonstances, et Alf la consolait virilement en lui disant qu'elle avait dû faire un mauvais rêve. Réconfortée, elle raccrochait et s'apprêtait à éteindre la lumière quand soudain, sur quoi son regard se posait-il ? Sur la rose, puis sur le billet dont l'écriture bien reconnaissable – et autrefois adorée – n'était autre que celle de William !

Yeux écarquillés. Gémissement étranglé. C'était impossible ! N'osant pas rester dans la pièce suffisamment longtemps pour rappeler Alf, Violet s'enfermait dans la salle de bains, où elle passait une nuit agitée blottie au fond de la baignoire, imparfaitement couverte de serviettes de toilette. (Si, dans le livre, elle était torturée par quelques souvenirs de William, on avait décidé de ne pas les montrer dans les films, où on les avait remplacés par un épisode d'ongles nerveusement rongés et de sanglots étouffés.)

Au matin, Violet sortait avec précaution et trouvait une chambre inondée de soleil. Pas de billet rose en vue, la Main l'ayant retiré. La rose avait retrouvé sa place dans son vase habituel.

Respiration profonde. Soupir de soulagement. Un simple cauchemar, finalement. Violet n'en était pas moins ébranlée, et jetait nerveusement des coups d'œil autour d'elle tandis qu'elle glissait ses hanches dans un fourreau somptueux avant d'aller déjeuner avec Alf.

La Main s'affairait alors de nouveau. Elle feuilletait le journal intime de Violet et s'entraînait à contrefaire son écriture. Après avoir volé quelques autres feuillets roses, elle rédigeait une lettre d'amour obscène et torride adressée à un homme, lui proposant encore un rendez-vous prémarital à leur endroit habituel, un motel sordide fréquenté par des prostituées aux abords de la ville, juste à côté d'un magasin de vente de tapis en gros. « Mon chéri, je sais que c'est risqué, mais je ne peux pas rester loin de toi », disait la lettre. On y trouvait des remarques désobligeantes sur Alf et sur ses performances sexuelles inadéquates, avec une référence spéciale à la taille de son pénis. La note concluait en évoquant les délices à prévoir une fois que le richissime Alf aurait épousé Violet et qu'elle s'en serait débarrassée. Un peu d'antimoine dans son martini devrait faire l'affaire, disait le billet, avant de se terminer par un paragraphe évoquant l'impatience de voir l'anguille électrique de l'amant imaginaire se glisser une fois de plus dans le nid d'algues marines moite et palpitant de Violet.

(On ne pourrait plus recourir à de tels euphémismes, aujourd'hui, on serait obligé de mentionner les choses par leur nom. Mais à l'époque, il y avait des limites à ce qu'on pouvait imprimer. Jack regrette la levée de ces vieux tabous, qui stimulaient l'imagination pour inventer de nouvelles métaphores. Chez les jeunes auteurs d'aujourd'hui, ce n'est qu'une succession de mots crus, ce que, personnellement, il trouve rasoir. Serait-il en train de devenir un vieux schnoque ? Non : objectivement parlant, c'*est* rasoir.)

L'amant imaginaire s'appelait Roland. Il existait un vrai Roland, un ancien admirateur de Violet auquel elle avait préféré William – ce qui n'était pas étonnant, parce que Roland était non seulement un économiste ennuyeux comme la pluie, mais aussi un connard à l'esprit mesquin, à l'âme rabougrie, au cœur en tire-bouchon, un peu comme Rod avec son petit carnet caca d'oie. C'était un couillon, un vrai gland, une tête de nœud…

Un peu trop vulgaire, tout ça : Jack a raturé les mots avant de se plonger dans une réflexion induite par la caféine. Pourquoi tant de termes péjoratifs inspirés par l'appareil génital masculin ? Aucun homme ne détestait son équipement intime, bien au contraire. Mais c'était peut-être un affront de penser que d'autres hommes en possédaient aussi un. Ça devait être ça. Il devrait peaufiner sa thèse et l'étaler devant tout le monde lors de la prochaine fête, quand la bagarre intellectuelle deviendrait trop agaçante.

C'était tentant de s'adonner à la procrastination, mais Jack avait encore des pages à noircir avant de se coucher. Il avait encore du sang à répandre.

« Je t'ai apporté un peu de soupe », a dit Irena, qui avait grimpé en silence les marches menant au nid d'aigle de Jack.

Elle a posé une assiette et un bol sur la table de bridge qui lui servait de bureau. C'était une soupe aux champignons, avec des crackers.

« Merci », a-t-il répondu.

Ah, une nette amélioration de l'ordinaire. Un instant, il a songé à l'empoigner sous son tablier, la dominer de toute la force impétueuse de son élan vital, la clouer au sol, la faire se pâmer et s'abandonner. Mais ce n'était pas le moment : il fallait que Roland soit massacré, Alf détruit, Violet terrifiée à en perdre la raison. Il devait gérer ses priorités.

Au cours des jours suivants, Jack a dû revenir en arrière dans le manuscrit pour y insérer Roland vers le début, maintenant qu'il s'avérait nécessaire dans le scénario. Quand il lui a demandé une paire de ciseaux et un rouleau de scotch, Irena les lui a aussitôt fournis : tout ce qui montrait que le projet de roman avançait suscitait en elle de nouvelles manifestations de serviabilité.

La Main plaçait la fausse lettre parmi les dessous en dentelle de Violet. Ensuite, elle écrivait en grosses lettres un message anonyme sur une autre feuille de papier rose – *Alf, tu es un imbécile. Elle te trompe, regarde dans ses froufrous, deuxième tiroir de la commode* –, après quoi elle redescendait rapidement le long du mur couvert de lierre et traversait la ville jusqu'à l'immeuble où se trouvait le luxueux duplex d'Alf. Là, elle escaladait la gaine d'ascenseur jusqu'au toit, en tenant la lettre anonyme entre l'annulaire et le petit doigt. Elle glissait le billet accusateur sous la porte, puis retournait rapidement à la maison de Violet et s'y cachait dans un philodendron en pot.

Violet rentrait de son déjeuner et – une jolie trouvaille, là, s'est dit Jack – essayait sa robe de mariée avec une couturière replète et obséquieuse – pour l'effet comique – quand Alf faisait irruption dans la chambre, le visage cramoisi. Il lançait des accusations insensées et commençait à fouiller les tiroirs de la commode de Violet en jetant les sous-vêtements à travers la pièce. Était-il devenu fou ? Non ! Car voyez : il tenait dans la main la lettre torride, sur le papier personnel de Violet, de la propre écriture de Violet !

En versant des larmes touchantes, Violet – pour qui les spectateurs éprouvaient maintenant de la sympathie – protestait qu'elle n'avait jamais, jamais rien écrit de tel, et qu'elle n'avait pas non plus vu Roland depuis – eh bien, depuis fort longtemps. Elle racontait alors son histoire de la veille, et l'effrayant billet doux qu'elle avait découvert sur son oreiller.

Il était clair à présent qu'ils étaient tous deux victimes d'un ignoble canular, sans nul doute perpétré par ce scélérat jaloux de Roland, qui tentait de les séparer afin d'avoir Violet pour lui seul. Alf jurait d'aller jusqu'au fond des choses dans cette affaire : il irait voir Roland et le forcerait à avouer, et le plus tôt serait le mieux.

Violet le suppliait de ne rien faire qu'il pourrait regretter, ce qui avait pour seul effet d'amener Alf à douter d'elle. Pourquoi essayait-elle de protéger Roland de son légitime courroux ? Si elle ne disait pas la vérité, il lui tordrait son joli cou, grondait-il, et puis, où était donc ce fameux billet qu'elle prétendait avoir trouvé sur son oreiller ? Mentait-elle ? Il saisissait à la gorge une Violet éplorée et l'embrassait sauvagement à pleine bouche, puis il la rejetait brutalement sur le lit. À ce stade, le lecteur ainsi que Violet commençaient à craindre qu'Alf n'ait l'esprit dérangé. L'Ange du Viol aux ailes écarlates flottait dans l'air, mais Alf se contentait de proférer quelques jurons et de jeter par terre son plus récent bouquet de roses. Le vase se fracassait d'une façon qui a plus tard largement alimenté les réflexions des jungiens comme des freudiens.

À peine Alf eut-il quitté la pièce avec fracas que Violet découvrait un autre billet sur la coiffeuse, là où il n'y avait encore rien quelques secondes auparavant : *Tu n'appartiendras à aucun autre que moi. La mort ne peut nous séparer. Veille à ton cou. Éternellement à toi, William.*

La bouche de Violet s'ouvrait et se refermait comme celle d'une carpe hors de l'eau. Elle n'était même plus capable de crier. Celui qui écrivait ces billets se trouvait en ce moment même dans la maison avec elle ! Et elle était toute seule, la couturière s'étant retirée. C'était trop horrible !

Et plus ça devenait horrible, plus Jack écrivait vite. Il buvait du café à flot continu, il engloutissait des paquets de cacahuètes, et il ne dormait que quelques heures par nuit. Irena, fascinée par son énergie obsessionnelle, lui apportait des assiettes de nouilles au gratin afin d'aider ses efforts créatifs. Elle allait même jusqu'à lui laver son linge, ranger sa chambre et changer ses draps.

C'est peu de temps après le changement de draps que Jack a réussi à la mettre dans son lit. Ou est-ce plutôt elle qui a réussi à l'y mettre ? Il n'a jamais très bien su. Toujours est-il qu'ils se sont retrouvés dans son lit, et peu lui importait de savoir comment.

Cela faisait longtemps qu'il attendait ce moment. Il en avait rêvé, il avait échafaudé des stratégies, mais maintenant que ça se concrétisait, il s'est montré rapide dans l'exécution et peu attentif à la suite : il a négligé de prononcer quelques mots tendres, et s'est endormi presque aussitôt comme une masse. Il reconnaît que ça manquait quelque peu d'élégance, mais il avait des excuses : il était jeune, il était épuisé, il avait beaucoup d'autres choses en tête. Toute son énergie était focalisée ailleurs, parce que le dénouement de *La Main morte t'aime* était proche.

Fou de rage, Alf s'apprêtait à réduire Roland en bouillie. Ensuite, titubant et couvert de sang, il monterait dans son Alfa Romeo, où la Main serait tapie sur la banquette de cuir et tenterait de l'étrangler par-derrière. Ce qui amènerait Alf à perdre le contrôle du véhicule qui irait s'écraser contre un pilier de viaduc, le carbonisant par la même occasion. La Main, bien que grièvement brûlée, ramperait hors de l'épave et retournerait en boitillant à la maison de Violet.

La malheureuse jeune fille aurait été informée à l'instant par la police du meurtre de Roland et du fatal accident. Elle serait complètement effondrée. Le médecin lui prescrirait un sédatif, et Violet serait en train de glisser dans un sommeil irrésistible quand elle verrait – boursouflée, balafrée et noircie – la Main implacable se hisser péniblement mais sûrement vers elle sur l'oreiller…

« Ça parle de quoi ? » a demandé Irena, elle-même sur l'oreiller de Jack, ou plutôt l'un des oreillers.

Il en avait deux à présent, le second ayant été fourni par Irena. Elle avait pris l'habitude de lui rendre visite dans son réduit du grenier. Quelquefois, elle lui apportait une tasse de chocolat, et y passait de plus en plus fréquemment la nuit. Comme elle n'avait pas vraiment les fesses maigres et que le vieux lit double de Jack était étroit, ils devaient se serrer. Jusqu'ici, elle s'était contentée de jouer le rôle de servante du grand homme – elle lui avait même proposé de retaper le manuscrit, car c'était une excellente dactylo, contrairement à Jack –, mais il l'avait tenue à distance. C'était la première fois qu'elle manifestait de la curiosité quant à la nature de son projet. Elle devait être persuadée que c'était de la littérature, et n'imaginait sans doute pas un instant qu'il puisse écrire une histoire d'horreur rocambolesque à propos d'une main desséchée.

« Ça traite du matérialisme de notre époque moderne, vu sous un angle existentialiste, répondit Jack. Inspiré du *Loup des steppes*. »

Le Loup des steppes ? Comment a-t-il pu ? se demande aujourd'hui Jack. Mais c'est pardonnable. *Le Loup des steppes* n'avait pas encore acquis la popularité vulgaire qui l'attendait juste au coin de la rue. Même si cette réponse n'était pas à proprement parler un mensonge, sa part de vérité était vraiment ténue.

Cette réponse a satisfait Irena. Elle lui a fait un petit baiser, a réenfilé ses dessous noirs économiques, y a ajouté son épais pull-over et sa jupe de tweed, et elle est redescendue à la cuisine faire réchauffer les restes de boulettes de viande pour le déjeuner.

Le moment est venu où Jack a terminé le dernier chapitre et dormi douze heures d'affilée, d'un sommeil sans rêves. Puis il s'est intéressé à la question de fourguer son manuscrit, parce que s'il ne montrait pas quelque empressement à éponger ses dettes passées et futures, il pourrait se retrouver ignominieusement éjecté. Cela étant, personne ne pouvait dire qu'il avait été oisif. Il avait accompli toute la partie de frappe à la machine – Irena en était témoin, il avait rempli les pages –, et ses colocataires lui donneraient peut-être quelques bons points pour avoir au moins essayé.

Il y avait à New York plusieurs maisons d'édition spécialisées dans l'horreur et la terreur. Jack s'est procuré quelques enveloppes en papier kraft et a posté le manuscrit à trois d'entre elles. Plus tôt qu'il ne s'y était attendu – en fait, il ne s'était attendu à rien du tout –, il a reçu une brève réponse. Le roman était accepté. On lui proposait une avance. Une avance modeste, certes, mais suffisante pour couvrir les loyers qu'il devait et payer le reste de la période en cours.

Il y en avait même assez pour fêter l'événement. Jack a donc organisé une fête, avec l'aide d'Irena. Tout le monde l'a félicité et a voulu savoir quand le chef-d'œuvre allait paraître, et qui le publiait. Jack a éludé ces questions, fumé un peu d'herbe, bu beaucoup trop d'Old Sailor Port et de punch à la vodka, et vomi les croquettes au fromage préparées par Irena en hommage à son talent. Il n'envisageait pas avec beaucoup d'optimisme la sortie de son livre : la révélation risquait d'être brutale, et ses colocs se reconnaîtraient certainement dans les reflets de glaces déformantes qu'il avait inconsidérément introduits dans son roman. À dire vrai, il n'avait jamais vraiment cru que celui-ci verrait le jour.

Après s'être remis de la fête et acquitté de ses obligations, et avoir obtenu son diplôme de justesse, Jack était libre d'entamer le reste de son existence, qui s'est vue démarrer dans le monde de la publicité. Il avait une certaine facilité avec les adjectifs et les adverbes, lui a-t-on dit, ce qui serait bien commode une fois qu'il aurait appris les ficelles du métier. Les quatre avaient quitté la maison et chacun s'était trouvé un logement, mais il voyait encore Irena, qui avait décidé de faire des études de droit. Le sexe avec elle était pour Jack une révélation sans fin. La première fois avait été un ravissement, pour ne pas dire une jubilation, et les rencontres répétées avaient la même intensité, malgré les paramètres traditionnels d'Irena, à savoir l'homme au-dessus. Elle était avare de paroles, ce qu'il appréciait – ça lui permettait de parler plus –, mais il n'aurait pas détesté une phrase ou deux pour lui dire comment il se débrouillait, n'ayant aucune base de comparaison pour sa propre performance. N'était-elle pas censée gémir un peu plus ? Il devait se contenter du regard de ses yeux bleus, indéchiffrable. Un regard d'adoration ? Il l'espérait bien.

Bien qu'il fût évident, à voir sa dextérité, qu'Irena avait elle-même des bases de comparaison, elle avait aussi suffisamment de tact pour ne pas le mentionner, encore une chose qu'il appréciait. Elle n'était pas son premier amour – son premier amour avait été Linda, une petite brune avec des nattes, en CE1 –, mais elle était la première avec qui il couchait. Que ça lui plaise ou non, Irena avait été une étape majeure de sa vie, et donc, indépendamment du reste, elle demeure dans une grotte mentale réservée à elle seule : Sainte Irena de l'Orgasme Sacré. Une sainte qui s'est révélée en plâtre, mais qui reste, dans sa tête, figée au moment de retirer ses collants utilitaires noirs, ses cuisses d'un blanc incandescent, ses yeux chastement baissés mais dotés d'une lueur malicieuse, ses lèvres légèrement écartées dans un sourire énigmatique. Cette image est très différente de l'image ultérieure, celle de la mégère avide au cœur de silex qui encaisse ses chèques deux fois par an. Il n'arrive pas à les réconcilier.

Dans les mois qui ont suivi, Irena lui a acheté des saladiers et une poubelle de cuisine, disant qu'il en avait besoin – traduction, *elle* en avait besoin pour leur faire à dîner chez lui –, et a nettoyé plus d'une fois sa salle de bains. Non seulement elle se rapprochait de lui physiquement, mais elle commençait aussi à dicter sa loi. Elle désapprouvait son travail de publiciste, et considérait qu'il devrait entreprendre une deuxième œuvre d'art. Tiens, au fait, la première – qu'elle mourait d'envie de lire – ne devait-elle pas être publiée bientôt ? Pendant ce temps, *La Main morte t'aime* restait en jachère, et Jack espérait que l'éditeur avait oublié le manuscrit dans un taxi.

Mais non, pas de chance, car telle la main coupée du titre, *La Main morte t'aime* est parvenue à remonter à la surface pour faire ses débuts sur les rayonnages des librairies de la nation. Jack possédait maintenant quelques meubles, dont un fauteuil Sacco et un bon ensemble hi-fi, et il avait aussi trois costumes, avec les cravates assorties. Il regrettait de ne pas avoir utilisé un pseudonyme : ses nouveaux employeurs allaient-ils penser qu'il était un dangereux pervers, pour avoir écrit ces trucs ? Il ne pouvait qu'adopter un profil bas en espérant que personne ne ferait le rapprochement.

Encore une fois, pas de chance. Une scène glaçante a eu lieu avec Irena quand elle a découvert qu'en fait, son chef-d'œuvre était paru et qu'il ne le lui avait pas dit. Puis d'autres paroles sévères quand elle l'a lu et compris de quel genre de chef-d'œuvre il s'agissait – un gâchis de son talent, un renoncement à ses valeurs, de la littérature de caniveau, tellement indigne de lui –, et vu également que les personnages qui y figuraient étaient des portraits à peine déguisés de ses trois anciens colocataires.

« Alors, c'est ce que tu penses vraiment de nous ? a-t-elle demandé.

— Mais Violet est très belle ! a-t-il protesté. Et le héros l'aime ! »

Cela n'a pas convaincu Irena. L'amour d'une main desséchée – aussi fervent fût-il – n'avait absolument rien de flatteur, selon elle.

Le coup de grâce est tombé après qu'elle eut fouiné dans son courrier pendant son absence – il n'aurait jamais dû lui confier les clés de son appartement – et qu'elle se fut rendu compte qu'il encaissait ses chèques de droits d'auteur au lieu de les partager avec ses camarades actionnaires. Il ne respectait pas leur contrat ! C'était un amant minable et un sale tricheur, lui a-t-elle dit. Elle allait immédiatement contacter Jaffrey et Rod, et elle n'avait aucune peine à imaginer ce qu'ils auraient à dire sur le sujet.

« Mais, a dit Jack, j'avais oublié cette histoire de contrat. Ce n'est pas un vrai contrat, c'était juste une blague, une sorte de…

— C'est un *vrai* contrat, a rétorqué Irena d'une voix glaciale. (Elle en connaissait maintenant un rayon sur les vrais contrats.) Il prouve l'intentionnalité.

— Bon, d'accord, j'allais partager. C'est juste que je n'ai pas encore eu le temps de m'en occuper.

— C'est n'importe quoi, et tu le sais très bien.

— Depuis quand peux-tu lire dans mes pensées ? Tu crois tout savoir de moi. Ce n'est pas parce que je te baise…

— Je ne tolère pas ce genre de langage, a rétorqué Irena – qui était prude quand il s'agissait de mots, mais pas pour le reste.

— Comment veux-tu que je le dise ? Ça a l'air de te plaire suffisamment quand je le fais. Mais bon, d'accord. Ce n'est pas parce que je plante ma carotte dans ta… »

Boum, boum, boum, ont fait les pas d'Irena sur le plancher. Traversée de la pièce, franchissement du seuil, claquement de porte. Qu'a-t-il éprouvé à cet instant ? De la tristesse, ou du soulagement ?

S'est ensuivi un courrier adressé par l'avocat commun aux trois actionnaires courroucés. Exigences. Menaces. Mises en demeure. Puis, de la part de Jack, capitulation. Ils avaient le droit avec eux. Comme l'affirmait Irena, il y avait eu effectivement intentionnalité.

Le départ d'Irena a affecté Jack – plus qu'il ne voulait l'admettre. Il a fait quelques tentatives de réconciliation. Qu'avait-il fait ? lui demandait-il. Pourquoi tirait-elle un trait sur lui ?

En vain. Elle avait procédé à son évaluation, elle en avait additionné les éléments et avait constaté que le total était insuffisant, et non, elle ne voulait pas en discuter, et non, il n'y avait personne d'autre, et non, elle ne lui donnerait pas une autre chance. Il y avait bien une chose que Jack pourrait faire – qu'il aurait déjà dû faire, disait-elle –, mais le fait qu'il ne sache pas quoi ne faisait que souligner la raison pour laquelle elle l'avait quitté.

Qu'est-ce qu'elle voulait ? demandait-il d'une voix suppliante, quoique faible. Pourquoi ne pouvait-elle pas le lui dire ? Elle refusait de répondre. C'était déconcertant.

Il a noyé son chagrin, même si toutes les choses qu'on noie ont tendance à remonter à la surface au moment où on s'y attend le moins.

Pour voir le bon côté des choses, *La Main morte t'aime* a rencontré un franc succès dans son domaine, même si ce domaine était négligé par les lecteurs cultivés. Comme son éditeur disait : « Ouais, c'est de la merde, mais c'est de la bonne merde. » Encore plus fort, une adaptation au cinéma était en vue, et qui mieux que Jack pourrait écrire le scénario ? Et puis produire une suite à *La Main morte*, ou en tout cas de la bonne merde équivalente ? Jack a démissionné de sa boîte de pub pour vivre de sa plume. Ou plutôt de sa Remington, rapidement remplacée par une IBM Selectric, avec la boule qui rebondissait et vous permettait de changer de police de caractères. Ça, c'était vraiment cool !

Sa vie de scribe avait eu des hauts et des bas. À dire vrai, il n'avait jamais pu égaler le succès de son premier livre, qui reste celui pour lequel il est connu et qui fournit la plus grande partie de ses revenus. Un revenu qui, à cause de ce contrat de jeunesse, n'est que le quart de ce qu'il devrait être. Ça lui reste en travers de la gorge. Et à mesure que le temps passe, et qu'il trouve de plus en plus difficile de produire son verbiage, sa gorge est de plus en plus obstruée. *La Main morte* était l'œuvre de sa vie. Il ne pourra plus la répéter. Pire encore, il est à l'âge où des écrivains plus jeunes, plus malsains et plus violents se montrent condescendants à son égard et le minimisent. *La Main morte*, ouais, une œuvre fondatrice à son époque, mais plutôt mièvre selon les critères modernes. Violet, par exemple, ne se faisait pas arracher les intestins. Il n'y avait pas de scènes de torture, personne n'avait son foie grillé à la poêle, pas de viol collectif. Alors, quel intérêt ?

Ces gamins aux mèches en pointe et aux nez garnis d'anneaux réservent leur respect pour le film plutôt que pour le livre – le film original, pas le remake. Le remake était plus abouti, ouais, si c'est ça que vous aimez. Il était techniquement plus valable, il avait – Dieu sait à quel point – de meilleurs effets spéciaux, mais il n'avait pas la fraîcheur du premier film, il n'était pas imprégné de cette énergie brute, primitive... Il était trop léché, trop appliqué, il lui manquait...

Voici notre invité spécial de ce soir : Jack Dace, le grand doyen de l'horreur. Et que pensez-vous du film, monsieur Dace ? Le deuxième, le navet, le nanar ? Ah... le scénario était de vous ? Waouh, qui l'eût cru ? Personne ici n'était même né à l'époque, hein, les gars ? Ha ha, oui, Marsha, je sais que tu n'es pas un gars, mais tu en es un à titre honoraire. Tu as plus de couilles que la moitié des gars dans le public. J'ai pas raison ? Rires de débiles.

Avait-il été lui-même aussi insolent et immature, autrefois ? La réponse était : oui.

La semaine dernière, il a reçu une proposition pour une minisérie télé, associée à un jeu vidéo. Les deux formes s'inscrivent malheureusement dans le périmètre du contrat d'actionnariat originel, d'après son avocat. Il va également y avoir un symposium – à Austin, Texas, capitale des geeks boutonneux – exclusivement consacré à Jack Dace et à son œuvre, en particulier *La Main morte t'aime*. Ce renouveau d'activité et le buzz qui l'accompagne sur les réseaux sociaux vont conduire à vendre plus de livres, et plus de produits dérivés, et plus de tout ce qui – ah, putain ! – doit être divisé en quatre. C'est son dernier souffle, son dernier hourrah, et il ne pourra pas en profiter pleinement. Il ne pourra profiter que du quart. Cette répartition en quatre est profondément injuste, et ça fait trop longtemps qu'elle dure. Il faut en finir avec ce système. Il faut en finir avec quelques personnes...

Comment faire pour que ça ait l'air naturel ?

Il a suivi ce qu'ils devenaient tous les trois, non pas qu'il eût vraiment le choix : leurs avocats s'en sont chargés.

Rod a été brièvement marié avec Irena, mais c'est fini depuis longtemps. Il a pris sa retraite – il travaillait dans une société de courtage internationale – et vit à présent à Sarasota, en Floride, où il est impliqué dans des communautés de danse classique et de théâtre en tant que conseiller financier bénévole.

Jaffrey – qui a également été marié à Irena, après Rod – vit à Chicago, ayant adapté son talent pour les débats philosophiques à ceux de la politique municipale. Il y a quatorze ans, il a failli être condamné dans une affaire de corruption, mais il a réussi à échapper au couperet et a poursuivi sa carrière comme éminence grise et conseiller politique pour des candidats aux élections.

Irena vit toujours à Toronto, où elle dirige une société à but non lucratif qui se consacre à la levée de fonds pour de nobles causes telles que les dons de reins. Elle est la veuve d'un homme qui avait réussi dans le secteur de la potasse, et organise beaucoup de réceptions prestigieuses. Chaque année, elle envoie une carte de Noël à Jack, en y joignant une lettre standard récapitulant ses banales activités sociales.

Jack n'est pas ouvertement en mauvais termes avec eux : il leur a fait savoir il y a bien longtemps qu'il acceptait la situation telle qu'elle était. Mais il ne les a pas revus depuis des années. Disons des décennies. Pourquoi l'aurait-il voulu, d'ailleurs ? Il n'avait aucune envie de revivre un hoquet du passé.

Jusqu'à aujourd'hui.

Il décide de commencer par Rod, qui habite le plus loin des trois. Au lieu de lui envoyer un mail, il laisse un message sur son répondeur téléphonique : il va passer par Sarasota à propos d'un film qu'il a en tête – il cherche un cadre qui convienne –, et Rod aimerait-il déjeuner avec lui, pour parler du bon vieux temps ? Il s'attend à essuyer un refus, c'est donc avec une certaine surprise qu'il reçoit la réponse de Rod, qui accepte.

Ils ne se rencontrent pas dans un restaurant, ni même chez Rod. Ils se retrouvent dans la cafétéria déprimante de l'établissement de soins palliatifs bouddhiste où Rod réside maintenant. Des gens vêtus de robes safran se promènent ici et là, avec des sourires bienveillants. Des cloches tintent. Au loin, on entend des chants psalmodiés.

Autrefois corpulent, Rod s'est rétréci : il a un teint gris jaunâtre, et ressemble à un gant vide.

« Cancer du pancréas, dit-il à Jack. C'est une sentence de mort. »

Jack dit qu'il n'en savait rien, ce qui est vrai. Il dit aussi – où trouve-t-il toutes ces platitudes ? – qu'il espère que Rod reçoit tout le réconfort spirituel nécessaire. Rod répond qu'il n'est pas bouddhiste, mais que ces gars-là gèrent très bien la mort, et que, comme il n'a pas de famille, il est aussi bien ici qu'ailleurs.

Jack dit qu'il est désolé. Rod répond que ça pourrait être pire et qu'il ne peut pas se plaindre. Il a eu une belle vie – en partie grâce à Jack, a-t-il l'élégance d'ajouter, car c'est l'argent de *La Main morte t'aime* qui lui a donné le coup de pouce dont il avait besoin au début de sa carrière.

Ils sont assis et regardent leurs assiettes de cuisine bouddhiste végétarienne. Ils n'ont pas grand-chose d'autre à se dire.

Jack est soulagé de ne pas avoir à l'assassiner, en fin de compte. Avait-il réellement l'intention d'aller aussi loin ? En aurait-il été capable ? Très probablement pas. Il n'a jamais vraiment détesté Rod. Non, c'est un mensonge. Il le détestait, mais pas suffisamment pour le tuer, ni autrefois ni maintenant.

« Tu n'étais pas vraiment Roland », dit-il.

Il lui doit au moins ce petit mensonge, à ce pauvre bougre malade.

« Je le sais », répond Rod.

Il sourit faiblement. Une femme en robe orange leur apporte du thé vert.

« On s'amusait bien, hein ? reprend-il. Dans cette vieille baraque. C'était un âge plein d'innocence.

— Oui. On s'est bien amusés. »

Vu à cette distance, ça y ressemble. En un sens, c'est amusant de ne pas savoir comment ça va se terminer.

« Il y a quelque chose qu'il faut que tu saches, dit enfin Rod. À propos de ton roman, et du contrat.

— Ne te fais pas de bile pour ça.

— Non, écoute. Il y a un contrat parallèle.

— Un contrat parallèle ? répète Jack. Comment ça ?

— Entre nous trois. Si l'un de nous meurt, sa part va aux deux autres, moitié-moitié. C'était une idée d'Irena. »

Forcément, songe Jack. Elle pensait toujours à tout.

« Je vois, dit-il.

— Je sais que ce n'est pas juste. La part devrait te revenir. Mais Irena était en colère à cause de ce que tu avais écrit sur Violet, dans le livre. Elle croyait que c'était dirigé contre elle. Alors que, tu sais, elle était tellement gentille avec toi.

— Ce n'était pas dirigé contre elle – encore un demi-mensonge. Qu'est-ce qui se passe si vous mourez tous les trois ?

— Alors, c'est toi qui récupères nos parts. Irena voulait qu'elles aillent à son association pour les reins, mais j'ai mis mon veto.

— Merci. »

Ça se ramène donc au dernier qui tiendra encore debout. Au moins, il a maintenant une bonne idée générale de la situation.

« Et merci de me l'avoir dit, ajoute-t-il en serrant la main flasque de Rod.

— Ce n'est que de l'argent, Jack. Tu peux me croire, au bout du compte, l'argent ne signifie rien. Oublie tout ça. »

Jaffrey est ravi de revoir Jack, c'est du moins ce qu'il prétend. C'était vraiment formidable, le temps de leur jeunesse ! Qu'est-ce qu'on rigolait ! Il semble avoir oublié qu'une partie de ce fameux temps a été consacrée à escroquer Jack, mais comme Jaffrey consacre maintenant sa vie à escroquer les gens en masse, cette ancienne petite arnaque s'est perdue dans son fouillis intérieur. Cela étant, Jaffrey a quand même bien garni son petit nid avec les plumes qu'il lui a arrachées.

Ils sont sur un terrain de golf, une suggestion de Jaffrey. Faire un parcours, boire une ou deux bières, que peut-on imaginer de mieux ? Jack a horreur du golf, mais il a un certain talent pour perdre, et beaucoup d'entraînement : perdre en jouant contre des producteurs de cinéma permet de lubrifier les rouages.

Jaffrey est un malin : un terrain de golf assure une protection parfaite. On peut y tenir une conversation privée tout en restant bien en vue, de sorte que Jack ne peut pas simplement fracasser le crâne de ce vieil escroc sans qu'il y ait des témoins. Et Jaffrey est vieux, vraiment vieux : les quelques cheveux qui lui restent sont blancs, son dos est voûté, il a du ventre. Jack lui-même n'est pas le poulet de l'année, mais il a au moins su se maintenir en forme mieux que ça.

Jaffrey continue de jacasser sur cette foutue maison en brique où ils ont passé de si beaux moments d'insouciance : Jack sait-il qu'on y a fixé une plaque historique ? Pour commémorer Jack et *La Main morte*, tu te rends compte ? Vraiment étonnant de voir qu'aujourd'hui, les gens considèrent ce bouquin truffé de clichés et de lieux communs comme une réussite artistique ! Passe encore pour les Français, ils pensent que Jerry

Lewis est un génie, mais les autres ? Jaffrey a toujours trouvé que *La Main morte* était à hurler de rire, et il ne peut qu'imaginer que c'était précisément l'intention de Jack. Mais finalement, c'est génial que ce soit devenu une mine d'or, hein ? Pour tous les gens concernés. Gloussement, clin d'œil.

« Irena ne l'a pas trouvé drôle, dit Jack. Le livre. Elle m'en a voulu. Elle a cru que je l'avais fait marcher. Elle voulait que j'écrive *Guerre et Paix*, alors que pendant tout ce temps, ça parlait de...

— Elle savait très bien de quoi ça parlait, l'interrompt Jaffrey avec son petit sourire d'étudiant en philosophie qui a marqué un point. Pendant que tu l'écrivais.

— Hein, quoi ? fait Jack. Comment ça ? Je n'ai jamais dit...

— Irena est la femme la plus fouineuse qui soit. Je suis bien placé pour le savoir, j'ai été marié avec elle. Elle a un sixième sens. Je ne l'ai trompée que sept ou huit fois, dix au grand maximum, mais elle l'a toujours su immédiatement. C'est infernal aussi de jouer au golf avec elle. Impossible de tricher d'un centimètre.

— C'est impossible qu'elle l'ait su. Je planquais le manuscrit.

— Tu crois qu'elle n'y jetait pas un coup d'œil chaque fois qu'elle le pouvait ? Quand tu allais aux chiottes, elle feuilletait quelques pages. Elle était fascinée. Elle voulait voir si tu allais tuer Violet. Et elle ne s'y trompait pas : elle se rendait très bien compte que ce serait un succès de culture populaire.

— Mais ensuite, elle m'a traité comme de la merde. Je ne comprends pas. (Il n'a pas les idées claires. C'est peut-être le soleil, il n'a pas l'habitude d'être dehors comme ça.) Elle a rompu avec moi à cause de ce bouquin. Je trahissais mon vrai talent et blablabla.

— Ce n'était pas la raison. Elle était amoureuse de toi. Tu ne l'avais pas remarqué ? Elle voulait que tu la demandes en mariage. Une fille très attachée aux conventions, Irena. Mais tu n'as pas levé le petit doigt. Elle s'est sentie profondément rejetée. »

Cela surprend Jack.

« Mais elle faisait son droit ! »

Jaffrey éclate de rire.

« Ce n'est pas une excuse.

— Si c'est ça qu'elle voulait, bougonne Jack, pourquoi ne l'a-t-elle pas dit ?

— Pour que tu la repousses ? Tu la connais. Jamais elle ne se mettrait dans une position aussi vulnérable.

— Mais j'aurais peut-être dit oui », insiste Jack.

Sa vie aurait été très différente si seulement il avait deviné, et pris le risque. Meilleure ou pire ? Il n'en a aucune idée. N'empêche, différente. Juste à titre d'exemple, il ne se sentirait peut-être pas aussi seul aujourd'hui.

Il n'a jamais épousé aucune de ces autres filles. Aucune de ses fans, aucune des actrices qu'il a rencontrées à travers les films. Il les avait toutes soupçonnées d'aimer son livre et/ou son argent plus qu'elles ne l'aimaient, lui. Mais Irena, songe-t-il maintenant, était venue avant que *La Main morte* ne paraisse et devienne un best-seller. Indépendamment du reste, il ne pouvait pas l'accuser d'avoir eu des mobiles cachés.

« Je crois qu'elle en pince encore pour toi, dit Jaffrey.

— Elle m'a fait vivre un enfer pendant des années, répond Jack. À propos des royalties. Si elle détestait le bouquin autant que ça, elle aurait dû refuser d'en toucher les bénéfices.

— C'était sa façon de rester en contact avec toi. Tu n'y as pas pensé, à ça ? »

Le règlement de son divorce avec elle, explique-t-il à Jack, avait été bizarre : Irena avait insisté pour qu'il y inclue sa part dans *La Main morte t'aime*, dont les profits lui étaient maintenant reversés aussitôt que Jaffrey les touchait.

« Elle pense qu'elle a été ta source d'inspiration, dit-il, et qu'elle a donc un droit dessus.

— C'est vrai, elle m'a peut-être inspiré. »

Il avait envisagé différentes méthodes qu'il pourrait utiliser pour éliminer Jaffrey. Pic à glace dans les toilettes, poussière radioactive dans sa bière ? Il aurait fallu pas mal de préparation, parce que Jaffrey avait dû se faire quelques puissants ennemis pendant sa carrière d'éminence grise, et qu'il devait être très méfiant. Mais il semble après tout que Jack n'aura pas besoin de mettre un tel projet à exécution, puisque Jaffrey ne fait plus partie du décor en ce qui concerne *La Main morte :* il n'en tire plus aucun bénéfice.

Jack envoie un mot à Irena. Pas un mail, mais une lettre, avec un timbre et tout : il tient à créer une atmosphère de romance, pour qu'elle se sente en sécurité quand il l'attirera dans un endroit isolé et la poussera du haut d'une falaise, au sens figuré. Et s'ils dînaient ensemble un de ces soirs ? propose-t-il. Il a quelques nouvelles concernant l'avenir de leur livre mutuel, qu'il aimerait partager avec elle. Qu'elle choisisse le restaurant – le coût est sans importance. Il aimerait vraiment la revoir après tout ce temps. Elle a toujours été très spéciale pour lui, et elle l'est encore.

Quelque temps s'écoule, puis il reçoit une réponse : *Certainement, ce serait très approprié. Ce sera tellement agréable de se remémorer le long voyage complexe que nous avons effectué, d'abord ensemble, puis sur des chemins parallèles que nous avons parcourus de nos façons différentes, mais semblables. Il y a des vibrations invisibles qui nous ont liés l'un à l'autre, comme tu dois t'en rendre compte toi-même. Cordiale-*

ment, ta très vieille amie, Irena. P.-S. : *Nos horoscopes ont prédit ces retrouvailles.*

Comment interpréter ça ? Amour, haine, indifférence, camouflage ? Ou Irena aurait-elle une chauve-souris dans le beffroi ?

Ils se retrouvent au Canoë, un trois étoiles, bien loin des gratins de nouilles au thon. C'est Irena qui l'a choisi. Ils ont une des meilleures tables, avec une vue sur la ville brillamment éclairée qui donne le vertige à Jack.

Il se détourne de la baie vitrée et se concentre sur Irena. Elle est un peu ridée et a beaucoup maigri, mais globalement, elle a plutôt bien résisté au temps. Ses pommettes sont saillantes, elle a l'air distinguée et très chic. Ses yeux d'un bleu étonnant sont toujours indéchiffrables. Elle est beaucoup mieux habillée que quand ils étaient colocataires, mais lui aussi, bien sûr.

Le vin blanc arrive, un cabernet sauvignon. Ils lèvent leurs verres.

« Eh bien, nous voilà », énonce simplement Irena avec un petit sourire tremblant.

Est-elle nerveuse ? Irena n'était jamais nerveuse autrefois, ou du moins il ne l'avait jamais remarqué.

« C'est merveilleux de te revoir », dit Jack.

Assez étonnamment, il le pense vraiment.

« Leur foie gras est particulièrement bon, dit-elle. Je sais que tu l'aimeras. C'est pour ça que j'ai choisi cet endroit, pour toi. J'ai toujours su ce que tu aimais. »

Elle se passe la langue sur les lèvres.

« Tu étais mon inspiration », répond Jack.

Il est étonné : les mots lui sont sortis de la bouche comme ça. Ah, Jack, se reproche-t-il, tu es vraiment un incorrigible baratineur. Mais on dirait qu'il cherche réellement à lui faire plaisir. Qu'est-ce qui se passe ? Il faut qu'il abrège, qu'il la jette du haut d'un balcon, qu'il la pousse dans un escalier.

« Je sais, répond Irena avec un sourire mélancolique. J'étais Violet, n'est-ce pas ? Sauf qu'elle était plus belle, et que je n'ai jamais été aussi égoïste.

— Pour moi, tu étais beaucoup plus belle. »

Est-ce une larme, éprouve-t-elle une émotion ? Il commence à avoir peur. Il a toujours compté sur Irena pour qu'elle garde son sang-froid, il s'en rend compte à présent. Il sera incapable d'assassiner une Irena qui pleurniche. Pour l'assassiner, il faut qu'elle soit sans cœur.

« J'ai acheté ces chaussures, reprend-elle, les rouges. Exactement comme celles dans le roman.

— C'est… C'est fou.

— Je les ai toujours conservées. Dans leur boîte.

— Oh. »

Ça devient un peu trop bizarre. Elle est aussi folle que ses petites fans gothiques, elle fait du fétichisme sur lui. Il devrait peut-être laisser tomber cette histoire de la tuer. S'enfuir. Prétexter une indigestion.

« Il m'a ouvert les yeux, ce livre, dit-elle. Il m'a donné de l'assurance.

— Le fait d'être pourchassée par une main morte ? » demande Jack.

Il ne sait plus où il en est. Est-ce qu'il a vraiment voulu entraîner Irena dans une ruelle sombre pour l'assommer avec une brique ? Non, simple fantasme, certainement.

« J'imagine que tu as dû me haïr pendant tout ce temps, à cause de l'argent, poursuit-elle.

— Non, pas vraiment », répond Jack.

Il ment. Il l'a effectivement haïe. Mais plus maintenant.

« Ce n'était pas pour l'argent, dit-elle. Je ne te voulais aucun mal, je voulais juste rester liée à toi. Je ne voulais pas que tu m'oublies complètement, dans ta nouvelle vie prestigieuse.

— Pas si prestigieuse que ça. Et je ne t'aurais pas oubliée. Je ne pourrais jamais t'oublier. »

C'est du pipeau, ou le pense-t-il vraiment ? Il a vécu si longtemps dans un monde de pipeau que c'est difficile de faire la différence.

« J'étais contente que tu n'aies pas tué Violet, avoue-t-elle. Je veux dire, que la Main ne l'ait pas tuée. C'était si touchant, la fin que tu as trouvée. C'était tellement beau. J'ai pleuré. »

Jack avait eu l'intention de laisser la Main étrangler Violet : ça semblait naturel, ça coulait de source. La Main lui couvrirait le nez, la bouche, puis elle se refermerait autour de son cou et le serrerait avec ses doigts morts et desséchés, et les yeux de Violet rouleraient dans leurs orbites comme ceux d'une sainte en extase.

Mais à la dernière seconde, Violet avait courageusement surmonté sa terreur et son dégoût, et avait pris l'initiative. Elle avait tendu sa main, en un geste d'amour, pour caresser la Main, parce qu'elle savait qu'en fait, c'était William, ou une partie de William. Et la Main s'était évanouie en fumée, une vapeur argentée. Jack avait piqué ça dans *Nosferatu :* l'amour d'une femme au cœur pur avait un extraordinaire pouvoir sur les créatures des ténèbres. 1964 avait peut-être été la dernière année où on pouvait encore se permettre un truc pareil : aujourd'hui, ça ferait bien rigoler tout le monde.

« J'ai toujours pensé que cette fin était un message que tu envoyais, dit Irena. À moi.

— Un message ? »

Est-ce qu'elle est folle ? se demande Jack. Mais elle a peut-être raison. Les jungiens et les freudiens seraient d'accord avec elle. Enfin, si c'était un message, il était bien infichu d'expliquer ce qu'il signifiait.

« Tu avais peur, dit Irena comme pour lui répondre. Tu avais peur parce que si je te touchais vraiment, si je tendais la main pour toucher ton cœur – si tu me laissais approcher trop près de la personne que tu cachais au fond de toi, cette personne véritablement merveilleuse, emplie de spiritualité –, alors tu risquerais de disparaître en fumée. Et c'est pour ça que tu ne pouvais pas, que tu n'as pas... que tout s'est brisé. Mais tu peux, maintenant.

— C'est ce qu'on verra, j'imagine. »

Il sourit, d'un sourire qu'il espère enfantin et désarmant. A-t-il au fond de lui une personne emplie de spiritualité ? Si c'est le cas, Irena est bien la seule à y avoir jamais cru.

« Oui, dit Irena, j'imagine. »

Elle sourit de nouveau et pose sa main sur celle de Jack. Il sent ses os sous la peau. Il pose son autre main sur leurs deux mains jointes. Il les serre.

« Je vais t'envoyer un bouquet de roses demain, promet-il. Des rouges. (Il la regarde dans les yeux.) Considère ça comme une demande en mariage. »

Voilà. Il a fait le plongeon, mais le plongeon dans quoi ? Jack, sois agile, se dit-il. Évite les pièges. Elle est peut-être trop pour toi, sans compter qu'elle est folle. Ne commets pas d'erreurs. Mais combien de temps lui reste-t-il à vivre pour se soucier des erreurs ?

MATELAS DE PIERRE

Au départ, Verna n'avait pas eu l'intention de tuer qui que ce soit. Elle avait simplement en tête de prendre des vacances, rien de plus. Faire une pause, procéder à une petite comptabilité interne, se débarrasser des peaux mortes. L'Arctique lui convient : il y a quelque chose d'intrinsèquement apaisant dans les vastes étendues de glace et de roche, de mer et de ciel, que ne viennent troubler ni les villes ni les autoroutes, ni les arbres et autres distractions qui encombrent les paysages du Sud.

Parmi ces distractions encombrantes, elle compte les autres gens, et par « autres gens », elle entend les hommes. Des hommes, elle en a eu sa dose pour quelque temps. Elle s'est adressé un mémo interne : renoncer aux flirts et aux conséquences qui pourraient en résulter. Elle n'a pas besoin d'argent, plus maintenant. Elle n'a pas de goûts dispendieux, et elle n'est pas cupide. Elle n'a jamais rien voulu d'autre qu'être protégée par plusieurs couches isolantes d'argent, afin que ni rien ni personne ne puisse s'approcher suffisamment d'elle pour lui faire du mal. Elle pense avoir enfin réalisé ce modeste objectif.

Mais les vieilles habitudes ont la vie dure, et dès le premier soir, elle procède à une évaluation de ses compagnons de voyage, vêtus de fourrure et tirant leurs valises à roulettes dans le hall de l'hôtel de l'aéroport. Les femmes ne l'intéressent pas. Elle s'attache à recenser les mâles du troupeau. Certains ont des femelles attachées à eux, et elle les élimine par principe : pourquoi chercher la difficulté ? Détacher une épouse peut s'avérer une tâche ardue, comme elle a pu le constater avec son premier mari : les épouses abandonnées collent comme des teignes.

Ce sont les mâles solitaires qui l'intéressent, ceux qui rôdent à la marge. Certains d'entre eux sont trop vieux pour ce qu'elle veut en faire, elle évite de croiser leur regard. Ceux qui restent convaincus que la vieille bête a encore du ressort, voilà son gibier. Ce n'est pas qu'elle ait l'intention d'en faire quoi que ce soit, mais il n'y a pas de mal à un petit exercice d'échauffement, ne serait-ce que pour se prouver qu'elle peut encore en mettre un dans sa gibecière, si elle en a envie.

Pour la séance des présentations de ce soir, elle choisit son pull beige clair, en plaçant le badge de Magnetic Northward juste un peu trop bas sur son sein gauche. Grâce à l'aquagym et à des exercices d'endurance, elle est encore en excellente forme pour son âge, ou pour n'importe quel âge, d'ailleurs, du moins quand elle est entièrement habillée et renforcée par une armature soigneusement ajustée. Elle ne pourrait pas courir le risque de se montrer en bikini sur une chaise longue – malgré tous ses efforts, sa peau a quelques petites rides superficielles –, une des raisons pour lesquelles elle a choisi l'Arctique plutôt que, disons, les Caraïbes. Son visage est ce qu'il est, et certainement ce qu'on peut s'acheter de mieux à ce stade : avec un peu de fond de teint bronzant, un fard à paupières pâle, du mascara, de la poudre brillante et des lumières tamisées, elle peut facilement gagner dix ans.

« Bien que beaucoup nous ait été ôté, beaucoup demeure », murmure-t-elle à son reflet dans le miroir. Son troisième mari avait été un obsédé des citations littéraires, avec un penchant particulier pour Tennyson. « Viens dans le jardin, Maud », lui disait-il chaque soir avant de se coucher. Ça la rendait folle.

Elle ajoute une goutte d'eau de Cologne – une odeur discrète, florale, nostalgique –, puis elle l'essuie, ne laissant qu'un soupçon de parfum. C'est une erreur de vouloir trop en faire : même si l'odorat des vieillards n'est plus aussi développé qu'il a pu l'être, il faut tenir compte des allergies. Un homme qui éternue n'est pas un homme attentif.

Elle fait son entrée avec un léger retard, en arborant un sourire détaché mais joyeux – une femme seule ne doit pas paraître trop empressée –, accepte un verre du vin blanc passable qu'on distribue, et se mêle aux grignoteurs et aux siroteurs assemblés. Les hommes sont sans doute des retraités de professions libérales : médecins, avocats, ingénieurs, courtiers en Bourse, qui s'intéressent à l'exploration arctique, aux ours polaires, à l'archéologie, aux oiseaux, aux arts esquimaux, peut-être même aux Vikings ou aux plantes, ou à la géologie. La société Magnetic Northward attire des clients sérieux, avec une troupe d'experts recrutés pour les guider et leur donner des conférences. Elle s'est renseignée sur les deux autres opérateurs spécialistes de la région, mais aucun ne lui a plu. L'un propose trop de randonnées à pied et attire les moins de cinquante ans – ce qui n'est pas la cible qu'elle vise –, et l'autre est à fond dans les chants en groupe et les déguisements grotesques, de sorte qu'elle doit s'en tenir à Magnetic Northward, qui offre le confort de la familiarité. Elle a déjà voyagé avec cette société, après la mort de son troisième mari il y a cinq ans, et elle a une bonne idée de ce qui l'attend.

Il y a beaucoup de tenues de sport dans la salle, beaucoup de beige chez les hommes, beaucoup de chemises écossaises et de vestes avec de nombreuses poches. Elle note les noms sur les badges : un Fred, un Dan, un Rick, un Norm, un Bob. Un autre Bob, et encore un : il y a beaucoup de Bob dans cette croisière. Plusieurs semblent voler en solo. Bob : un nom autrefois chargé d'une profonde signification pour elle, mais elle espère bien avoir maintenant réussi à se débarrasser de ces souvenirs. Elle choisit un Bob parmi les plus maigres, mais néanmoins substantiel, se glisse près de lui, lève les paupières, les abaisse à nouveau. Il braque les yeux sur sa poitrine.

« Verna, dit-il. C'est un très joli nom.

— Démodé, répond-elle. Il vient du mot latin qui signifie “printemps”. La saison où tout renaît dans la nature. »

Cette formulation, pleine de promesses de résurrection phallique, a été efficace pour l'aider à mettre le grappin sur son deuxième mari. Au troisième, elle a dit que sa mère avait été influencée par le poète écossais du XIXe siècle, James Thomson, et ses brises vernales, ce qui était un mensonge absurde mais délicieux : en fait, elle tient son prénom d'une vieille tante au visage ratatiné comme une vieille pomme. Quant à sa mère, c'était une presbytérienne d'obédience stricte aux lèvres serrées comme un étau, qui détestait la poésie et que rien de plus tendre qu'un mur de granit n'aurait pu influencer.

Au cours des phases préliminaires de la capture de son quatrième mari, qu'elle avait catalogué comme étant un fétichiste sadomaso, Verna était même allée encore plus loin. Elle lui avait dit qu'on l'avait ainsi prénommée en hommage au *Sacre du printemps*, un ballet à forte connotation sexuelle qui se terminait par des tortures et un sacrifice humain. Il avait ri, mais il s'était aussi trémoussé : un bon indice montrant qu'il avait mordu à l'hameçon.

Elle dit à présent :

« Et vous êtes... Bob. »

Il lui a fallu des années pour mettre au point son souffle un peu court, garanti pour faire trembler les genoux du bonhomme.

« Oui, répond Bob. Bob Goreham », ajoute-t-il avec une sorte de timidité qu'il doit croire charmante.

Verna lui fait un large sourire pour masquer le choc qu'elle ressent. Elle se met à rougir, dans un mélange de rage et d'amusement presque incontrôlable. Elle le dévisage : oui, derrière la calvitie naissante, les rides et les dents manifestement blanchies et peut-être même implantées, c'est bien le même Bob – le Bob d'il y a cinquante ans. M. Bourreau des Cœurs, M. Star du Football, M. Le Gendre Idéal, qui habitait dans le quartier de la ville rempli de Cadillac réservé aux huiles de la compagnie minière. M. Grosse Bouse, avec sa grande carcasse de brute et son rictus de clown.

À l'époque, tous avaient été frappés de stupeur – pas seulement au lycée, mais absolument tout le monde dans cette ville de merde, où chacun savait au millimètre près qui buvait et qui ne buvait pas, et qui se donnait des airs de ce qu'elle n'était pas, et combien vous aviez d'argent dans votre poche revolver –, tous, donc, avaient été stupéfaits quand Bob avait choisi l'insignifiante Verna pour être sa cavalière au grand bal d'hiver donné au palais de la Reine des Neiges. La jolie Verna, trois ans de moins que lui, Verna la studieuse, qui avait sauté une classe, Verna l'innocente, tolérée mais pas intégrée, qui travaillait dur pour obtenir la bourse d'études qui lui permettrait de s'échapper de cette ville. Verna la crédule, qui s'était crue amoureuse.

Ou qui l'avait vraiment été. Quand il s'agit d'amour, la réalité et ce que l'on croit, n'est-ce pas pareil ? Croire à de telles choses sape vos forces et brouille votre vision. Elle ne s'est plus jamais laissé empaler dans ce piège à tigre.

Sur quels airs ont-ils dansé ce soir-là ? « Rock Around the Clock », « Hearts Made of Stone », « The Great Pretender ». Bob avait entraîné Verna vers les abords du gymnase, en la tenant bien serrée contre son œillet de boutonnière, car la pauvre Verna de cette époque, malhabile et gauche, n'était jamais allée à un bal auparavant, et n'était pas de taille à résister aux manœuvres de Bob. Pour l'humble Verna, la vie se résumait à l'église, aux études et aux tâches domestiques, et aussi à son travail de vendeuse au drugstore, sous le regard vigilant de sa mère qui régentait chacun de ses mouvements. Pas de sorties avec les garçons, elles n'auraient pas été autorisées – de toute façon, aucun garçon ne lui avait jamais proposé de sortir avec lui. Mais sa mère avait accepté qu'elle aille au bal du lycée – qui était bien chaperonné – avec Bob Goreham, car n'était-il pas le digne rejeton d'une famille respectable ? Elle s'était même autorisé un soupçon de sourire satisfait. Après avoir été abandonnée par le père de Verna, tenir la tête droite avait été pour elle un travail à plein temps, ce qui lui avait donné une nuque très raide. Avec le recul, Verna comprend ça très bien.

Et c'est ainsi que Verna franchit la porte en compagnie du héros qu'elle adore, des étoiles dans les yeux, titubant sur ses premiers talons hauts. Bob l'aide courtoisement à s'installer dans sa décapotable rouge flambant neuve, avec la flasque de bourbon trafiqué déjà bien nichée dans la boîte à gants. Elle se tient très droite sur le siège, presque pétrifiée de timidité. Elle sent le shampoing Prell et la lotion Jergens. Elle a sur ses épaules l'étole de lapin démodée que sa mère conservait dans la naphtaline, et porte une robe bleu ciel avec une jupe en tulle, qui a l'air aussi bon marché qu'elle l'est réellement.

Bon marché. Bon marché et jetable. On s'en sert une fois, et puis on s'en débarrasse. C'est ce que Bob a pensé d'elle, dès le départ.

À présent, Bob a un petit sourire. Il a l'air content de lui : il croit peut-être que Verna rougit de désir. Mais il ne la reconnaît vraiment pas ! Combien de Verna a-t-il pu rencontrer dans sa vie ?

Ressaisis-toi, se dit-elle. Il semblerait qu'elle ne soit pas invulnérable, après tout. Elle tremble de rage, ou est-ce d'humiliation ? Pour se donner une contenance, elle boit une gorgée de vin et s'étrangle aussitôt. Sans hésiter, Bob passe à l'action en lui donnant quelques tapes dans le dos – vigoureuses mais caressantes.

« Excusez-moi », réussit-elle à dire d'une voix étouffée.

L'odeur fraîche des œillets l'enveloppe. Il faut qu'elle s'éloigne, elle a soudain la nausée. Elle se précipite dans les toilettes, qui sont heureusement désertes, et vomit son vin blanc et son canapé au fromage et olives. Elle se demande s'il est trop tard pour annuler sa croisière. Mais pourquoi devrait-elle encore fuir Bob ?

À l'époque, elle n'avait pas eu le choix. Dans les jours qui avaient suivi, l'histoire avait fait le tour de la ville. Bob l'avait propagée lui-même, dans une version comique très différente du souvenir que Verna en avait. Verna la traînée, la soûlarde, qui ne demandait que ça, quelle blague. Quand elle rentrait du lycée, des bandes de gamins la suivaient en ricanant et l'interpellaient : *Hé, il reste une place pour moi ? Les bonbons, c'est bon, mais le bourbon, c'est encore mieux !* Et ces lazzis étaient parmi les plus bénins… Les filles ne lui adressaient plus la parole : elles craignaient trop que la disgrâce

– avec tout son côté sordide et hilarant – ne déteigne sur elles.

Et puis il y avait sa mère. Il n'avait pas fallu longtemps pour que le scandale parvienne aux oreilles de son cercle de l'église. Le peu qu'elle avait eu à dire à travers l'étau de ses lèvres était parfaitement approprié : « Comme on fait son lit, on se couche. » Verna avait fait le sien, et il était hors de question qu'elle se complaise dans son malheur – elle n'avait plus qu'à affronter les conséquences. Cela étant, elle ne s'en relèverait jamais, parce qu'il suffisait d'un faux pas pour tomber – la vie, c'était comme ça. Quand il devint évident que le pire s'était produit, sa mère avait acheté un billet d'autocar et l'avait expédiée dans un Refuge pour mères célibataires géré par son église, dans la banlieue de Toronto.

Là, Verna passa ses journées à éplucher les pommes de terre, frotter les planchers et récurer les toilettes avec ses compagnes délinquantes. Elles portaient toutes une robe de grossesse grise, des bas de laine gris et de grosses chaussures marron – le tout payé par de généreux donateurs, comme on les en avait informées. En plus de leurs corvées d'épluchage et de récurage, elles étaient soumises à des séances de prières et à des sermons. Ce qui leur était arrivé, leur disait-on, était amplement mérité, car c'était la conséquence de leur comportement dépravé, mais il n'était jamais trop tard pour se racheter par le travail et la chasteté. On les mettait en garde contre les méfaits de l'alcool, du tabac et du chewing-gum, et elles devraient considérer comme un miracle divin si un honnête homme voulait bien un jour les épouser.

L'accouchement de Verna fut long et difficile. On lui prit immédiatement le bébé afin qu'elle ne s'y attache pas. Une infection se déclara, avec des complications et des cicatrices, mais c'était aussi bien, entendit-elle une infirmière dire à sa collègue, parce que ce genre de filles faisaient de mauvaises mères de toute façon. Quand elle put marcher, on lui donna cinq dollars et un billet d'autocar, avec pour instruction de retourner chez sa mère, puisqu'elle était encore mineure.

Mais elle était incapable de faire face à ça – à sa mère ou à la ville en général –, et elle se rendit donc dans le centre-ville de Toronto. Qu'avait-elle en tête ? Pas vraiment de pensées, seulement des sentiments : chagrin, tristesse, et finalement, une étincelle de colère et de défi. Si elle était une dévergondée et une moins que rien, comme chacun semblait le penser, elle ferait aussi bien de se comporter en conséquence, et entre ses boulots de serveuse et de femme de ménage dans des hôtels, c'est ce qu'elle fit.

Elle avait eu la chance extraordinaire de rencontrer un homme marié et nettement plus âgé, qui s'intéressa à elle. En échange de trois ans de sexe à l'heure du déjeuner, il lui prodigua une éducation. Un marché honnête, avait-elle pensé. Elle apprit beaucoup de lui – comment marcher sur des talons hauts, entre autres – et réussit à s'élever au-dessus de sa condition. Peu à peu, elle se débarrassa de l'image de Bob qu'elle gardait encore, telle une fleur séchée – incroyable ! –, contre son cœur.

Elle répare les dégâts faits à son maquillage, essuie le mascara – pourtant garanti waterproof – qui a coulé sur ses joues. Courage, se dit-elle. Personne ne la fera encore fuir, pas cette fois. Elle va résister : elle est maintenant capable de tenir tête à cinq Bob. Et elle a l'avantage, parce qu'il n'a aucune idée de qui elle est. A-t-elle vraiment l'air si différente ? Oui. Elle a l'air beaucoup mieux. Il y a ses cheveux blond argenté, et les diverses modifications, bien sûr. Mais la véritable différence est dans son attitude – l'assurance avec laquelle elle se comporte. Il serait difficile pour Bob de percevoir derrière cette façade la petite cruche pleurnicharde qu'elle avait été à quatorze ans.

Après s'être appliqué une dernière couche de poudre, elle rejoint le groupe et fait la queue au buffet – rosbif et saumon. Elle va en manger très peu, mais c'est son habitude quand elle est en public : une femme qui s'empiffre n'est pas une créature au charme mystérieux. Elle s'abstient d'observer la foule pour repérer Bob – il pourrait lui faire un signe de la main, et elle a besoin de temps pour réfléchir –, et choisit une table tout au fond de la salle. Mais aussitôt, voilà que Bob se glisse à côté d'elle sans même avoir demandé la permission. Il doit considérer qu'il a déjà pissé sur ce réverbère, songe-t-elle. Qu'il a tagué son pan de mur. Qu'il a coupé la tête de son trophée de chasse, et qu'on l'a photographié un pied posé sur le cou de son gibier. Comme il l'a déjà fait autrefois, mais il ne peut pas s'en rendre compte. Elle sourit.

Il est plein de sollicitude. Est-ce que Verna va bien ? Oh, oui, répond-elle. Juste quelque chose qui n'est pas bien passé. Bob se lance directement dans les préliminaires. Qu'est-ce qu'elle fait dans la vie ? Maintenant à la retraite, dit-elle, mais elle a fait une carrière enrichissante comme physiothérapeute, spécialisée dans le traitement de victimes de crises cardiaques et d'AVC. « Ça devait être intéressant », dit Bob. Oh, oui, répond Verna. C'est tellement gratifiant de pouvoir aider les gens.

C'était plus qu'intéressant. Des hommes riches se remettant d'un épisode où ils avaient failli y rester savaient apprécier à sa juste valeur une jolie jeune femme aux mains habiles, à l'attitude encourageante, et dotée d'un instinct très sûr pour savoir quand se taire. Ou, comme disait son mari dans son mode keatsien, les mélodies entendues sont douces, mais celles qu'on n'entend pas sont plus douces encore. Il y avait quelque chose dans l'intimité de la relation – tellement physique –

qui menait à d'autres formes d'intimité, même si Verna avait toujours mis le holà sur les rapports sexuels proprement dits : c'était pour elle une question de principe religieux, disait-elle. Si aucune proposition de mariage ne venait, elle s'extirpait de la relation en invoquant ses obligations envers d'autres patients qui avaient plus besoin d'elle. Dans deux cas, c'est ce qui avait forcé la décision.

Elle avait choisi d'accepter en tenant compte de la situation médicale de l'intéressé, et une fois mariée, elle avait fait de son mieux pour qu'il en ait pour son argent. Chacun de ses maris avait quitté ce bas monde non seulement heureux, mais également reconnaissant – quoique un peu plus tôt que ce que l'on aurait pu attendre. Mais ils étaient tous morts de causes naturelles – une réplique mortelle de la crise cardiaque ou de l'AVC qui les avait frappés la première fois. Elle n'avait fait que leur donner la permission tacite d'assouvir toutes leurs envies interdites : manger des aliments gras, boire autant qu'ils voulaient, se remettre au golf trop tôt. Elle s'était abstenue de tout commentaire sur le fait que, en réalité, on leur prescrivait beaucoup trop de médicaments. Elle s'était interrogée sur les dosages, avait-elle dit plus tard, mais qui était-elle pour opposer son avis à celui d'un médecin ?

Et si un homme oubliait qu'il venait de prendre ses comprimés pour le soir, et qu'il les trouvait soigneusement disposés à leur place habituelle, et les prenait de nouveau, comment s'étonner ? Les anticoagulants pouvaient être dangereux, pris en excès. Ça pouvait entraîner une hémorragie cérébrale.

Et puis il y avait le sexe : la touche finale, le coup de grâce. Verna elle-même ne s'intéressait pas au sexe, mais elle savait ce qui avait des chances de marcher. « On ne vit qu'une fois », avait-elle coutume de dire en levant sa coupe de champagne pendant un dîner aux chandelles, puis en sortant le Viagra, une invention révolutionnaire mais si problématique pour la tension artérielle. Il était essentiel d'appeler rapidement les secouristes, mais pas trop rapidement quand même. « Il était comme ça quand je me suis réveillée », était tout à fait acceptable, ainsi que : « J'ai entendu du bruit dans la salle de bains, et quand je suis allée voir… »

Elle n'a aucun remords. Elle leur a rendu un grand service : une sortie rapide vaut certainement mieux qu'un lent déclin.

Pour deux de ses maris, il y avait eu quelques difficultés avec les enfants adultes à propos du testament. Verna avait obligeamment déclaré qu'elle comprenait ce qu'ils devaient ressentir, puis elle leur avait versé suffisamment d'argent pour les faire taire – plus que ce qu'ils méritaient, compte tenu du mal qu'elle s'était donné. Son sens de la justice est resté presbytérien : elle ne veut pas plus que ce à quoi elle a droit, mais pas moins non plus. Elle aime les comptes bien équilibrés.

Bob se penche vers elle en glissant le bras sur le dossier de sa chaise. Son mari l'accompagne-t-il dans cette croisière ? lui souffle-t-il à l'oreille, plus près qu'il ne devrait. Non, répond-elle, elle est veuve depuis peu – là, elle baisse les yeux vers la table, en espérant exprimer un chagrin muet –, et ce voyage est en quelque sorte une tentative pour s'en remettre. Bob dit qu'il est navré de l'apprendre, mais quelle coïncidence, car son épouse est elle-même décédée il y a six mois. Un choc terrible – ils espéraient vraiment vieillir paisiblement ensemble. Elle avait été sa petite amie au lycée – un coup de foudre. Verna croit-elle au coup de foudre ? Oui, dit Verna, elle y croit.

Bob se livre à d'autres confidences : ils ont attendu qu'il ait obtenu son diplôme de droit pour se marier, et ils ont eu trois enfants, et il y a maintenant cinq petits-enfants. Il est tellement fier de cette petite bande. S'il me montre des photos de bébés, songe Verna, je le frappe.

« Ça laisse un vide, n'est-ce pas ? dit Bob. Comme une terrible absence. »

Verna reconnaît que c'est le cas. Verna aimerait-elle se joindre à lui pour une bouteille de vin ?

Espèce de salopard, pense-t-elle. Tu t'es donc marié, tu as eu des enfants et tu as mené une vie normale, comme s'il ne s'était rien passé ? Alors que moi… Elle a envie de vomir.

« J'en serais ravie, répond-elle. Mais attendons d'être sur le bateau. Nous aurons plus de temps à nous. (Elle lui fait encore le coup du battement de cils.) Maintenant, il faut que je me livre à mon sommeil réparateur. »

Elle sourit et se lève de table.

« Oh, il n'y a rien qui nécessite d'être réparé », assure Bob galamment.

Et voilà ce connard qui se lève pour lui tirer sa chaise. Il n'avait pas de ces belles manières, autrefois. Méchant et brutal, comme disait son troisième mari en citant Hobbes à propos de l'homme à l'état naturel. Aujourd'hui, une fille aurait la présence d'esprit d'appeler la police. Aujourd'hui, Bob irait en prison malgré tous les mensonges qu'il pourrait proférer, parce que Verna était mineure. Mais à l'époque, les mots n'existaient pas pour un tel acte : le viol était ce qui se passait quand un fou jaillissait d'un buisson et vous sautait dessus, pas quand votre cavalier du bal vous emmenait dans une route à l'écart, au milieu de la forêt minable entourant une petite ville minière, et vous disait de boire un bon coup, là, gentille fille, et puis vous arrachait vos vêtements un par un. Et comme si ça ne suffisait pas, le meilleur ami de Bob, Ken, s'était pointé avec sa voiture pour donner un coup de main. Ils avaient bien ri tous les deux. Ils avaient gardé sa gaine-culotte en souvenir.

Après, à mi-chemin du retour, Bob l'avait poussée hors de la voiture, agacé de la voir pleurer. « Tais-toi, ou sinon, tu rentres à pied », lui avait-il ordonné. Elle se revoit boitillant le long de la route verglacée, ses pieds nus collés dans ses souliers à talons hauts – teints en bleu ciel pour aller avec sa robe. Elle avait la tête qui tournait, elle tremblait de tout son corps, et – une humiliation ridicule de plus – elle avait le hoquet. Sur le moment, ce qui l'inquiétait le plus, c'étaient ses bas nylon – où étaient-ils ? Elle les avait achetés avec l'argent gagné au drugstore. Elle devait être sous le choc.

Ses souvenirs étaient-ils corrects ? Bob s'était-il vraiment mis la gaine-culotte sur la tête, avait-il vraiment dansé dans la neige avec les jarretelles qui virevoltaient telles des clochettes de bouffon ?

Une gaine-culotte, songe-t-elle. Complètement préhistorique. La gaine et toute l'archéologie qui allait avec, depuis longtemps disparue. Aujourd'hui, une fille prendrait la pilule ou se ferait avorter sans même y réfléchir à deux fois. Comme c'est paléolithique de se sentir encore blessée par toute cette histoire…

C'était Ken – pas Bob – qui était revenu la chercher en voiture. D'un ton brusque, il lui avait dit de monter et l'avait ramenée chez elle. Lui, au moins, avait eu l'élégance d'avoir l'air honteux. « Ne dis rien à personne », avait-il marmonné. Et elle n'avait rien dit, mais son silence ne lui avait rien rapporté.

Pourquoi avait-elle été la seule à souffrir à cause de cette soirée ? Certes, elle avait été stupide, mais Bob avait été ignoble. Et il s'en était tiré, libre comme l'air, sans conséquences ni remords, alors que sa vie à elle avait été bouleversée. La Verna de la veille était morte, et une Verna différente s'était matérialisée à sa place : déformée, tordue, mutilée. C'était Bob qui lui avait appris que seuls les plus forts peuvent gagner, que la faiblesse doit être exploitée sans merci. C'était Bob qui avait fait d'elle – pourquoi ne pas dire le mot ? – une meurtrière.

Le lendemain matin, pendant le vol charter qui les emmène vers le nord, là où leur navire flotte sur la mer de Beaufort, Verna passe en revue les choix qui s'offrent à elle. Elle pourrait se prêter au jeu, l'amener à elle comme on pêche au moulinet et, juste au dernier moment, le laisser planté là, le pantalon sur les chevilles : ce serait une satisfaction, mais mineure. Elle pourrait l'éviter pendant tout le voyage et laisser l'équation telle qu'elle est restée pendant près de cinquante ans : non résolue. Ou elle pourrait le tuer. Elle examine cette troisième possibilité avec une froide logique. Supposons qu'elle le fasse pendant la croisière : comment pourrait-elle y arriver sans se faire prendre ? Sa formule de sexe plus médicaments serait beaucoup trop lente, et pourrait d'ailleurs ne pas marcher : Bob n'a l'air de souffrir d'aucune maladie. Le pousser par-dessus bord n'est pas une technique envisageable. Bob est trop imposant, les bastingages sont trop hauts, et elle sait, par expérience de croisières précédentes, qu'il y a toujours des gens sur le pont, pour admirer la vue et prendre des photos. Un cadavre dans une cabine attirerait la police et déclencherait une enquête avec recherche d'ADN, de fibres de tissu et autres indices, comme à la télévision. Non, il faudrait qu'elle organise sa mort au cours d'une des visites à terre. Mais comment ? Où ? Elle consulte l'itinéraire et une carte des escales prévues. Un campement inuit est hors de question : des chiens aboieraient, des enfants les suivraient. Quant aux autres escales, les zones qu'ils vont visiter sont dépourvues de tout endroit où se cacher. De plus, ils seront accompagnés de matelots armés de fusils, pour les protéger des ours polaires. Peut-être un accident avec une de ces armes ? Pour ça, il lui faudrait un timing au quart de seconde.

Quelle que soit la méthode, il faudrait que ça se fasse assez tôt dans la croisière, avant qu'il n'ait eu le temps de se faire de nouveaux amis – des gens qui pourraient remarquer sa disparition. De plus, la possibilité que Bob la reconnaisse tout à coup reste présente. Et si ça arrivait, la partie serait terminée. En attendant, il serait préférable qu'on ne la voie pas trop avec lui. Juste assez pour maintenir son intérêt, mais pas au point de susciter des rumeurs sur une idylle qui se noue. En croisière, les ragots se propagent comme la grippe.

Une fois à bord du navire – c'est le *Resolute II*, que Verna connaît bien de son précédent voyage –, les passagers se mettent en rang pour déposer leurs passeports à la réception. Ensuite, ils se rassemblent dans le salon à l'avant pour écouter les instructions données par trois des membres d'équipage, d'une compétence décourageante. Chaque fois qu'ils se rendront à terre, dit le premier avec un sévère froncement de sourcils viking, ils devront retourner leur étiquette individuelle sur le grand tableau, afin qu'elle passe du vert au rouge. Une fois de retour à bord, ils devront la remettre en vert. Ils devront toujours porter un gilet de sauvetage lors des transferts en Zodiac. Ces gilets sont du nouveau modèle, qui se gonfle automatiquement dès qu'il est en contact avec l'eau. Une fois à terre, ils devront déposer leurs gilets de sauvetage sur le rivage, dans les grands sacs en toile blanche fournis à cet effet, et les enfiler de nouveau en repartant. S'il y a encore des étiquettes en rouge, ou des gilets dans les sacs, l'équipage saura que quelqu'un est resté à terre. Ils n'aimeraient pas être abandonnés à terre, n'est-ce pas ? Et maintenant, quelques détails pratiques. Ils trouveront des sacs à linge sale dans leurs cabines. Les notes de bar seront imputées sur leur compte personnel, et les pourboires seront réglés à la fin du voyage. Le navire fonctionne selon une politique de porte ouverte, afin de faciliter le travail du personnel de nettoyage, mais naturellement, ils peuvent verrouiller leurs cabines s'ils le désirent. Il y a un bureau des objets trouvés à la réception. Tout est clair ? Très bien.

Le deuxième intervenant est l'archéologue. Verna trouve qu'elle a l'air d'avoir douze ans. Ils vont visiter des sites de toutes sortes, dit-elle, en particulier Indépendance I, Cape Dorset et Thulé, mais ils ne doivent jamais, jamais y prendre quoi que ce soit. Pas d'artefacts, et surtout pas d'os. Ces ossements pourraient être humains, et ils doivent donc faire très attention de ne pas y toucher. Mais même des os d'animaux sont une source importance de calcium pour les corbeaux, les lemmings, les renards, les… enfin, toute la chaîne alimentaire, parce que l'Arctique recycle tout. Tout est clair ? Très bien.

Maintenant, dit le troisième intervenant – un individu au crâne rasé qui ressemble à un prof de gym –, un mot sur les armes. Elles sont essentielles, parce que les ours polaires n'ont peur de rien. Mais le personnel tirera toujours d'abord un coup en l'air, pour effrayer l'animal. Tuer un ours est vraiment la solution de dernier recours, mais les ours peuvent être dangereux, et la sécurité de nos passagers est la plus grande priorité à nos yeux. Il n'y a aucune raison d'avoir peur de ces armes : les balles en seront retirées pendant les navettes en Zodiac, et il est impossible que quelqu'un soit blessé accidentellement. Tout est clair ? Très bien.

Manifestement, un accident avec un fusil est exclu, songe Verna. Aucun passager ne pourra s'approcher de ces armes.

Après le déjeuner, il y a un exposé sur les morses. Des rumeurs circulent à propos de morses solitaires qui s'attaquent aux otaries, qui les percent avec leurs défenses et en sucent la graisse à l'aide de leurs puissantes bouches. Les deux femmes de part et d'autre de

Verna sont en train de tricoter. L'une d'elles dit : « Liposuccion. » L'autre rit.

Une fois les exposés terminés, Verna se rend sur le pont. Le ciel est dégagé, avec un groupe de nuages en forme de lentilles qui flottent tels des vaisseaux spatiaux. L'air est doux, la mer est bleu-vert. Il y a un iceberg tout à fait classique à bâbord, avec un centre tellement bleu qu'on dirait qu'il est teint. Et devant eux, un mirage – une Fata Morgana qui se dresse à l'horizon tel un château de glace et qui semble parfaitement réelle, à part un léger miroitement sur les bords. Des marins ont été menés à la mort par ces mirages : ils ont dessiné sur les cartes des montagnes là où il n'y en avait pas.

« Magnifique, n'est-ce pas ? dit Bob qui s'est matérialisé à son côté. Que diriez-vous de cette bouteille de vin, ce soir ?

— Oui, saisissant, répond Verna en souriant. Peut-être pas ce soir – j'ai déjà promis à quelques filles. »

Ce qui est vrai – elle a prévu de dîner avec les tricoteuses.

« Peut-être demain ? (Bob sourit et partage avec elle une information : il dispose d'une cabine pour lui tout seul.) Numéro 222, comme le médicament antidouleur », précise-t-il en riant.

La cabine est bien située, au milieu du navire. « Pratiquement pas de roulis ni de tangage », ajoute-t-il.

Verna lui dit qu'elle a également une cabine individuelle. Le coût supplémentaire se justifie largement, parce que ça permet de vraiment bien se relaxer. Elle étire le mot « relaxer » jusqu'à ce que ça évoque un tortillement voluptueux sur des draps de soie.

En se promenant sur le bateau après le dîner, Verna passe devant le tableau des étiquettes personnalisées et remarque celle de Bob – suffisamment près de la sienne. Elle s'achète ensuite une paire de gants bon marché dans la boutique de cadeaux. Elle a lu des tas de romans policiers.

Le lendemain débute par un exposé de géologie fait par un jeune scientifique débordant d'énergie, qui a suscité un certain intérêt parmi les passagers, et plus particulièrement les passagères. Par une chance extraordinaire, leur explique-t-il, et à cause d'un changement d'itinéraire dû à des glaces flottantes, ils vont effectuer une escale imprévue qui leur permettra de voir une des merveilles du monde géologique, un spectacle offert à bien peu de gens. Ils auront le privilège de voir les plus anciens stromatolithes fossiles connus, qui remontent à 1,9 milliard d'années – avant les poissons, avant les dinosaures, avant les mammifères. Ils constituent la première forme de vie préservée sur cette planète. Qu'est-ce qu'un stromatolithe ? demande-t-il pour la forme, les yeux brillants. Le mot vient du grec *stroma*, un matelas, associé au radical qui signifie « pierre ». Matelas de pierre, un coussin fossilisé constitué d'une succession de couches d'algues bleu-vert qui finissent par former un monticule ou un dôme. Ce sont ces mêmes algues qui ont créé l'oxygène qu'ils respirent en ce moment. N'est-ce pas stupéfiant ?

Au déjeuner, à la table de Verna, un vieil homme tout ridé qui ressemble à un elfe grommelle qu'il espère bien qu'ils verront des choses plus excitantes que des cailloux. C'est l'un des autres Bob. Verna en a dressé l'inventaire. Un Bob supplémentaire pourrait se révéler utile.

« J'ai hâte de les voir, dit-elle. Les matelas de pierre. »

Elle insiste très légèrement sur le mot *matelas*, d'un air suggestif, et s'attire un clin d'œil approbateur de la part de Bob le Second. Décidément, ils ne sont jamais trop vieux pour flirter.

Sur le pont après le café, elle observe à la jumelle la terre qui s'approche. Ici, c'est l'automne : les feuilles des arbres miniatures qui s'étalent le long du rivage comme de longs serpents sont rouges, orange, jaunes et violettes, avec des rochers qui en émergent telles des vagues. Il y a une crête, puis une crête plus haute, et une encore plus haute après. C'est sur la deuxième crête qu'on trouve les plus beaux stromatolithes, leur a dit le géologue.

Si quelqu'un se glisse derrière la troisième crête, sera-t-il visible depuis la deuxième ? Verna pense que non.

Ils sont à présent tous engoncés dans leurs pantalons imperméables et leurs bottes en caoutchouc. On les aide à enfiler leurs gilets de sauvetage comme s'ils étaient des gosses de maternelle, on leur boucle les ceintures et les fermetures à glissière. Maintenant, chacun retourne son étiquette pour afficher le côté rouge. Et les voilà qui descendent la passerelle et embarquent à bord des Zodiac. Bob a réussi à se mettre dans celui de Verna. Il lève son appareil, prend une photo d'elle.

Le cœur de Verna bat plus vite. S'il me reconnaît spontanément, songe-t-elle, je ne le tuerai pas. Si je lui dis qui je suis, et s'il me reconnaît et qu'ensuite il s'excuse, je ne le tuerai pas non plus. Ça lui fera deux chances de s'échapper, deux de plus que ce qu'il lui a donné. Ça signifie qu'elle renoncera à l'avantage de la surprise, ce qui pourrait se révéler hasardeux – Bob est beaucoup plus costaud qu'elle –, mais elle tient à se montrer plus que correcte.

Ils ont débarqué et se sont débarrassés de leurs gilets de sauvetage et de leurs bottes en caoutchouc. Ils lacent maintenant leurs chaussures de marche. Verna s'approche de Bob et remarque qu'il a gardé ses bottes en caoutchouc. Il porte une casquette de base-ball rouge. Elle le voit mettre sa visière à l'envers.

Maintenant, ils se dispersent. Certains restent sur le rivage, tandis que d'autres se dirigent vers la première crête où se tient le géologue avec son marteau. Un petit groupe s'est déjà agglutiné autour de lui. Il est lancé dans son discours : ils sont priés de ne prendre aucun des stromatolithes, mais le bateau dispose d'un permis d'échantillonnage, de sorte que si quelqu'un trouve un fragment particulièrement intéressant, surtout une coupe transversale, qu'il vérifie d'abord avec lui, et l'échantillon ira sur la table de collecte qu'il va installer à bord, pour que tout le monde puisse le voir. Voici quelques exemples, pour ceux qui ne souhaiteraient pas s'attaquer à la deuxième crête.

Des têtes se baissent, des appareils photo sortent. Parfait, songe Verna. Plus il y a de distractions, mieux c'est. Sans avoir besoin de regarder, elle sent que Bob n'est pas loin. Les voici maintenant à la deuxième crête, que certains escaladent plus facilement que d'autres. C'est ici que se trouvent les plus beaux stromatolithes, un champ entier. Certains sont intacts, comme des bulles ou des furoncles. Il y en a des petits, et d'autres gros comme un ballon de football. Certains ont perdu leur sommet, comme des œufs en train d'éclore. D'autres encore ont été érodés, si bien qu'il n'en reste que des ellipses concentriques, tels les anneaux de croissance d'un arbre ou un beignet à la cannelle.

Et en voici un brisé en quatre morceaux, comme du fromage de Hollande découpé en portions. Verna en ramasse un, examine les couches : chaque année noire, grise, noire, grise, noire, et en bas, le noyau. Le morceau est lourd, il a des arêtes coupantes. Verna le met dans son sac à dos.

Bob arrive maintenant, avec une parfaite synchronisation. Il s'approche lentement d'elle dans la pente, comme un zombie. Il a retiré son gros blouson et l'a calé sous les bretelles de son sac à dos. Il est essoufflé. Elle a un moment d'hésitation : il est vieux, ses forces commencent à décliner. Ne devrait-elle pas passer l'éponge, oublier tout ça ? Après tout, il faut bien que jeunesse se passe, et les garçons de cet âge ne sont-ils pas de simples automates bourrés d'hormones ? Pourquoi un être humain devrait-il être jugé sur ce qu'il a fait à une autre époque, si ancienne que l'on dirait des siècles ?

Un corbeau les survole et se met à décrire des cercles dans le ciel. Se doute-t-il de quelque chose ? Attend-il ? Elle regarde à travers ses yeux, et voit une vieille femme – parce que, il ne faut pas se voiler la face, c'est ce qu'elle est, maintenant – qui s'apprête à tuer un homme encore plus vieux qu'elle à cause d'une colère qui commence à s'estomper dans le lointain passé. C'est dérisoire. C'est violent. C'est normal. C'est ce qui arrive dans la vie.

« Belle journée, dit Bob. Ça fait du bien de pouvoir se dégourdir un peu les jambes.

— N'est-ce pas ? (Verna se dirige vers la partie éloignée de la deuxième crête.) Il y a peut-être quelque chose de mieux à voir là-bas. Mais ne nous a-t-on pas dit de ne pas aller aussi loin ? Que nous ne devions pas être hors de vue ? »

Bob a un petit rire qui signifie : *Les règles, c'est bon pour les paysans.*

« On paye pour ça », répond-il.

De fait, c'est lui qui passe devant, non pas pour escalader la troisième crête, mais pour la contourner. Hors de vue, c'est là qu'il veut être.

L'homme armé sur la deuxième crête crie quelque chose à un groupe qui s'écarte vers la gauche. Il a le dos tourné. Encore quelques pas, et Verna jette un coup d'œil par-dessus son épaule : elle ne voit personne, ce qui veut dire que personne ne peut la voir. Bob et elle pataugent sur un sol détrempé. Elle tire ses gants fins de sa poche et les enfile. Ils sont maintenant à l'extrémité de la troisième crête la plus éloignée.

« Venez donc vous asseoir, invite Bob en tapotant la roche. (Son sac à dos est posé à côté de lui.) Je nous ai apporté de quoi boire. »

Il est entouré d'une dentelle de lichen noir.

« Formidable. (Verna s'assied et ouvre son sac.) Regardez, j'ai trouvé un spécimen parfait. (Elle pose le stromatolithe entre eux, en le maintenant à deux mains. Elle respire un grand coup.) Je crois que nous nous sommes déjà rencontrés, dit-elle. Je suis Verna Pritchard. Au lycée. »

Bob n'hésite pas une seconde.

« Je savais bien que vous me rappeliez quelqu'un », dit-il avec un petit rictus satisfait.

Elle se souvient de ce sourire grimaçant. Elle a en tête une image très précise de Bob dansant triomphalement dans la neige en ricanant comme un gamin de dix ans. Et elle, brisée et chiffonnée comme une poupée.

Elle se garde bien de tenter un moulinet. Elle soulève brusquement le stromatolithe, un coup sec juste sous la mâchoire de Bob… Il y a un craquement, le seul bruit. Sa tête bascule en arrière, et le voilà étalé sur la roche. Elle tient le stromatolithe au-dessus de son front, le laisse tomber. Encore. Encore une fois. Là, voilà. Ça semble avoir suffi.

Bob a l'air ridicule, avec ses yeux ouverts, son regard fixe, son front fracassé et le sang qui coule des deux côtés de son visage.

« Tu n'es pas beau à voir », observe-t-elle.

Il a l'air risible, et donc elle rit. Comme elle l'avait soupçonné, ses dents de devant sont des implants.

Elle se laisse un moment pour recouvrer une respiration normale. Elle récupère ensuite le stromatolithe, en prenant bien soin de ne pas se mettre de sang sur les vêtements ni sur les gants, et le dépose dans une flaque d'eau. La casquette de Bob est tombée. Elle la fourre dans son sac, avec son blouson. Elle vide son sac à dos à lui, qui ne contient que l'appareil photo, une paire de gants de laine, une écharpe et six minibouteilles de whisky. Il était vraiment plein d'espoir… Pathétique. Elle replie le sac et le met dans le sien, en y ajoutant l'appareil photo qu'elle jettera plus tard dans la mer. Enfin, elle essuie le stromatolithe avec l'écharpe, en s'assurant qu'il ne reste plus aucune trace de sang, et elle le range dans son sac. Elle laisse Bob aux corbeaux et aux lemmings, et à tout le reste de la chaîne alimentaire.

Elle rebrousse chemin autour du pied de la troisième crête, en rajustant son blouson. Si elle est observée, on pensera qu'elle s'est juste écartée pour faire pipi. Les gens s'éclipsent un instant comme ça, lors des visites à terre. Mais personne ne la regarde.

Elle trouve le jeune géologue – il est toujours sur la première crête, avec sa petite cour d'admirateurs – et lui montre le stromatolithe.

« Est-ce que je peux le rapporter à bord ? demande-t-elle d'une voix sucrée. Pour la table de collecte ?

— Un échantillon fantastique ! » s'exclame-t-il.

Les voyageurs retournent maintenant vers le rivage, pour remonter dans les Zodiac. Arrivée près des sacs contenant les gilets de sauvetage, Verna se baisse un instant pour s'affairer avec ses lacets, jusqu'à ce qu'elle soit sûre que personne ne regarde dans sa direction. Là, elle prend un gilet qu'elle range dans son sac. Celui-ci est à présent beaucoup plus volumineux qu'à l'aller, mais ce serait étonnant que quelqu'un le remarque.

Une fois sur la passerelle d'embarquement, elle tripote un instant son sac en attendant que tout le monde soit passé devant le tableau des étiquettes, puis elle retourne celle de Bob pour afficher le côté vert. Et la sienne aussi, bien sûr.

En se rendant à sa cabine, elle attend que la coursive soit déserte et se faufile dans celle de Bob, dont la porte n'est pas verrouillée. La clé est sur la commode, elle la laisse là. Elle accroche dans le placard le gilet de sauvetage et le ciré de Bob, y range sa casquette, puis elle fait couler de l'eau et mouille une serviette. Elle ressort dans le couloir toujours désert et regagne sa cabine. Elle retire ses gants et les lave, puis elle les met à sécher. Elle s'est cassé un ongle, pas de chance, mais ça se répare. Elle examine son visage dans la glace : un léger coup de soleil, mais rien de grave. Pour le dîner, elle s'habille en rose et fait un effort pour flirter avec Bob le Second, qui lui retourne vaillamment ses services, mais qui est vraiment trop décrépit pour faire une cible potentielle. C'est aussi bien – elle sent son taux d'adrénaline qui dégringole. S'il y a des aurores boréales, leur a-t-on dit, ce sera annoncé par haut-parleur, mais Verna n'a pas l'intention de se lever pour les voir.

Pour l'instant, tout va bien. Elle n'a plus qu'à entretenir le mirage de Bob, en alternant consciencieusement son étiquette entre le rouge et le vert. Il déplacera des objets dans sa cabine, portera différents vêtements de sa garde-robe beige et écossaise, dormira dans son lit, prendra des douches, laissera des serviettes par terre. Il recevra une invitation personnelle – à son prénom uniquement – pour dîner à la table du commandant, carton qui apparaîtra discrètement sous la porte de l'un des autres Bob, et personne ne remarquera la substitution. Il se lavera les dents. Il réglera son réveil. Il enverra son linge sale, sans toutefois remplir le bordereau : ce serait trop risqué. Le personnel de la blanchisserie n'y attachera aucune importance – beaucoup de personnes âgées oublient de le remplir.

Le stromatolithe restera posé sur la table des échantillons géologiques. Il sera pris, examiné et discuté, accumulant ainsi de nombreuses empreintes digitales. À la fin du voyage, il sera jeté. Le *Resolute II* va naviguer quatorze jours. Il fera dix-huit escales. Il contournera des caps glacés et longera des falaises à pic. Il se glissera au milieu des glaces flottantes. Il jettera l'ancre au large de longues plages implacables et explorera des fjords creusés par les glaciers au fil de millions d'années. Au milieu d'une splendeur aussi rigoureuse et exigeante, qui se souviendra de Bob ?

Il y aura un moment de vérité à la fin de la croisière, quand Bob ne se présentera pas pour payer sa note et récupérer son passeport, et il ne fera pas ses valises. Il y aura des frémissements d'inquiétude, suivis d'une réunion de la direction – derrière des portes closes, pour ne pas alarmer les passagers. En fin de compte, une information sera diffusée : Bob, de façon tragique, a dû tomber par-dessus bord la dernière nuit du voyage, en se penchant pour prendre une photo des aurores boréales sous un meilleur angle. Aucune autre explication n'est possible.

Pendant ce temps, les passagers se seront dispersés aux quatre vents. Si elle réussit à s'en tirer, bien sûr. Y arrivera-t-elle ? Elle devrait s'en soucier davantage – elle devrait y voir un défi excitant –, mais pour l'instant, elle se sent simplement fatiguée, et un peu vide.

Mais également en paix, mais également en sécurité. Avec un esprit tranquille et libre de toute passion, comme son troisième mari avait coutume de dire après ses séances de Viagra. Ces victoriens mêlaient toujours le sexe et la mort. Qui était ce poète, au fait ? Keats ? Tennyson ? Sa mémoire n'est plus ce qu'elle était, mais les détails lui reviendront plus tard.

LES VIEUX AU FEU

Le petit peuple escalade la table de nuit. Aujourd'hui, ils sont vêtus de vert : les femmes portent des robes à paniers, des chapeaux en velours à larges bords et des corsages à décolleté carré scintillants de perles ; les hommes ont des knickerbockers en satin et des chaussures à boucles, avec des tas de rubans qui flottent de leurs épaules et de gigantesques plumes pour décorer leurs tricornes. Ils n'ont aucun respect pour la vérité historique, ces gens-là. C'est comme si un costumier ivre avait puisé au hasard dans les réserves de son théâtre : un col Tudor ici, une veste de gondolier là, un costume d'Arlequin là-bas. Wilma ne peut s'empêcher d'admirer avec quel abandon ils s'habillent de bric et de broc.

Les voici qui arrivent, se hissant sur les derniers centimètres. Une fois à hauteur de ses yeux, ils se tiennent par le bras et commencent à danser, avec une certaine grâce compte tenu des obstacles qui les entourent : la lampe de chevet, la loupe d'horloger que lui a envoyée sa fille Alyson – un geste plein de bonnes intentions, mais pas très utile –, la liseuse électronique qui grossit les caractères. *Autant en emporte le vent* est le roman avec lequel elle se débat en ce moment. Elle peut s'estimer heureuse quand elle arrive à lire une page en un quart d'heure, mais comme elle l'a lu autrefois, elle se souvient des passages principaux. C'est peut-être de là que viennent les tissus verts que portent les petits personnages : ces fameux rideaux de velours dont Scarlett se fait une robe afin de se déguiser en quelqu'un de respectable.

Les lutins se mettent à tournoyer, ce qui fait gonfler les jupes des femmes. Ils sont de bonne humeur, aujourd'hui : ils se saluent, ils sourient, ils ouvrent et ferment la bouche comme s'ils parlaient.

Wilma est parfaitement consciente que ces apparitions ne sont pas réelles. Ce ne sont que des symptômes : le syndrome de Charles Bonnet, assez fréquent à son âge, surtout chez les gens qui ont des problèmes de vue. Elle a de la chance, parce que ses manifestations – ses Poussins, comme les appelle le Dr Prasad – sont assez inoffensives dans l'ensemble. Il est rare qu'ils aient l'air mécontents, qu'ils grossissent de façon démesurée ou qu'ils se dissolvent en fragments. Même quand ils semblent fâchés ou maussades, leurs accès de mauvaise humeur n'ont rien à voir avec elle, puisqu'ils l'ignorent totalement – ce qui, d'après le médecin, est également tout à fait normal.

Elle aime ses Poussins miniatures, la plupart du temps. Elle voudrait bien qu'ils lui parlent. Prenez garde à ce que vous souhaitez, a dit Tobias quand elle lui a fait part de ce désir. D'abord, une fois qu'ils se mettront à parler, ils pourraient ne plus jamais se taire, et ensuite, qui sait ce qu'ils diraient ? Puis il s'est lancé dans le récit d'une de ses liaisons d'autrefois. D'un très lointain autrefois, cela va sans dire. La femme était ravissante, avec des seins de déesse indienne et des cuisses de marbre dignes d'une statue grecque – Tobias affectionne les comparaisons archaïques et emphatiques –, mais chaque fois qu'elle ouvrait la bouche, il en sortait de telles fadaises qu'il explosait presque d'irritation contenue. Il avait dû mener une campagne longue et ardue pour parvenir à la mettre dans son lit : cela avait nécessité des chocolats, dans une boîte dorée en forme de cœur, de la meilleure qualité qui soit, sans regarder à la dépense. Et aussi du champagne. Mais cela ne l'avait pas rendue plus accommodante, seulement plus stupide.

D'après Tobias, il est plus difficile de séduire une femme stupide qu'une femme intelligente, parce que les femmes stupides ne comprennent pas les sous-entendus, elles sont même incapables de saisir le lien de cause à effet. Le fait qu'un dîner dans un restaurant trois étoiles doive être suivi, de même que la nuit suit le jour, de l'ouverture docile de leurs cuisses sans pareil, leur échappe complètement. Wilma a pensé que ce serait manquer de tact de lui suggérer que ces regards vides et perplexes étaient peut-être une comédie que jouaient ces belles, qui appréciaient un repas gratuit si cela ne leur coûtait que de battre des cils et d'écarquiller leurs grands yeux bovins. Elle se souvient de confidences échangées tandis que les dames se repoudraient le nez dans les toilettes – se repoudrer le nez était un euphémisme autrefois. Elle se souvient des petits gloussements complices, elle se souvient des allusions à la crédulité des hommes, entre deux applications de rouge à lèvres et de pinceaux sur les sourcils. Mais pourquoi troubler le suave Tobias en lui révélant tout ça ? C'est trop tard pour que de telles informations lui soient d'un quelconque intérêt pratique, et cela ne ferait que ternir ses souvenirs teintés de rose.

« J'aurais dû vous connaître à l'époque, dit-il à Wilma au détour d'un de ses récits de chocolats et de champagne. Quelles étincelles nous aurions produites ensemble ! »

Wilma analyse cette remarque en silence : veut-il dire qu'elle est intelligente, et donc facile à séduire ? Ou qu'elle l'aurait été à l'époque. Se rend-il compte qu'une femme plus susceptible pourrait prendre ça pour une insulte ?

Non, il ne s'en rend pas compte. Son propos se veut galant. Il ne peut pas s'en empêcher, le pauvre, car il est en partie hongrois, à ce qu'il prétend. Wilma le laisse donc babiller, des seins divins par-ci, des cuisses de marbre par-là, et ne fait pas de commentaires sur ses répétitions – comme elle aurait pu le faire autrefois – quand il lui raconte la même scène de séduction pour la énième fois. Ici, nous devons être indulgents les uns envers les autres, se dit-elle. Nous sommes tout ce qui nous reste.

L'important, c'est que Tobias voie encore. Elle ne peut se permettre d'être agacée par les attraits physiques de conquêtes révolues du moment que Tobias peut regarder par la fenêtre et lui dire ce qui se passe dans le grand parc devant la façade imposante du Manoir d'Ambroisie. Elle aime être tenue au courant des événements, pour autant qu'il y en ait.

En plissant les yeux, elle regarde son réveil avec ses gros chiffres, puis elle le déplace un peu de côté pour mieux voir. Il est plus tard qu'elle ne pensait, comme toujours. Elle tâtonne sur le dessus de sa table de chevet pour trouver son bridge, qu'elle se glisse dans la bouche.

Les petits personnages, qui dansent maintenant la valse, ne s'interrompent pas un instant : ses fausses dents ne les intéressent pas. Elles n'intéressent personne d'ailleurs, quand on y pense, sauf Wilma elle-même et peut-être le Dr Stitt – Dieu sait où il est maintenant. C'est lui qui l'avait convaincue de se faire arracher les molaires – sur le point de tomber en poussière –, et de les remplacer par des implants – c'était il y a une quinzaine d'années, sans doute –, afin qu'elle ait un support pour fixer un bridge, à supposer qu'elle en ait besoin plus tard. Ce qui, avait-il prédit, était une quasi-certitude, parce que ses dents – datant de l'époque antérieure au fluor – allaient bientôt s'émietter comme du vieux plâtre.

« Vous me remercierez plus tard, avait-il dit.

— Si je vis assez longtemps », avait-elle répondu en riant.

Elle était encore à l'âge où elle aimait plaisanter sur la mort, histoire de montrer qu'elle était encore pleine de vie.

« Vous vivrez éternellement », avait-il déclaré.

Ce qui ressemblait plus à une menace qu'à une parole de réconfort. Mais il espérait peut-être simplement garder longtemps sa clientèle.

Il est plus tard, maintenant, et elle remercie le Dr Stitt chaque matin en silence. Ce serait sinistre d'être édentée.

Une fois son beau sourire blanc inséré, elle se glisse hors du lit, cherche ses pantoufles du bout des orteils et se rend à pas lents dans la salle de bains. Là, elle arrive encore à se débrouiller : elle sait précisément où se trouve chaque objet, et ce n'est pas comme si elle était complètement aveugle. Du coin des yeux, elle arrive encore à avoir une impression, bien que le vide au centre de son champ de vision s'agrandisse, comme on le lui avait prédit. Trop de golf sans lunettes de soleil, et puis il y avait eu aussi la voile – où l'on reçoit une double dose de rayons à cause de la réflexion sur l'eau –, mais qui à l'époque y connaissait quelque chose ? Le soleil était censé être bon pour la santé. Un beau bronzage. Ils s'étaient couverts d'huile pour bébé, ils s'étaient fait griller comme des gaufres. La finition apportée par cette cuisson était du plus bel effet sur des cuisses moulées dans un short blanc.

Dégénérescence maculaire. *Maculaire* a l'air tellement immoral, l'opposé d'*immaculé*. « Je suis une dégénérée », avait-elle coutume de dire en riant juste après avoir appris le diagnostic. Tant de plaisanteries courageuses, alors...

Elle arrive encore à enfiler ses vêtements, pourvu qu'il n'y ait pas de boutons : il y a deux ans – ou plus ? –, elle les a tous éliminés de sa garde-robe. Il n'y a plus que du Velcro, et aussi des fermetures à glissière, qui sont très bien à condition qu'elles aient un système d'arrêt : il ne lui est plus possible d'enfiler le petit machin dans l'autre petit truc.

Elle se passe la main dans les cheveux, vérifie qu'il n'y a pas de mèche qui rebique. Le Manoir d'Ambroisie possède son propre salon avec un coiffeur à demeure, la Providence soit louée, et elle compte sur Sasha pour entretenir sa coiffure. La partie la plus difficile dans ses préparatifs du matin est sa figure. Elle la distingue à peine dans la glace : on dirait un de ces visages blancs qu'on voyait autrefois sur Internet, quand on se créait un compte sans y ajouter sa photo. Ainsi, aucun espoir de se dessiner les sourcils ou de se mettre du mascara, et pratiquement aucune chance d'utiliser du rouge à lèvres, même si, certains jours d'optimisme, elle s'imagine capable de le faire sans rien voir. Va-t-elle courir ce risque aujourd'hui ? Elle aura peut-être l'air d'un clown. Et alors ? Qui s'en soucie ?

Elle. Et peut-être Tobias. Et le personnel, quoique d'une façon différente. Si on a l'air un peu folle, on a plus de chances d'être traitée comme si on l'était vraiment. Il vaut donc mieux éviter le rouge à lèvres.

Elle trouve le flacon d'eau de toilette là où il réside toujours – les femmes de ménage ont pour instruction stricte de ne rien déplacer –, et s'en met quelques gouttes derrière les oreilles. Attar de roses, avec un soupçon d'autre chose, une note d'agrume. Elle hume profondément : Dieu merci, elle a encore de l'odorat, contrairement à d'autres. C'est quand on ne peut plus rien sentir qu'on perd l'appétit et qu'on se réduit comme une peau de chagrin.

En se retournant, elle réussit à se percevoir dans le miroir, du moins perçoit-elle quelqu'un : une femme qui ressemble étonnamment à sa mère dans son vieil âge, cheveux blancs, visage parcheminé et tout. Mais les yeux sont plus malicieux, parce qu'elle se regarde en coin. Plus malveillants aussi, comme un lutin qui aurait mal tourné. Il manque à ce regard en coin la franchise d'un regard direct – une chose qu'elle ne verra plus jamais.

Voici Tobias, ponctuel comme à son habitude. Ils prennent toujours le petit déjeuner ensemble.

Il frappe d'abord à la porte, comme le parfait gentleman qu'il prétend être. Le temps d'attente nécessaire avant d'entrer dans la chambre d'une femme, d'après lui, est le temps qu'il faudrait à l'autre homme pour plonger sous le lit. Il faut respecter les convenances quand il s'agit d'épouses, et Tobias en a subi plusieurs. Toutes avaient été infidèles, mais il ne leur en veut plus parce qu'il serait difficile de respecter une femme qui ne soit pas désirée par d'autres hommes. Il avait toujours fait en sorte qu'elles ne sachent pas qu'il savait. Il avait réussi chaque fois à les ramener à lui, et s'était assuré qu'elles l'adoraient à nouveau avant de les flanquer brusquement dehors, sans aucune explication, car pourquoi s'abaisser à les accuser ? Une porte close était beaucoup plus digne. Voilà comment il fallait procéder avec les épouses.

En revanche, dans le cas des maîtresses, les émotions spontanées risquent d'avoir le dessus. Un amant soupçonneux, fou de jalousie et soucieux de son honneur blessé, peut être tenté de faire irruption sans frapper, et là, il y aura un bain de sang, avec un couteau ou à mains nues, ou sous la forme d'un duel plus tard.

« Vous est-il arrivé de tuer quelqu'un ? a-t-elle demandé un jour, au cours d'une de ces déclamations.

— Je resterai muet comme une tombe, a-t-il répondu d'une voix solennelle. Mais une bouteille de vin – une bouteille *pleine* – appliquée sur la tempe peut fracasser un crâne. Et j'étais un tireur de première force. »

Wilma n'a pipé mot. Si elle ne peut pas voir Tobias, lui peut la voir, et un sourire ironique le blesserait. Elle trouve ce genre de détails rococo, comme les boîtes de chocolats dorées, et soupçonne Tobias de les inventer, non pas de toutes pièces mais en s'inspirant d'opérettes poussiéreuses, de romans passés de mode et de réminiscences d'oncles habitués du beau monde. Il doit penser que cette Américaine naïve le trouve décadent et fascinant, un vrai libertin. Il doit croire qu'elle prend tout ça pour argent comptant. Mais peut-être y croit-il lui-même.

« Entrez », dit-elle à présent.

Une forme indistincte apparaît dans l'encadrement de la porte. Elle l'examine de côté, renifle. Aucun doute, c'est Tobias : c'est son after-shave. *Brut*, si elle ne se trompe pas. Son odorat deviendrait-il plus aiguisé maintenant que sa vue s'est affaiblie ? Probablement pas, mais c'est réconfortant de le penser.

« Quel plaisir de vous voir, Tobias, dit-elle.

— Chère madame, vous êtes d'une beauté radieuse », déclare-t-il.

Il s'avance, la salue d'un baiser sur la joue de ses lèvres minces et sèches. Son menton gratte légèrement, il ne s'est pas encore rasé : il s'est juste un peu aspergé de *Brut*. Comme elle, il doit se soucier de son odeur, cette odeur acide et âcre des corps vieillissants qu'on remarque tant quand tous les Ambrosiens sont réunis dans la salle à manger, avec un fond de lente décomposition et de fuites involontaires dissimulé sous des couches de parfum – délicatement floral chez les femmes, épicé chez les hommes : ils continuent de porter en eux l'image qu'ils chérissent, celle de la rose épanouie ou du pirate sanguinaire.

« J'espère que vous avez bien dormi, dit Wilma.

— J'ai fait un rêve extraordinaire ! répond Tobias. Violet. Marron. C'était très sexuel, avec de la musique. »

Ses rêves sont fréquemment très sexuels, avec de la musique.

« Il s'est bien terminé, j'espère ? »

Elle utilise beaucoup trop le verbe *espérer*, aujourd'hui.

« Pas très bien, répond-il. J'ai commis un meurtre, et ça m'a réveillé. Qu'allons-nous prendre, aujourd'hui ? Les créations à base d'avoine, ou celles à base de son ? »

Il ne prononce jamais les marques de céréales du répertoire de Wilma : il les trouve trop banales. Il va bientôt faire une remarque sur l'absence de bons croissants dans cet endroit ou, de fait, l'absence de croissants tout court.

« Je vous laisse choisir, dit-elle. Je ferai un mélange. »

Le son pour l'intestin, l'avoine pour le cholestérol, bien que les experts changent tout le temps d'avis à ce sujet. Elle l'entend fouiller dans le placard : il connaît bien sa kitchenette, et il sait où les paquets sont rangés. Ici, au Manoir, le déjeuner et le dîner sont servis dans la grande salle à manger, mais ils prennent le petit déjeuner dans leurs appartements. C'est-à-dire, ceux qui sont dans l'aile de l'Assistance de vie premier niveau. Dans l'aile des Soins avancés, les choses sont différentes. Elle préfère ne pas savoir à quel point.

Elle entend les assiettes s'entrechoquer, un bruit de couverts : Tobias est en train de mettre la table devant la fenêtre. Elle perçoit sa silhouette sombre qui se découpe sur le rectangle de lumière.

« Je m'occupe du lait », reprend Wilma.

Elle est encore capable de faire ça, au moins : ouvrir le minifrigo, repérer le carton en plastique frais, le porter jusqu'à la table sans en renverser.

« C'est déjà fait », dit Tobias.

À présent, il moud le café, un ronronnement de scie miniature. Aujourd'hui, il ne lui explique pas à quel point il serait mieux de le moudre à la main, avec un moulin rouge à manivelle en cuivre, comme c'était la coutume dans sa jeunesse, ou peut-être celle de sa mère. La jeunesse de quelqu'un, en tout cas. Wilma connaît bien ce moulin à café rouge avec une manivelle en cuivre. C'est comme si elle l'avait eu autrefois. Elle ne l'a jamais eu, mais elle en ressent la perte : il fait désormais partie de son inventaire, il a rejoint tous les autres objets qu'elle a réellement perdus.

« Nous devrions prendre des œufs à la coque », propose Tobias.

Ils le font de temps en temps, mais la dernière fois a été un petit désastre. Tobias ne les a pas fait cuire suffisamment, de sorte que celui de Wilma a giclé sur sa robe. Retirer le haut de la coquille est une opération délicate, et elle ne peut plus se servir de sa cuillère avec précision. La prochaine fois, elle suggérera une omelette, mais cela pourrait excéder les compétences culinaires de Tobias. Peut-être en le conseillant, pas à pas ? Non, trop risqué, elle ne voudrait pas qu'il se brûle. Quelque chose au micro-onde, peut-être, un croque-monsieur par exemple. Ou des lasagnes. Elle en faisait, du temps où elle avait une famille. Mais comment trouver une recette ? Et puis la suivre ? Il y a peut-être des recettes en audio ?

Ils s'installent à la table et mâchent leurs céréales, qui sont cassantes avec une consistance de cendre. Ça demande pas mal de mâchonnement. Wilma entend dans sa tête un bruit qui rappelle des crissements de pas dans la neige, ou celui d'un paquet de cacahuètes qu'on ouvre. Elle devrait peut-être changer de marque, choisir des céréales plus molles, ou du porridge en sachet. Mais cette simple suggestion risquerait de lui valoir le mépris de Tobias : il a le plus profond dédain pour tout ce qui est en sachet. Des bananes : elle pourrait essayer les bananes. Elles poussent sur des arbres, ou des plantes, ou bien des buissons. Il ne peut raisonnablement pas faire d'objections aux bananes.

« Pourquoi fabriquent-ils ces machins comme des ronds ? demande Tobias – ce n'est pas la première fois.

— Ils sont en forme de lettre O. C'est à cause de la marque, le O de Oats. »

Tobias secoue la tête, une tache indistincte dans la lumière.

« Un croissant serait préférable. Eux aussi ont une forme, qui date de l'époque où les Maures ont failli s'emparer de Vienne. Je ne vois pas pourquoi… (Il s'interrompt.) Il se passe quelque chose au portail. »

Wilma possède des jumelles, que son Alyson lui avait envoyées pour observer les oiseaux. À l'époque, elle n'avait guère réussi à voir que des étourneaux, et ces jumelles ne lui sont plus d'aucune utilité maintenant. Son autre fille envoie surtout des pantoufles. Wilma a une tonne de pantoufles. Son fils envoie des cartes postales. Il n'a pas l'air de comprendre qu'elle ne peut plus lire son écriture.

Les jumelles sont toujours posées sur le rebord de la fenêtre, et Tobias les prend pour examiner le terrain : l'allée incurvée, la pelouse avec ses buissons taillés – elle s'en souvient pour les avoir vus quand elle est arrivée ici, il y a trois ans –, la fontaine avec une réplique d'une célèbre statue belge, un petit garçon nu au visage d'ange qui fait pipi dans un bassin en pierre. Le haut mur de brique, et l'imposant portail surmonté d'une arche et encadré de deux lions de pierre à l'air prétentieux et déprimés. Le Manoir était autrefois une grande demeure campagnarde, datant de l'époque où les gens se faisaient construire ce genre de petits châteaux, et où il y avait encore une campagne. D'où les lions, très probablement.

Quelquefois, il n'y a rien d'intéressant que Tobias puisse observer, à part les allées et venues habituelles. Tous les jours, des visiteurs – les « civils », comme les appelle Tobias – parcourent rapidement l'allée menant du parking à l'entrée principale avec un bégonia ou un géranium en pot à la main, en tirant derrière eux un gamin maussade tout en s'efforçant d'afficher de l'enthousiasme, pressés d'en finir au plus vite avec cette visite d'un parent riche et âgé. Les membres du personnel, aussi bien médical qu'employé aux cuisines et à l'entretien, franchissent la grille et vont se garer dans le parking qui leur est réservé, ou devant les entrées latérales. Des camionnettes de livraison aux couleurs pimpantes apportent les provisions et le linge propre, et parfois des assortiments de fleurs commandés par des membres de la famille qui se sentent coupables. Les véhicules un peu moins élégants, tels que les camions de ramassage des ordures, entrent par une grille spéciale, ignominieusement située à l'arrière du parc.

De temps en temps, il y a un drame. Un habitant de l'aile des Soins avancés qui s'échappe, malgré toutes les précautions, et qu'on voit errer, vêtu d'un simple pyjama ou plus sommairement encore, faisant pipi ici et là – une activité acceptable de la part d'un chérubin ornant une fontaine, mais pas chez un être humain décrépit. Il s'ensuit une battue, bon enfant mais efficace, afin d'encercler le vagabond et de le ramener à l'intérieur. Ou de *la* ramener : quelquefois, c'est une femme, bien que les hommes semblent faire preuve de plus d'initiative pour s'échapper.

Parfois c'est une ambulance qui arrive et lâche une bande d'infirmiers qui se précipitent dans le bâtiment avec tout leur matériel – « comme à la guerre », a fait remarquer Tobias un jour, bien qu'il ait dû se référer à des films, parce qu'il n'a sans doute participé à aucune guerre, pour autant que Wilma puisse le savoir –, et puis, au bout d'un moment, ils ressortent d'un pas plus lent, en poussant une civière sur laquelle on distingue une forme allongée. D'ici, fait alors Tobias en regardant dans ses jumelles, impossible de dire si la forme est vivante ou morte. « Peut-être même impossible à dire de près », a-t-il ajouté une fois pour faire dans l'humour sépulcral.

« Qu'est-ce qui se passe ? demande à présent Wilma. C'est une ambulance ? »

Il n'y a pas eu de bruit de sirènes. Elle en est sûre, elle entend encore très bien. C'est dans des moments comme celui-ci que son handicap lui semble le plus décourageant. Elle préférerait voir par elle-même, elle ne fait pas confiance à Tobias dans sa façon d'interpréter. Elle le soupçonne de lui cacher des choses. Pour la protéger, dirait-il. Mais elle ne souhaite pas qu'on la protège de cette façon.

Peut-être en réaction à sa frustration, une phalange de petits hommes se forme sur le rebord de la fenêtre. Pas de femmes, cette fois, c'est plutôt un défilé militaire. La société des petits êtres est très conservatrice : ils ne laissent pas les femmes participer à leurs défilés. Leurs vêtements sont encore verts, mais d'un vert plus foncé, moins festif. Ceux des premiers rangs portent des casques en métal. Derrière eux, les costumes sont plus élaborés, des tenues de cérémonie avec des capes ourlées d'or et des toques de fourrure verte. Y aura-t-il également des chevaux miniatures, un peu plus tard ? C'est déjà arrivé.

Tobias ne répond pas tout de suite. Il finit par dire :

« Non, pas d'ambulance. C'est une sorte de manifestation. Elle semble bien organisée.

— Il y a peut-être une grève », répond Wilma.

Mais qui parmi les employés du Manoir d'Ambroisie ferait grève ? Le personnel d'entretien aurait sans doute le plus de raisons – il est sous-payé –, mais c'est aussi le moins probable, car une bonne partie d'entre eux sont des travailleurs clandestins, et tous ont vraiment besoin d'argent.

« Non, dit lentement Tobias, je ne pense pas que ce soit une grève. Trois de nos vigiles de sécurité sont en train de discuter avec eux. Il y a aussi un flic. Non, deux flics. »

Wilma est toujours très étonnée quand Tobias utilise des mots d'argot tels que *flic*. Ils ne collent pas avec son registre verbal standard, beaucoup plus policé et réfléchi. Mais il se permet peut-être ce « flic » parce que c'est un terme archaïque. Une fois, il a dit « D'ac ! » et, une autre fois, « Dégage ! ». Il puise peut-être ces mots dans des livres, de vieux romans policiers poussiéreux, ce genre-là. Cela étant, de quel droit Wilma se moquerait-elle de lui ? Maintenant qu'elle ne peut plus surfer sur Internet, elle a perdu trace de la façon dont parlent les gens. Les vraies gens, les gens plus jeunes. Ce n'est pas qu'elle ait tant surfé que ça, autrefois. Elle n'a jamais été interactive, elle se contentait de se promener et de regarder, en simple badaude, et elle commençait tout juste à bien se familiariser avec quand sa vue s'est dégradée.

Elle avait dit un jour à son mari – quand il vivait encore, pas pendant cette longue année de cauchemar où elle avait continué de lui parler après sa mort –, qu'elle ferait graver le mot *badaude* sur sa tombe. Parce que, au fond, n'avait-elle pas passé la plus grande partie de sa vie à observer les autres ? C'est la réflexion qu'elle se fait à présent, même si elle ne voyait pas les choses ainsi avant, parce qu'elle était toujours très occupée par une chose ou une autre. Elle avait obtenu son diplôme en histoire – ce qui semblait un sujet tranquille à étudier en attendant de se marier –, mais toute cette histoire qu'elle a apprise ne lui sert plus à rien désormais, parce qu'elle ne se souvient plus de grand-chose. Trois dirigeants politiques, morts pendant qu'ils faisaient l'amour, c'est à peu près tout : Gengis Khan, Clemenceau et machin-chose. Son nom lui reviendra plus tard.

« Qu'est-ce qu'ils font ? » s'enquiert-elle.

Sur le rebord de fenêtre, les petits marcheurs se dirigeaient vers la droite, mais ils viennent de faire demi-tour et repartent vers la gauche de leur pas martial. Ils se sont munis de lances avec des pointes étincelantes, et quelques-uns jouent du tambour. Wilma essaie de ne pas trop se laisser distraire, même si c'est un vrai plaisir d'être capable de voir les choses à un tel niveau de détail. Mais Tobias n'aime pas qu'elle ne lui consacre pas toute son attention. Elle s'arrache au spectacle du défilé et revient au présent invisible.

« Ils vont entrer ici ?

— Non, répond Tobias, ils restent là-bas. À ne rien faire, ajoute-t-il sur un ton désapprobateur. Ce sont des jeunes. »

Pour lui, tous les jeunes sont des paresseux et des profiteurs, qui feraient mieux de se trouver du travail. Le fait qu'il y ait tellement peu d'emplois pour eux lui échappe totalement. S'il n'y a pas d'emplois, dit-il, ils n'ont qu'à en créer.

« Combien sont-ils ? » demande Wilma.

S'ils ne sont qu'une douzaine, ce n'est rien de grave.

« Je dirais une cinquantaine, répond Tobias. Ils ont des pancartes. Pas les flics, les autres. Ils essaient maintenant de bloquer la camionnette des Draps pour la Vie. Regardez, ils se sont regroupés juste devant. »

Il a oublié qu'elle ne peut pas voir.

« Qu'y a-t-il d'écrit sur les pancartes ? »

Bloquer la camionnette des Draps pour la Vie, ce n'est pas gentil : c'est aujourd'hui qu'on change les draps des pensionnaires, enfin de ceux qui n'ont pas besoin d'un service de draps supplémentaires et d'une alèse en caoutchouc. L'aile des Soins avancés a une fréquence plus importante : deux fois par jour, a-t-elle entendu dire. Le Manoir d'Ambroisie n'est pas bon marché, et les familles n'apprécieraient pas que leurs parents chéris soient couverts d'escarres. Ils en veulent pour leur argent, c'est du moins ce qu'ils diraient. En vérité, ce qu'ils veulent, c'est une fin rapide et non culpabilisante pour les vieux fossiles. Ensuite, ils sont enfin libres de faire le ménage et récupérer la valeur nette de leur investissement – l'héritage, les restes, les résidus –, et se dire qu'ils l'ont bien méritée.

« Certaines pancartes ont des photos de bébés, dit Tobias. Des bébés joufflus et souriants. Il y en a où ils ont écrit : IL EST TEMPS DE PARTIR.

— Temps de partir ? répète Wilma. Des bébés ? Qu'est-ce que ça veut dire ? Ce n'est pas une maternité, ici. »

Même plutôt l'inverse, songe-t-elle avec un sourire caustique : ici, on sort de la vie, au lieu d'y entrer. Mais Tobias ne répond pas.

« Les flics sont en train de frayer un passage à la camionnette », dit-il.

Très bien, songe Wilma. Changement de draps pour tout le monde. On sentira moins mauvais.

Tobias la quitte pour faire sa sieste matinale – il reviendra à midi pour l'emmener déjeuner dans la salle à manger – et, après quelques échecs et un plateau flanqué par terre, Wilma trouve la radio posée sur le comptoir de sa kitchenette et l'allume. C'est un poste spécialement conçu pour les malvoyants : il ne comporte que deux boutons, un pour l'allumer et l'éteindre, l'autre pour régler les stations, et il est enveloppé d'une coque en plastique vert, étanche et facile à tenir. Encore un cadeau d'Alyson, qui vit sur la côte Ouest et qui s'inquiète de ne pas en faire assez pour Wilma. Elle viendrait certainement lui rendre visite plus souvent s'il n'y avait pas ses jumeaux adolescents avec leurs problèmes non précisés, et les exigences de sa carrière au sein d'un grand cabinet international d'expertise comptable. Il faut que Wilma l'appelle aujourd'hui pour la rassurer et lui dire qu'elle est encore en vie, et alors les jumeaux seront peut-être obligés de lui dire bonjour. Ils doivent trouver ces appels franchement rasoir ; après tout, pourquoi pas ? Elle-même les trouve ennuyeux.

La grève, ou peu importe ce que c'est, sera sans doute mentionnée aux infos locales. Elle pourra les écouter tout en faisant la vaisselle, ce qu'elle réussit assez bien à faire du moment qu'elle procède lentement. Quand il y a du verre brisé, elle doit se connecter aux Services par l'interphone et attendre que Katia, sa femme de ménage attitrée, vienne balayer et ramasser les débris, tout en se lamentant avec son accent slave. Les débris de verre peuvent être très tranchants et ce serait une mauvaise idée de se couper, surtout qu'elle ne sait plus dans quel tiroir de la salle de bains elle range les pansements.

Des flaques de sang sur le carrelage enverraient un mauvais signal à la direction. Il ne la croient pas réellement capable de se débrouiller seule. Ils attendent juste un prétexte pour l'envoyer aux Soins avancés et faire main basse sur le reste de ses meubles, sa porcelaine et son argenterie, qu'ils mettront en vente pour augmenter leurs bénéfices. Le contrat est comme ça, elle l'a signé : c'est le prix d'entrée, le prix du confort, le prix de la sécurité. Le prix pour ne pas être un fardeau. Elle a gardé deux de ses belles antiquités, le petit secrétaire et la coiffeuse – les dernières reliques de son ancienne maison. Le reste est allé à ses trois enfants, qui n'avaient en réalité rien à faire de ce genre de meubles – pas à leur goût – et qui ont tous dû les fourrer au grenier, même s'ils ont manifesté une reconnaissance respectueuse.

Une musique entraînante, des échanges joviaux entre le présentateur et la présentatrice, encore un peu de musique, la météo. Vague de chaleur dans le nord, inondations dans l'ouest, encore des tornades. Un ouragan se dirige vers La Nouvelle-Orléans, un autre sévit sur la côte Est, rien que de très banal pour un mois de juin. Mais en Inde, c'est le contraire : les moussons ont été insignifiantes, et on craint une famine prochaine. L'Australie est encore en proie à la sécheresse, avec toutefois des pluies diluviennes dans la région de Cairns, où des crocodiles envahissent les rues. Des incendies de forêt en Arizona et en Pologne, et aussi en Grèce. Mais ici, tout va bien : c'est le moment d'aller faire un tour sur la plage, prendre un peu le soleil, n'oubliez pas de vous mettre de la crème, mais attention aux orages qui éclateront un peu plus tard. Bonne journée à tous !

On passe aux informations. D'abord, un renversement de régime en Ouzbékistan. Ensuite, une fusillade dans un centre commercial de Denver : l'assaillant – manifestement en proie à des hallucinations – a été abattu par un tireur d'élite de la police. Et enfin – Wilma tend l'oreille –, dans la banlieue de Chicago, une maison de retraite a été incendiée par un groupe d'individus portant des masques de bébés ; une deuxième près de Savannah, en Géorgie, et une troisième à Akron, dans l'Ohio. Un de ces établissements était géré par l'État, mais les deux autres étaient des institutions privées possédant leurs propres services de sécurité, et leurs occupants, dont certains ont été complètement carbonisés, n'étaient pas pauvres.

Il ne s'agit pas de coïncidences, explique le commentateur. Ces actes étaient coordonnés : une organisation qui se présente sous le nom de Nottour en a revendiqué la responsabilité sur un site Web – dont les administrateurs sont actuellement recherchés par les autorités. Les familles des personnes âgées disparues sont naturellement – poursuit toujours le journaliste – sous le choc. Commence alors une interview avec un parent éploré et incohérent. Wilma éteint le poste. Il n'y a eu aucune mention du rassemblement devant le Manoir d'Ambroisie, mais il est probablement trop petit et non violent pour attirer l'attention.

Nottour. C'est ce qu'elle a cru entendre : ils n'ont pas épelé le nom. Elle demandera à Tobias de regarder le journal télévisé – une activité qu'il prétend avoir en horreur, mais il le fait quand même – et de lui en dire plus. Elle ne prête pas attention au festival du petit peuple qui se déroule près du micro-ondes, sur un thème orange et rose avec de nombreuses dentelles et de grandes perruques absurdes garnies de fleurs, et elle va s'étendre pour sa sieste matinale. Elle détestait les siestes, autrefois, et elle les déteste encore : elle ne veut rien perdre. Mais elle est désormais incapable de tenir toute la journée sans ça.

Tobias la guide dans le couloir pour se rendre à la salle à manger. Ils sont du deuxième service. Tobias considère que déjeuner avant treize heures est une maladresse en société. Il marche plus vite que d'habitude, et elle lui demande de ralentir.

« Mais naturellement, chère madame », dit-il en lui serrant le coude – dont il se sert pour la propulser.

Une fois, il lui a passé un bras autour de la taille – elle en a encore une, plus ou moins, contrairement à certaines autres –, mais ça l'a déséquilibré, et ils ont failli se retrouver tous les deux par terre. Il n'est pas très grand, et il a une prothèse de la hanche. Il doit faire attention à son équilibre.

Wilma ne sait pas à quoi il ressemble, plus maintenant. Elle l'a probablement embelli, rajeuni, avec moins de rides, plus alerte. Plus de cheveux sur le crâne.

« J'ai tant de choses à vous raconter, lui glisse-t-il à l'oreille – d'un peu trop près, elle a envie de lui demander de ne pas crier si fort, elle n'est pas sourde. J'ai appris que ces gens ne sont pas des grévistes. Ils ne battent pas en retraite, leur nombre a augmenté. »

Cette tournure des événements l'a rempli d'énergie. On l'entend presque bourdonner.

Dans la salle à manger, il lui tire sa chaise, l'aide à s'y asseoir et repousse la chaise juste au moment où son derrière va entrer en contact. C'est un art qui se perd, songe-t-elle, cette façon élégante de pousser la chaise des dames, comme ferrer des chevaux ou empenner des flèches. Puis il s'installe en face d'elle, une forme obscure sur fond de papier peint coquille d'œuf. Elle tourne la tête un peu de côté et perçoit très vaguement son visage, avec ses yeux foncés au regard intense. C'est comme ça qu'elle s'en souvient, intense.

« Qu'y a-t-il au menu ? » demande-t-elle.

On leur distribue un menu à chaque repas, un seul feuillet avec un en-tête en relief, un blason totalement frauduleux. Le papier est doux au toucher, crémeux, comme les programmes de théâtre d'une époque révolue, avant qu'ils ne soient imprimés sur du papier recyclé avec plein de publicités.

« Potage aux champignons », répond-il.

D'habitude, il s'attarde sur les propositions du jour, pour les dénigrer gentiment tout en évoquant ses souvenirs de banquets gastronomiques et en se faisant la réflexion que plus personne ne sait cuisiner correctement de nos jours, particulièrement le veau, mais aujourd'hui, il laisse tout ça de côté.

« J'ai creusé cette affaire, poursuit-il. Au Centre d'activités. J'ai surfé. »

Il veut dire qu'il s'est servi de l'ordinateur et qu'il a exploré Internet à la recherche d'informations. À Ambroisie, ils ne sont pas autorisés à avoir des ordinateurs personnels, l'explication officielle étant que le réseau informatique n'est pas à la hauteur. Wilma soupçonne que la vraie raison est qu'ils craignent que les femmes ne tombent victimes d'escrocs en ligne, nouent des romances inconvenantes et dilapident ensuite leur argent. Quant aux hommes, ils seraient inévitablement happés par les sites pornographiques, deviendraient surexcités et succomberaient à des crises cardiaques, amenant ainsi le Manoir d'Ambroisie à être poursuivi en justice par les familles indignées qui prétendraient que le personnel aurait dû mieux surveiller ces vieux bonshommes.

Par conséquent, pas d'ordinateurs personnels, mais ils ont le droit d'utiliser ceux du Centre d'activités, où des contrôles d'accès peuvent être installés, comme pour les préadolescents. Cela étant, la direction s'efforce d'écarter les pensionnaires de ces écrans addictifs : elle préfère que ses clients tripotent des mottes d'argile ou collent des formes géométriques en carton pour créer des motifs. Ou qu'ils jouent au bridge, ce qui est censé retarder l'apparition de la démence sénile. Même si, comme dit Tobias, avec les joueurs de bridge, comment savoir ? Wilma, qui a beaucoup joué au bridge autrefois, s'abstient de tout commentaire.

Shoshanna, l'ergothérapeute, fait sa tournée à l'heure du dîner et y va de son couplet sur le besoin que chacun a de s'exprimer par le biais de l'art. Quand elle se voit pressée de participer à la peinture avec les doigts ou à la fabrication de colliers de nouilles, ou à toute autre idée brillante que Shoshanna a eue pour leur donner une raison de rester sur cette planète afin de voir un autre coucher de soleil, Wilma invoque sa vision limitée. Shoshanna a tenté une fois de faire de la surenchère en racontant une histoire de potiers aveugles, dont plusieurs ont obtenu une reconnaissance internationale pour leurs magnifiques céramiques tournées à la main, et Wilma n'aimerait-elle pas élargir ses horizons en s'y essayant ? Mais Wilma l'a stoppée net : « Vieux singe, a-t-elle dit en souriant de toutes ses fausses dents. Pas de nouvelles grimaces. »

Quant au porno sur Internet, quelques-uns des vieux débauchés possèdent un téléphone portable et se régalent de cette façon. L'information vient de Tobias, qui papote avec tous ceux qu'il rencontre quand il ne papote pas avec Wilma. Il prétend que lui-même n'éprouve aucun intérêt pour ce porno sur portable, inélégant et sordide, parce que les femmes qui y figurent sont vraiment minuscules. Il y a des limites, dit-il, à la réduction qu'on peut appliquer au corps féminin sans le transformer en fourmi dotée de glandes mammaires. Wilma ne croit pas entièrement à cette histoire d'abstinence, mais après tout, il ne ment peut-être pas : il est possible qu'il trouve ses propres sagas imaginaires beaucoup plus érotiques que ce que peut fournir un simple téléphone, et en plus, elles ont le mérite de le mettre en vedette.

« Qu'avez-vous appris d'autre ? » demande-t-elle.

Ils sont entourés du bruit des cuillères contre la porcelaine, du murmure de voix faiblissantes, comme une vibration d'insectes.

« Ils disent que c'est leur tour, répond Tobias. C'est pour ça qu'ils écrivent *Notre Tour* sur leurs pancartes.

— Ah, fait Wilma. (Tout s'éclaire, à présent. *Nottour*. *Notre Tour*. Elle n'avait pas bien entendu.) Leur tour pour quoi ?

— Pour profiter de la vie, disent-ils. J'en ai entendu un aux infos télévisées. Forcément, tout le monde veut les interviewer. Ils disent que nous avons eu notre tour, les gens de notre âge. Ils disent que nous avons tout gâché. Que nous avons tué la planète par notre cupidité, et ainsi de suite.

— Là, ils n'ont pas tort, dit Wilma. Nous avons tout gâché, mais pas volontairement.

— Ce n'est qu'une bande de socialistes », déclare Tobias.

Il a une piètre opinion des socialistes. Tous ceux qu'il n'aime pas sont des socialistes, sous une forme ou une autre.

« Juste une bande de feignants de socialistes, poursuit-il, qui essaient toujours de s'emparer de ce que les autres ont acquis par leur travail. »

Wilma n'a jamais très bien su comment Tobias a gagné son argent, suffisamment de quoi se payer toutes ces ex-épouses, mais aussi son appartement tout à fait spacieux au Manoir d'Ambroisie. Elle le soupçonne d'avoir été mêlé à des affaires louches, dans des pays où toutes les affaires sont louches, mais il se montre très discret sur sa vie financière antérieure. Tout ce qu'il accepte de dévoiler, c'est qu'il a possédé plusieurs compagnies dans le domaine du commerce international, et qu'il a réalisé de bons investissements, bien qu'il ne puisse pas dire qu'il soit vraiment riche. D'un autre côté, les gens riches ne disent jamais qu'ils le sont : ils disent qu'ils sont à l'aise.

Wilma était à l'aise, du temps où son mari vivait encore. Elle l'est probablement toujours. Elle ne s'intéresse plus beaucoup à ses économies : une société de gestion privée s'en charge pour elle. Alyson les surveille, autant qu'elle le peut depuis la côte Ouest. Le Manoir d'Ambroisie n'a pas encore jeté Wilma à la rue, ce qui signifie que les factures continuent d'être payées.

« Qu'attendent-ils de nous ? demande-t-elle en s'efforçant de garder un ton calme. Tous ces gens avec leurs pancartes ? Enfin, pour l'amour du ciel, ce n'est pas comme si nous pouvions faire quoi que ce soit !

— Ils disent qu'ils veulent qu'on fasse de la place. Ils veulent qu'on dégage. C'est ce que disent certaines pancartes : *Dégagez*.

— J'imagine que ça revient à dire *Mourez*. Y a-t-il des petits pains, aujourd'hui ? »

Quelquefois, il y a de ces délicieux petits pains Parker House, tout chauds sortis du four. Afin d'aider leurs clients à se sentir chez eux, les diététiciens du Manoir d'Ambroisie s'efforcent de recréer ce qu'ils imaginent être les menus d'il y a soixante-dix ou quatre-vingts ans. Gratin de macaronis, soufflé, crème anglaise, gâteau de riz, gelée de fruits à la crème Chantilly. Ces menus ont de plus l'avantage d'être relativement mous, donc sans risques pour des dents branlantes.

« Non, dit Tobias. Pas de petits pains. Et maintenant, on apporte le poulet en cocotte.

— Vous croyez qu'ils sont dangereux ? demande Wilma.

— Non, pas ici. Mais dans d'autres pays, ils brûlent des choses. Ils disent qu'ils ont une dimension internationale. Ils disent qu'ils sont des millions en train de se soulever.

— Oh, ils brûlent toujours des choses, dans d'autres pays », dit Wilma d'un ton détaché.

Si je vis assez longtemps, s'entend-elle déclarer à son ancien dentiste. C'est le même ton : *Rien de tout cela ne pourra jamais m'arriver*.

Espèce d'idiote, songe-t-elle. Tu prends tes désirs pour des réalités. Mais elle ne parvient tout simplement pas à se sentir menacée, en tout cas pas par ces bêtises derrière les grilles.

Dans le courant de l'après-midi, Tobias s'invite pour le thé. Son appartement se situe de l'autre côté du bâtiment. Il a une vue sur le parc à l'arrière du Manoir, avec ses allées de gravier, ses bancs à intervalles rapprochés pour ceux qui s'essoufflent facilement, ses jolis petits pavillons pour s'abriter du soleil, et sa pelouse de croquet pour s'adonner à des jeux paisibles. Tobias voit tout ça, il l'a décrit à Wilma dans le moindre détail, mais il ne peut distinguer la grille d'entrée du domaine. Et il n'a pas de jumelles. C'est pour ça qu'il vient dans l'appartement de Wilma.

« Ils sont plus nombreux, maintenant, commente-t-il. Une centaine, peut-être. Certains portent des masques.

— Des masques ? demande Wilma, intriguée. Vous voulez dire, comme pour Halloween ? (Elle imagine des gnomes, des Dracula, des fées et des sorcières, et des Elvis Presley.) Je croyais que le port d'un masque était interdit ? Dans les rassemblements publics ?

— Ce n'est pas tout à fait comme à Halloween. Ce sont des masques de bébés.

— Ils sont roses ? »

Wilma frissonne de peur. Des masques de bébés, dans une foule de manifestants : c'est déconcertant. Une horde de bébés géants, potentiellement violents. Hors de contrôle.

Il y a une vingtaine de petits personnages qui se tiennent par la main pour faire une ronde autour de ce qui est probablement le sucrier. Tobias aime prendre du sucre dans son thé. Les femmes portent des jupes qui semblent faites de pétales de rose, les hommes scintillent dans des tissus d'un bleu canard iridescent.

Ils sont d'un tel raffinement, avec toutes leurs broderies ! Il est difficile de croire qu'ils ne sont pas réels, tant ils sont physiques, avec un tel luxe de détails.

« Quelques-uns, répond Tobias. Il y en a aussi des jaunes, d'autres sont marron.

— Ils doivent essayer d'adopter un thème interracial », dit Wilma.

Discrètement, elle avance la main, centimètre par centimètre, vers les danseurs. Si seulement elle pouvait en attraper un, le tenir entre ses doigts comme un scarabée. Peut-être reconnaîtraient-ils enfin son existence, ne serait-ce qu'en donnant des coups de pied et en mordant.

« Ils ont aussi des déguisements de bébés ? »

Des couches-culottes, peut-être, ou des barboteuses, avec des slogans écrits dessus, ou des bavoirs avec des images incongrues, comme des pirates et des zombies. C'était très à la mode, autrefois.

« Non, seulement des masques », précise Tobias.

Les petits danseurs ne donnent pas à Wilma la satisfaction de pouvoir passer les doigts à travers eux, ce qui prouverait une fois pour toutes leur non-réalité. Ils modifient leur ronde pour lui échapper, ce qui veut dire qu'ils sont peut-être conscients de sa présence, finalement. Ces petits coquins veulent peut-être la taquiner.

Ne sois pas bête, pense-t-elle. C'est un syndrome. Charles Bonnard. C'est bien documenté, d'autres personnes l'ont aussi. Non, Bonnet : Bonnard était un peintre, elle en est presque sûre. Ou est-ce Bonnivert ?

« Maintenant, ils bloquent une autre camionnette, explique Tobias. Le livreur de poulets. »

Les poulets viennent d'une ferme locale, un élevage bio où ils courent en liberté. Les œufs aussi viennent de là. Les Joyeux Poulets de Barney et Dave. Ils viennent chaque jeudi. Pas de poulets ni d'œufs : ça pourrait devenir grave dans le long terme, songe Wilma. Ça va grincher à l'intérieur des murs. Des voix vont s'élever. Ce n'est pas pour ça que je paie.

« Il y a des policiers ? demande-t-elle.

— Je n'en vois pas.

— Il faut aller se renseigner à la réception. Nous devons nous plaindre. Il faudrait les disperser, ou je ne sais quoi – tous ces gens.

— J'ai déjà posé la question, dit Tobias. Ils n'en savent pas plus que nous. »

Ce soir-là, le dîner est plus animé que d'habitude : il y a plus de conversations, plus de bruits de couverts, plus de rires soudains. Le personnel semble moins nombreux que d'habitude, ce qui, en temps normal, pourrait susciter une certaine mauvaise humeur, mais les choses étant ce qu'elles sont, l'atmosphère est plutôt discrètement festive. Un plateau tombe par terre, un verre se brise, il y a des applaudissements. On met en garde les clients contre les glaçons renversés, car on les voit à peine et ils sont glissants. Nous ne voudrions pas des fractures de la hanche, n'est-ce pas ? fait la voix de Shoshanna dans son micro.

Tobias commande une bouteille de vin pour la table.

« Profitons de la vie, dit-il. À notre santé ! »

Les verres tintent. Wilma et lui ne sont pas seuls ce soir : ils sont à une table pour quatre. C'est Tobias qui l'a proposé, et Wilma s'est surprise à accepter : si le nombre ne fait pas forcément la sécurité, il en donne au moins l'illusion. En restant unis, ils pourront tenir l'inconnu à distance.

Les deux autres convives sont Jo-Anne et Noreen. Dommage qu'il n'y ait pas un autre homme, songe Wilma, mais dans cette tranche d'âge, il y a quatre femmes pour un homme. D'après Tobias, les femmes tiennent plus longtemps le coup parce qu'elles sont moins capables d'indignation, et supportent mieux l'humiliation. En effet, qu'est-ce que le vieil âge sinon une longue série d'indignités ? Quel être humain doté d'un minimum d'amour-propre accepterait de subir ça ? Parfois, quand il en a assez de cette nourriture insipide, ou quand son arthrite lui joue de mauvais tours, il menace de se faire sauter la cervelle, si seulement il arrivait à trouver l'arme nécessaire. Ou bien de se trancher les veines dans la baignoire avec une lame de rasoir, tel un honorable Romain. Quand Wilma proteste, il la rassure : c'est juste le Hongrois morbide qu'il a en lui qui parle ainsi. Tous les Hongrois parlent comme ça. Quand on est un Hongrois, on ne peut pas laisser passer une journée sans menacer de se suicider – même si, plaisante-t-il, il n'y en a pas suffisamment qui aillent jusqu'au bout de leur idée.

Pourquoi pas les Hongroises ? lui a demandé Wilma plusieurs fois. Pourquoi ne se tailladent-elles pas les veines dans une baignoire, elles aussi ? Elle aime bien reposer des questions, parce que si les réponses sont parfois les mêmes, ce n'est pas toujours le cas. Tobias est né dans au moins trois endroits différents, et il a fait ses études dans quatre universités en même temps. Ses passeports sont nombreux.

« Les Hongroises en sont incapables, a-t-il répondu un jour. Elles ne comprennent jamais quand la partie est finie, que ce soit en amour, dans la vie ou dans la mort. Elles flirtent avec le croque-mort, elles flirtent avec le type qui déverse de la terre sur leur cercueil. Elles ne renoncent jamais. »

Ni Jo-Anne ni Noreen ne sont hongroises, mais elles font preuve toutes les deux d'un talent impressionnant pour le flirt. Si elles avaient des éventails en plumes, elles en donneraient des petits coups à Tobias ; si elles avaient des bouquets, elles lui lanceraient un bouton de rose ; si elles avaient des chevilles, elles retrousseraient leurs jupes pour les montrer. Là, elles se contentent de minauder. Wilma meurt d'envie de leur dire de se comporter comme des femmes de leur âge, mais qu'est-ce que ça donnerait si elles le faisaient ?

C'est à la piscine qu'elle a fait la connaissance de Jo-Anne. Elle essaie de faire quelques longueurs deux fois par semaine, et elle y parvient du moment qu'il y a quelqu'un pour l'aider à entrer dans le bassin et en ressortir, et la guider jusqu'au vestiaire. Et elle a dû déjà rencontrer Noreen lors d'une réunion de groupe, un concert : elle reconnaît ce rire de pigeon, ce roucoulement chevrotant. Elle n'a aucune idée de leur aspect physique : elle remarque simplement, grâce à sa vision latérale, qu'elles sont toutes deux vêtues de bleu magenta.

Ce nouvel auditoire féminin n'est pas pour déplaire à Tobias. Déjà, il a dit à Noreen qu'elle était radieuse ce soir, et il a fait comprendre à Jo-Anne qu'elle ne serait pas en sécurité dans le noir avec lui, s'il était encore l'homme qu'il avait été autrefois.

« Ah, si jeunesse savait, dit-il, et si vieillesse pouvait… »

Est-ce un bruit de baisemain ? Gloussements de la part des deux femelles, ou ce qu'on aurait pu appeler autrefois des gloussements. Aujourd'hui, ça se rapproche plus de caquètements, ou de couinements : un brusque coup de vent dans un tapis de feuilles d'automne. Les cordes vocales se raccourcissent, songe tristement Wilma. Les poumons rétrécissent. Tout devient plus sec.

Que pense-t-elle de ce flirt qui se déroule autour de la soupe de poisson ? Est-elle jalouse, veut-elle Tobias tout à elle ? Non, pas tout Tobias, elle n'irait pas jusque-là. Elle n'a aucun désir de batifoler avec lui, tout simplement parce qu'elle n'éprouve plus de désir. Ou pas beaucoup. Mais elle veut son attention. Ou plutôt, elle veut que lui désire son attention, alors qu'il semble fort bien se débrouiller avec les deux ersatz qu'il a sous la main. Ils bavardent tous les trois comme dans un roman historique sur la Régence, et elle est obligée d'écouter parce qu'elle n'a rien d'autre pour se distraire : les petits personnages ne se sont pas manifestés.

Elle essaie de les appeler : *Venez donc*, ordonne-t-elle en silence, en braquant ce qui était autrefois son regard sur le bouquet de fleurs artificielles qui orne le centre de la table – de première qualité, dit Tobias, c'est à peine si on voit la différence. Il est jaune, c'est à peu près tout ce qu'elle peut en dire.

Rien ne se passe. Pas de farfadets. Elle ne réussit à contrôler ni leurs apparitions ni leurs disparitions, ce qui semble injuste puisqu'ils sont le produit de son cerveau, et d'aucun autre.

La soupe de poissons est suivie d'un hachis de bœuf aux champignons, lui-même suivi d'un gâteau de riz aux raisins. Wilma se concentre : elle doit d'abord repérer son assiette du coin des yeux, puis diriger sa fourchette comme une pelleteuse. Elle doit ensuite l'approcher, la faire pivoter, récupérer sa charge, la soulever. Ça demande un effort. Enfin, l'assiette de biscuits apparaît : sablés écossais et barres au chocolat, comme d'habitude. Elle aperçoit brièvement sept ou huit dames en jupons affriolants, des jambes gainées de bas de soie qui s'agitent dans un french cancan endiablé, mais elles se transforment presque aussitôt en sablés.

« Que se passe-t-il dehors ? demande-t-elle à l'occasion d'une pause dans les échanges de compliments auxquels se livrent les trois autres convives. À la grille principale ?

— Oh, dit gaiement Noreen, on essayait de ne plus penser à tout ça !

— Oui, ajoute Jo-Anne. C'est tellement déprimant. Nous vivons pour l'instant présent, n'est-ce pas, Tobias ?

— Du vin, des femmes et des chansons ! s'exclame Noreen. Faites venir les danseuses du ventre ! »

Elles caquettent toutes les deux.

Assez étonnamment, Tobias ne rit pas. Il prend la main de Wilma. Elle sent ses doigts chauds, ses doigts de miel, serrer les siens.

« Ils sont toujours plus nombreux à se rassembler. La situation est plus grave que nous ne le pensions au départ, chère madame, dit-il. Ce serait une erreur de la sous-estimer.

— Oh, nous ne la *sous-estimons* pas, s'empresse de dire Jo-Anne – qui tient à maintenir en l'air ses bulles de savon conversationnelles. Nous nous contentons de l'*ignorer* !

— L'ignorance, c'est le bonheur ! » s'exclame Noreen.

Mais elles ont cessé d'intéresser Tobias. Il a abandonné son costume aristocratique de Mouron Rouge, et passe à présent au mode Homme d'Action.

« Nous devons nous préparer au pire, dit-il. Ils n'arriveront pas à nous prendre par surprise. Et maintenant, chère madame, je vais vous raccompagner à votre domicile. »

Elle pousse un soupir de soulagement. Il lui est revenu. Il l'emmènera jusqu'à la porte de son appartement, comme il le fait tous les soirs, aussi fidèle qu'une horloge suisse. Que craignait-elle donc ? Qu'il la laisse retrouver seule son chemin, ignominieusement, abandonnée aux yeux de tous, pour s'éclipser ensuite dans les fourrés en compagnie de Noreen et de Jo-Anne, et commettre avec elle des actes sexuels à trois dans un pavillon du parc ? Aucune chance : les gardes de sécurité les récupéreraient en deux temps trois mouvements, et les embarqueraient pour les mettre dans l'aile des Soins avancés. Ils font des patrouilles la nuit, avec des lampes torches et des chiens.

« Sommes-nous prêts ? » lui demande Tobias.

Wilma ressent une bouffée d'affection pour lui. *Nous*. Prenez ça dans les dents, Jo-Anne et Noreen – de nouveau reléguées à de simples *elles*. Elle s'appuie contre lui tandis qu'il lui prend le coude, et ils effectuent ensemble ce qu'elle est libre d'imaginer comme une sortie pleine de dignité.

« Mais qu'est-ce que c'est, le "pire" ? l'interroge-t-elle dans l'ascenseur. Et comment pouvons-nous nous y préparer ? Vous ne croyez quand même pas qu'ils vont nous incendier ? Pas ici ! La police les en empêcherait.

— Nous ne pouvons pas compter sur la police. Plus maintenant. »

Wilma s'apprête à protester – *Mais la police est là pour nous protéger, c'est son travail !* –, mais elle réfléchit : s'ils se sentaient vraiment concernés, les policiers auraient déjà agi depuis longtemps. Or, ils se tiennent en retrait.

« Au début, raisonne Tobias, ces gens vont se montrer prudents. Ils vont procéder par étapes. Nous avons encore un peu de temps. Il ne faut pas vous inquiéter : vous devez bien dormir, prendre des forces. J'ai mes préparatifs à faire. Je n'échouerai pas. »

C'est étrange comme ce discours mélodramatique peut la réconforter : Tobias prend les choses en main, il a un plan, il va défier le Destin. Il a beau n'être qu'un vieil homme perclus d'arthrite, se dit-elle, il la rassure et l'apaise quand même.

Devant l'appartement de Wilma, ils échangent leurs habituels baisers sur la joue, et elle écoute son pas claudiquant s'éloigner dans le couloir. Est-ce du regret qu'elle éprouve en ce moment ? Une palpitation de chaleur ancienne ? A-t-elle réellement envie qu'il la serre dans ses bras filiformes, qu'il se fraie un chemin jusqu'à sa chair à travers les Velcro et les fermetures à glissière, qu'il tente la reprise, tel un arthropode grinçant, d'un acte qu'il a dû accomplir sans effort des centaines, sans doute même des milliers de fois dans le passé ? Non. Elle trouverait ça trop douloureux, les comparaisons silencieuses qu'il ferait avec les voluptueuses maîtresses amoureuses de chocolats, les seins divins, les cuisses de marbre. Et puis là, simplement elle...

Tu croyais qu'avec l'âge, tu pourrais transcender ton corps, se dit-elle. Tu croyais que tu pourrais t'élever au-dessus de lui, pour rejoindre la sérénité d'un royaume non physique. Mais ce n'est qu'à travers l'extase qu'on peut faire ça, et on ne peut parvenir à l'extase qu'à travers le corps lui-même. Sans les os et les cartilages des ailes, impossible de voler. Sans cette extase, on ne peut qu'être entraîné toujours plus bas par le corps, à l'intérieur de sa machinerie. Sa machinerie rouillée, grinçante, brutale et vengeresse.

Quand elle n'entend plus le bruit des pas de Tobias, elle ferme la porte et entreprend sa routine du coucher. Pantoufles à la place des chaussures : mieux vaut faire ça lentement. Ensuite, retirer les vêtements, un Velcro après l'autre, les accrocher à des cintres, tant bien que mal, et les ranger dans le placard. Les sous-vêtements dans le bac à linge sale, et il était grand temps : Katia s'en occupera demain. Un petit pipi accompli sans trop d'effort, la chasse d'eau tirée. Suppléments vitaminés et autres cachets avalés avec beaucoup d'eau, parce que c'est désagréable quand ils se coincent dans l'œsophage. Mort par étouffement évitée.

Elle évite aussi de tomber dans la douche. Elle s'agrippe aux poignées et n'utilise pas trop de gel, car il est glissant. Pour se sécher, mieux vaut s'asseoir : nombreux sont ceux qui ont connu la catastrophe en essayant de s'essuyer les pieds debout. Elle note dans un coin de sa tête de prendre rendez-vous avec le salon de coiffure pour se faire couper les ongles de pied – encore une chose qu'elle ne peut plus faire elle-même.

Sa chemise de nuit, lavée et bien pliée, a été posée sur son lit par des mains silencieuses qui s'affairent en coulisse pendant le dîner, et le lit a été ouvert. Il y a toujours un chocolat sur l'oreiller. Elle tâtonne un peu, le trouve, le dépiaute et le mange avec avidité. Ce sont les détails qui font la différence entre le Manoir d'Ambroisie et ses concurrents, disait le prospectus. Vous le méritez, parce que vous le valez bien.

Le lendemain matin, Tobias est en retard pour le petit déjeuner. Wilma sent ce retard, puis elle le confirme à l'aide de l'horloge vocale de la cuisine, encore un cadeau d'Alyson : on appuie sur le bouton – si on arrive à le trouver –, et elle vous annonce l'heure avec la voix condescendante d'un instituteur donnant un cours d'arithmétique à des gamins de six ans : « Il est huit heures trente-deux. Huit heures trente-deux. » Et puis c'est huit heures trente-trois, huit heures trente-quatre, et ainsi de suite à chaque minute qui passe. Wilma sent sa tension monter. Il a peut-être eu un accident ? Une attaque, une crise cardiaque ? Ce sont des choses qui arrivent chaque semaine au Manoir : un patrimoine conséquent ne vous en protège pas.

Le voilà enfin.

« J'apporte des nouvelles, lui dit-il presque avant d'avoir franchi le seuil. Je suis allé au cours de Yoga de l'Aube. »

Wilma éclate de rire. Elle ne peut pas s'en empêcher. C'est l'idée de Tobias faisant du yoga, ou même se trouvant dans la salle de yoga. Qu'a-t-il bien pu choisir comme tenue pour cet événement ? Impossible d'imaginer Tobias en survêtement.

« Je comprends votre hilarité, chère madame, ajoute-t-il. Cette affaire de yoga n'est pas ce que je choisirais normalement, compte tenu d'autres possibilités. Mais je me suis sacrifié dans le but d'obtenir des informations. De toute façon, il n'y avait pas de cours, car il n'y avait pas d'instructeur. Ces dames et moi, nous avons donc pu… bavarder. »

Wilma reprend son sérieux.

« Pourquoi n'y avait-il pas d'instructeur ?

— Ils ont barricadé le portail, déclare Tobias. Ils refusent de laisser entrer qui que ce soit.

— Que devient la police dans tout ça ? Et les gardes du Manoir ? »

Barricadé : ce n'est pas une plaisanterie. Les barricades nécessitent un gros travail.

« Nulle part en vue, répond Tobias.

— Entrez, venez vous asseoir, propose Wilma. Prenons un peu de café.

— Vous avez raison. Il faut que nous réfléchissions. »

Ils s'installent à la petite table pour boire leur café et manger leurs céréales d'avoine. Il n'y en a plus au son, et – Wilma en prend soudain conscience – peu d'espoir d'en avoir. Il faut que j'apprécie celles-là, se dit-elle en les entendant croustiller dans sa tête. Il faut que je savoure cet instant. Le petit peuple est agité, aujourd'hui. Les personnages tourbillonnent en une valse rapide, ils étincellent de sequins d'or et d'argent, ils lui offrent un grand spectacle, mais elle ne peut pas les regarder pour le moment, parce qu'elle doit s'occuper d'affaires plus importantes

« Est-ce qu'ils laissent des gens sortir ? demande-t-elle à Tobias. À travers leur barricade ? »

Quel est ce livre qu'elle avait lu sur la Révolution française ? Le blocus de Versailles, avec à l'intérieur du château la famille royale qui attendait en se rongeant d'inquiétude.

« Uniquement le personnel. Ils ordonnent plus ou moins aux employés de partir. Mais pas les pensionnaires. Nous devons rester. C'est ce qu'ils semblent avoir décrété. »

Wilma réfléchit un instant. Le personnel est donc autorisé à partir, mais une fois dehors, ils ne peuvent plus revenir.

« Et pas non plus de camionnettes de livraison, dit-elle – ce n'est pas vraiment une question. Comme celle des poulets.

— Bien sûr que non, confirme Tobias.

— Ils veulent nous laisser mourir de faim. Si c'est comme ça.

— C'est bien ce qu'il semblerait.

— Nous pourrions nous déguiser, dit Wilma. Pour sortir d'ici. Nous déguiser... en femmes de ménage, par exemple. Des femmes de ménage musulmanes, avec un voile sur le visage. Quelque chose de ce genre.

— Je doute fort qu'ils nous laisseraient passer aussi facilement, chère madame. C'est un problème de génération. Le temps laisse ses marques.

— Il y a peut-être des femmes de ménage très âgées, suggère Wilma qui s'accroche à cet espoir.

— C'est une question de degré, répond Tobias. (Il soupire, ou a-t-il un problème de respiration ?) Mais ne désespérez pas. Je ne suis pas dépourvu de ressources. »

Wilma a envie de lui dire qu'elle ne désespère pas, mais ce serait trop compliqué. Elle n'arrive pas exactement à cerner ce qu'elle ressent. Pas du désespoir, non, pas du tout. Pas de l'espoir non plus. Elle veut simplement voir ce qui va se passer maintenant. Ce ne sera certainement pas la routine habituelle.

Avant toute chose, Tobias insiste pour qu'ils remplissent la baignoire de Wilma, une provision d'eau pour l'avenir. Sa baignoire à lui est déjà pleine. Tôt ou tard, l'électricité sera coupée, dit-il, et l'eau cessera de couler. Ce n'est qu'une question de temps.

Il procède ensuite à un inventaire des provisions dans la cuisine et le mini-frigo. Il n'y a pas grand-chose, parce que Wilma ne garde rien pour les déjeuners ou les dîners. Pourquoi le ferait-elle, ou même les autres pensionnaires ? Ils ne cuisinent jamais leurs repas.

« J'ai un peu de raisins secs, dit-elle. Enfin, je crois. Et aussi un bocal d'olives. »

Tobias a un petit rire sarcastique.

« On ne peut pas se nourrir uniquement de ça », réplique-t-il en agitant un paquet de quelque chose comme s'il le grondait.

Hier, explique-t-il, il a pris la précaution de se rendre dans la boutique du rez-de-chaussée, où il a discrètement acheté un stock de barres chocolatées, de pop-corn au caramel et de cacahuètes salées.

« Comme c'était astucieux ! » s'exclame Wilma.

Oui, reconnaît Tobias, c'était astucieux. Mais ces rations de secours ne leur permettront pas de tenir bien longtemps.

« Il faut que je descende pour explorer les cuisines, dit-il. Avant que d'autres n'aient la même idée. Il y a des chances pour qu'ils pillent les réserves et qu'ils se piétinent dans la bousculade. J'ai déjà vu ce genre de chose. »

Wilma voudrait l'accompagner – elle pourrait lui servir de rempart contre une bousculade, car qui pourrait la considérer comme une menace ? Et s'ils réussissent à repousser les hordes de pillards, elle pourrait rapporter une partie des provisions dans son sac à main. Mais elle ne le propose pas, parce qu'elle le gênerait, évidemment. Il aura déjà bien assez à faire sans devoir la guider ici et là.

Tobias semble conscient de son désir de se rendre utile. Avec une grande considération, il lui a trouvé un rôle à jouer : elle va rester dans son appartement et écouter les informations. Procéder à une collecte de renseignements, comme il appelle ça.

Une fois Tobias parti, Wilma allume sa radio et se prépare donc à collecter des renseignements. Un premier bulletin n'apporte pas grand-chose à ce qu'ils savent déjà : Notre Tour est un mouvement, il est international, il semble avoir pour objectif d'éliminer ce que l'un des manifestants décrit comme étant le « bois mort parasite au sommet », et qu'un autre désigne par les « mimis sous le lit ».

Les autorités agissent de façon sporadique – quand elles agissent. Elles ont bien d'autres choses en tête, plus importantes : de nouvelles inondations, des incendies de forêt incontrôlables, de quoi les occuper largement. On entend quelques petites phrases prononcées par différents grands dirigeants. Les occupants des maisons de retraite visées ne doivent pas céder à la panique, ils ne doivent pas tenter de s'éparpiller dans les rues où leur sécurité ne pourrait pas être assurée. Plusieurs de ceux qui ont imprudemment décidé de braver les foules n'ont pas survécu à ces tentatives – dans un cas, la personne a été déchiquetée à mains nues. Ceux qui sont sous blocus doivent rester où ils sont, car tout va très bientôt repasser sous contrôle. Des hélicoptères pourraient être déployés. Les familles des assiégés ne doivent tenter aucune intervention personnelle, la situation étant instable. Tout le monde doit obéir à la police, aux troupes militaires ou aux forces spéciales – ceux qui ont des mégaphones. Surtout, ils doivent garder en tête que les secours sont en route.

Wilma en doute fort, mais elle reste à l'écoute du débat qui suit. L'animateur commence par proposer que chaque participant précise sa profession et son âge, ce qui est fait : universitaire, socio-anthropologue, trente-cinq ans ; ingénieur dans le secteur de l'énergie, quarante-deux ans ; expert financier, cinquante-six. Puis ils se mettent à discutailler pour savoir si ce qui se passe en ce moment est un déchaînement de violence criminelle, une attaque contre le principe même du troisième âge, de la famille et de la civilité, ou si ce n'est pas en fait compréhensible, étant donné les défis et les provocations et, pour dire les choses franchement, le désastre, aussi bien économique qu'environnemental, que doit subir, disons, toute la génération des moins de vingt-cinq ans.

C'est un sentiment de rage qui s'exprime en ce moment, et oui, c'est bien triste que certains des membres les plus vulnérables de la société servent de boucs émissaires, mais cette tournure des événements n'est pas sans précédents dans l'histoire, et dans de nombreuses sociétés – dit l'anthropologue –, les personnes âgées savaient se retirer élégamment pour faire de la place aux jeunes bouches, en marchant dans la neige ou en se faisant transporter au sommet d'une montagne où on les laissait. Mais c'était à des époques où les ressources matérielles étaient moins abondantes, dit l'économiste : les couches démographiques les plus âgées sont en fait de grandes créatrices d'emplois. Oui, mais elles engloutissent l'argent de la Sécurité sociale, dont on sait bien que la plus grande partie est dépensée dans les derniers stades de… Tout cela est fort bien, mais des innocents sont en train de perdre la vie, si je peux me permettre, cela dépend de ce qu'on appelle « innocent », car certaines de ces personnes… vous n'êtes quand même pas en train de défendre, bien sûr que non, mais vous devez reconnaître…

L'animateur annonce qu'ils vont maintenant prendre en ligne les appels de leurs auditeurs.

« Ne faites jamais confiance à une personne de moins de soixante ans », dit le premier.

Tout le monde rit.

Le deuxième auditeur dit qu'il ne comprend pas comment ils peuvent prendre tout ça à la légère. Les gens d'un certain âge ont travaillé dur toute leur vie, ils ont payé des impôts pendant des décennies et continuent probablement de le faire, et où est le gouvernement dans tout ça, est-ce qu'ils ne se rendent pas compte que les jeunes ne votent jamais ? Le retour de bâton aura lieu au moment de l'élection des représentants, s'ils ne se mettent pas tout de suite au boulot pour régler ce bazar. Construire de nouvelles prisons, voilà ce qu'il faut faire.

Le troisième auditeur commence par dire que lui, il vote, mais que ça ne lui a jamais rien rapporté. Puis il ajoute :

« Les vieux au feu.

— Je n'ai pas bien compris, là », dit l'animateur.

L'auditeur se met à hurler :

« Vous m'avez entendu ! Les vieux au feu ! Vous m'avez parfaitement compris ! »

Et il est coupé. Musique entraînante.

Wilma éteint le poste. Assez de renseignements collectés pour aujourd'hui.

Tandis qu'elle fouille dans le placard à la recherche d'un sachet de thé – risqué, de faire du thé, elle pourrait s'ébouillanter, mais elle sera très prudente –, son téléphone à gros chiffres sonne. C'est un appareil à l'ancienne, avec un combiné. Elle ne peut plus se servir d'un téléphone portable. Elle le repère dans son champ de vision latéral, ignore la douzaine de petits personnages qui font du patin à glace sur le comptoir de la cuisine, vêtus de longs manteaux de velours bordés de fourrure et équipés de protège-oreilles argentés, et décroche.

« Ah, Dieu soit loué ! s'exclame Alyson. J'ai vu ce qui se passait, ils ont montré ton bâtiment à la télé, avec tous ces gens dehors et la camionnette de blanchisserie retournée, j'étais tellement inquiète ! Je m'apprête à monter dans l'avion, et je…

— Non, dit Wilma. Tout va bien. Je vais bien. Tout est sous contrôle. Reste où tu… »

La ligne est coupée. Plus de tonalité.

Ils sectionnent donc les câbles, à présent. D'un instant à l'autre, il n'y aura plus d'électricité. Mais le Manoir a un groupe électrogène, ça devrait maintenir les choses en place un moment.

Tandis qu'elle boit son thé, la porte s'ouvre, mais ce n'est pas Tobias : pas de parfum *Brut*. Des pas rapides, une odeur de sel et de chiffon mouillé, un sanglot. Wilma se trouve enveloppée dans une solide étreinte qui la décoiffe.

« Ils disent que je dois vous quitter ! Ils disent que je n'ai pas le choix ! On nous a dit de quitter le bâtiment, tous les travailleurs, les infirmiers, nous tous, ou sinon, ils…

— Katia, Katia, la coupe Wilma. Calmez-vous. »

Elle se dégage des bras, l'un après l'autre.

« Mais vous êtes comme une mère pour moi ! »

Wilma en sait un peu trop sur la mère tyrannique de Katia pour prendre cette remarque comme un compliment, mais ça part d'un bon sentiment.

« Tout ira très bien, assure-t-elle.

— Mais qui va faire votre lit, et vous apporter des serviettes propres, et nettoyer quand vous avez cassé quelque chose, et mettre le chocolat sur votre oreiller, le soir… »

Sanglots redoublés.

« Je saurai me débrouiller, répond Wilma. Maintenant, faites bien ce qu'on vous dit et ne causez pas d'ennuis. Ils vont envoyer l'armée. L'armée va nous aider. »

C'est un mensonge, mais il faut que Katia s'en aille. Pourquoi devrait-elle rester piégée dans ce qui ressemble de plus en plus à une citadelle assiégée ?

Wilma demande à Katia de lui apporter son sac et lui donne les quelques billets qui s'y trouvent. Autant que quelqu'un puisse en avoir l'usage. Elle-même n'est pas près de faire du shopping. Elle dit à Katia d'y ajouter le stock de savons parfumés qui se trouve dans la salle de bains, en en laissant simplement deux, juste au cas où.

« Pourquoi il y a de l'eau dans la baignoire ? demande Katia. (Au moins, elle a arrêté de pleurer.) C'est de l'eau froide ! Je vais la chauffer !

— Non, ça va, dit Wilma. Laissez-la comme ça. Et maintenant, dépêchez-vous. Imaginez qu'ils barricadent les portes ? Il ne faut pas que vous soyez en retard. »

Une fois Katia partie, Wilma se rend dans le coin séjour, en faisant tomber au passage quelque chose d'une étagère – le bocal à crayons, elle entend un bruit de bâtonnets –, et s'écroule dans le fauteuil. Elle a l'intention de faire le point sur sa situation, passer sa vie en revue ou quelque chose comme ça, mais d'abord, elle va essayer de déchiffrer encore une phrase ou deux de *Autant en emporte le vent* sur sa liseuse à gros caractères. Elle allume l'appareil et trouve sa page, déjà un miracle en soi. Le moment est-il venu d'apprendre le braille ? Oui, mais ça ne paraît plus guère envisageable, maintenant.

Oh, Ashley, Ashley, songea-t-elle, et son cœur battit plus fort… Idiote, pense Wilma. La destruction est imminente, et tu te languis à cause de cette mauviette ? Atlanta va brûler. Tara va être dévastée. Tout va être balayé.

Sans s'en rendre compte, elle s'est assoupie.

Elle est réveillée par Tobias, qui la secoue doucement par le bras. Ronflait-elle, avait-elle la bouche ouverte, son bridge est-il toujours en place ?

« Quelle heure est-il ? demande-t-elle.

— L'heure de déjeuner.

— Avez-vous trouvé de la nourriture ? demande Wilma en se redressant.

— J'ai fait l'acquisition de quelques pâtes déshydratées, répond Tobias. Et d'une boîte de haricots. Mais la cuisine était occupée.

— Oh… Il y en a qui sont restés ? Je veux dire, parmi le personnel de cuisine ? »

Ce serait une nouvelle réconfortante : elle se rend compte qu'elle a faim.

« Non, ils sont tous partis. Il y a Noreen et Jo-Anne, et quelques autres. Elles ont fait de la soupe. Descendons, si vous le voulez bien ? »

La salle à manger est en pleine activité, à en juger par le bruit : tous entrent gaiement dans le jeu – pour autant qu'on puisse parler de jeu. Plutôt de l'hystérie, se dit Wilma. Ils doivent être en train d'apporter la soupe depuis la cuisine, en jouant le rôle de serveurs. On entend un grand bruit – quelque chose est tombé – et des rires.

La voix de Noreen se fait entendre juste derrière son oreille.

« Ça n'est pas formidable ? Tout le monde retrousse ses manches et met la main à la pâte. On se croirait en colonie de vacances ! Ils ont dû penser qu'on serait incapables de nous débrouiller seuls !

— Que dites-vous de notre soupe ? (C'est Jo-Anne, cette fois. La question ne s'adresse pas à Wilma, mais à Tobias.) Nous l'avons faite dans un chaudron !

— Délicieuse, chère madame, répond poliment Tobias.

— On a vidé le congélateur. On a tout mis dedans ! dit Jo-Anne. Tout sauf l'évier ! Œil de salamandre ! Orteil de grenouille ! Doigt d'un marmot étranglé en naissant ! »

Elle pouffe.

Wilma essaie d'identifier les ingrédients. Un morceau de saucisse, une fève, un champignon ?

« La cuisine est dans un état lamentable, déclare Noreen. Je me demande à quoi on les payait, ces soi-disant employés ! Pas pour nettoyer, en tout cas ! J'ai vu un rat.

— Chut, fait Jo-Anne. Ce qu'ils ne savent pas ne peut pas leur faire de mal ! »

Elles éclatent de rire.

« Un simple rat ne saurait m'inquiéter, dit Tobias. J'ai vu pire.

— Mais c'est horrible, ce qui se passe dans l'aile des Soins avancés, dit Noreen. Nous avons voulu leur apporter un peu de soupe, mais les portes de communication sont verrouillées.

— Nous n'avons pas réussi à les ouvrir, dit Jo-Anne. Et tout le personnel est parti. Ça signifie…

— C'est affreux, intervient Noreen. Affreux.

— Il n'y a rien que nous puissions faire, déclare Tobias. De toute façon, les gens dans cette pièce ne pourraient prendre soin d'eux. Ça dépasse nos capacités.

— Mais ils doivent être tellement désemparés, là-dedans, ajoute Noreen d'une petite voix.

— Bon, fait Jo-Anne, une fois que nous aurons déjeuné, je pense que nous devrions agir avec fermeté, nous mettre en rang par deux et sortir d'ici au pas cadencé ! Ensuite, nous pourrons informer les autorités, qui viendront ouvrir ces portes et transporter ces malheureux dans un endroit correct. Toute cette affaire est proprement scandaleuse ! Quant à ces stupides masques de bébés qu'ils portent…

— Ils ne vous laisseront pas passer, affirme Tobias.

— Mais nous irons tous ensemble ! Les journalistes seront là. Ils n'oseraient pas nous en empêcher, alors que le monde entier regarde !

— Je ne compterais pas trop là-dessus, rétorque Tobias. Le monde entier a un fort appétit pour observer depuis les gradins, lors de tels événements. Les sorcières brûlées vives et les pendaisons publiques ont toujours attiré un large public.

— Là, vous commencez à me faire peur », dit Jo-Anne.

Elle n'a pas l'air d'avoir si peur que ça.

« Je vais d'abord faire une petite sieste, déclare Noreen. Pour rassembler mes forces, avant notre sortie. Au moins, nous n'aurons pas à faire la vaisselle dans cette cuisine dégoûtante, puisque nous n'allons pas rester ici bien longtemps. »

Tobias a fait le tour du parc : le portail à l'arrière est assiégé lui aussi, dit-il, comme on pouvait s'y attendre. Il passe le reste de l'après-midi dans l'appartement de Wilma, pour observer avec les jumelles. De plus en plus de gens se rassemblent derrière le portail aux lions : ils brandissent leurs pancartes habituelles, mais il y en a de nouvelles : LA PARTIE EST FINIE. LES VIEUX AU FEU. DÉPÊCHEZ-VOUS, C'EST TERMINÉ.

Aucun manifestant ne s'aventure à l'intérieur des murs d'enceinte, en tout cas Tobias n'en a pas repéré. Le ciel est voilé, ce qui réduit la visibilité. La soirée va être inhabituellement fraîche pour la saison, c'est du moins ce que disait la télé avant qu'elle ne se taise. Son téléphone portable ne fonctionne plus, dit-il à Wilma : les jeunes gens assemblés à l'extérieur, bien que paresseux et communistes, sont compétents dans la manipulation des nouvelles technologies. Ils creusent des tunnels secrets à l'intérieur de l'Internet, tels des termites. Ils ont dû mettre la main sur une liste des occupants d'Ambroisie et accéder à leurs comptes pour supprimer leurs accès.

« Ils ont des fûts métalliques, dit Tobias, dans lesquels ils ont fait du feu. Ils font cuire des hot-dogs. Et je les soupçonne de boire de la bière. »

Wilma aimerait bien un hot-dog. Elle s'imagine allant les voir pour demander poliment s'ils accepteraient de partager. Mais elle imagine aussi très bien la réponse.

Vers dix-sept heures, un petit groupe d'habitants du Manoir d'Ambroisie se rassemble devant la porte d'entrée. Ils ne sont qu'une quinzaine, dit Tobias. Ils se rangent en colonne, comme pour une procession : deux par deux, et les trois derniers en serre-file. La foule à l'extérieur se fige : ils observent. Un des Ambrosiens a trouvé un mégaphone : c'est Jo-Anne, dit Tobias. Des ordres sont donnés, impossibles à déchiffrer à travers la vitre. La colonne s'ébranle d'un pas hésitant.

« Ils ont atteint la grille ? » demande Wilma.

Comme elle aimerait pouvoir voir tout ça ! C'est comme un match de football, du temps où elle était étudiante ! La tension qui monte, les deux équipes qui s'affrontent, les mégaphones. Elle était toujours dans le public, jamais sur le terrain, parce que les filles ne jouaient pas au football : leur rôle était de béer d'admiration. Et aussi de ne pas très bien comprendre les règles, comme c'est le cas en ce moment.

Le suspense lui fait battre le cœur plus vite. Si le groupe de Jo-Anne arrive à franchir le blocus, ils pourront s'organiser à leur tour et faire comme eux.

« Oui, répond Tobias, mais il s'est passé quelque chose. Il y a eu un incident.

— Que voulez-vous dire ?

— Ça ne se présente pas bien. Ils reviennent, maintenant.

— Est-ce qu'ils courent ? demande Wilma.

— Aussi vite qu'ils peuvent, répond Tobias. Nous allons attendre que la nuit soit tombée, et là, nous devrons partir rapidement.

— Mais nous ne pouvons pas partir ! (Wilma gémit presque.) Ils ne nous laisseront pas !

— Nous pouvons quitter le bâtiment et attendre dans le parc. Jusqu'à ce qu'ils soient partis. Et là, nous aurons la voie libre.

— Mais ils ne vont pas partir !

— Ils partiront quand ce sera fini, explique Tobias. En attendant, nous allons manger quelque chose. Je peux ouvrir cette boîte de haricots. L'incapacité de l'humanité à inventer un ouvre-boîte qui fonctionne vraiment m'a toujours consterné. Cet instrument n'a bénéficié d'aucune amélioration depuis la guerre. »

Que veut-il dire par *quand ce sera fini* ? voudrait demander Wilma, mais elle se retient.

Elle se prépare à l'excursion proposée. Tobias lui a expliqué qu'ils pourraient devoir rester dehors quelques heures, voire quelques jours. Ça dépend. Elle enfile un cardigan, prend un châle et un paquet de biscuits. Et aussi sa loupe d'horloger et la liseuse électronique, assez légère pour qu'elle l'emporte. Elle se fait du souci pour des bêtises, elle sait que ce sont des bêtises, mais où va-t-elle ranger ses dents ce soir ? Ses dents qui lui ont coûté si cher ? Et pour ce qui est des sous-vêtements de rechange ? Ils ne peuvent pas trop se charger, dit Tobias.

Maintenant, ils s'apprêtent à s'aventurer au-dehors, telles des souris au clair de lune. C'est le bon moment, dit Tobias. Il lui prend la main pour la guider, par l'escalier de service, puis dans le couloir menant à la cuisine, et ensuite à travers la réserve et le long des bennes à ordures. Il lui indique chaque étape de leur trajet pour qu'elle sache où ils en sont. Il s'arrête un instant avant de franchir chaque porte.

« Ne vous inquiétez pas, dit-il. Il n'y a personne. Ils sont tous partis.

— Mais j'ai entendu quelque chose », chuchote-t-elle.

Elle a effectivement entendu comme un frottement, un bruissement. Un couinement, comme de minuscules voix aiguës : le petit peuple lui parlerait-il enfin ? Son cœur bat beaucoup trop vite. Est-ce une odeur, une odeur animale fétide, comme du cuir chevelu surchauffé, comme des aisselles mal lavées ?

« Ce sont des rats, dit Tobias. Il y a toujours des rats dans les endroits comme ça, qui se cachent. Ils savent quand ils peuvent sortir en toute sécurité. Ils sont plus intelligents que nous, je crois. Prenez mon bras, il y a une marche. »

Ils ont maintenant franchi la porte de derrière, ils sont dehors. On entend des voix au loin, des chants scandés – ils doivent venir de la foule rassemblée devant le grand portail. Que disent-ils ? *Temps de partir. Ouste, du balai. C'est notre tour*. Un rythme menaçant.

Mais ça vient de loin. Ici, derrière le bâtiment, tout est calme. L'air de la nuit est frais. Wilma est inquiète : on pourrait les voir, les prendre pour des intrus ou des évadés de l'aile des Soins avancés, même s'il n'y a certainement personne alentour. Pas de gardes avec leurs chiens. Tobias se sert de sa torche pour guider ses propres pas, et par extension ceux de Wilma, en l'allumant brièvement de temps en temps.

« Y a-t-il des lucioles ? » demande Wilma en chuchotant.

Elle l'espère, parce que sinon, que sont ces petits éclairs qui pulsent comme des signaux à la limite de sa vision ? Serait-ce une nouvelle anomalie neuronale, son cerveau a-t-il un court-circuit comme un grille-pain tombé dans la baignoire ?

« Beaucoup de lucioles, répond Tobias en chuchotant lui aussi.

— Où allons-nous ?

— Vous verrez, dit-il, quand nous y serons. »

Wilma a soudain une pensée indigne, et effrayante. Et si Tobias avait inventé toute cette histoire ? S'il n'y avait pas de foule de manifestants aux visages de bébés massés devant les grilles ? Et si c'était une hallucination collective, comme les statues qui versent des larmes de sang, ou la Vierge Marie au milieu des nuages ? Ou pire encore : serait-ce une ruse imaginée par Tobias pour l'entraîner dans les fourrés et l'étrangler ? Tobias serait-il un assassin pervers ?

Mais les émissions de radio ? Faciles à fabriquer. Mais Noreen et Jo-Anne, et leur chaudron de soupe ? Des actrices payées pour ça. Et les slogans qu'elle entend en ce moment ? Un enregistrement. Ou un groupe d'étudiants embauchés pour l'occasion – ils seraient ravis de faire ce travail pour un salaire minimum. Rien de tout cela ne serait impossible, pour un fou bien organisé avec de l'argent.

Tu as lu trop de romans policiers, Wilma, se dit-elle. S'il voulait te tuer, il aurait pu le faire depuis longtemps. Et même si elle a raison, elle ne peut pas retourner au Manoir : elle n'a pas la moindre idée du chemin à emprunter.

« Nous y voilà, dit Tobias. Nos places de tribune. Ce sera très confortable. »

Ils sont dans un des pavillons, celui tout à gauche. De l'autre côté de la fontaine d'ornement, il dispose, d'après Tobias, d'une vue partielle sur l'entrée principale du Manoir d'Ambroisie. Il a apporté les jumelles.

« Tenez, prenez des cacahuètes », propose-t-il.

Elle entend un froissement – le paquet – et il lui transfère une poignée d'ovoïdes dans le creux de la main. Comme ces cacahuètes sont rassurantes ! Son sentiment de panique reflue. Un peu plus tôt dans la journée, Tobias a caché une couverture dans le pavillon, ainsi que deux Thermos de café. Il les sort à présent, et ils s'installent pour ce pique-nique inhabituel. Et là, exactement comme dans ses vagues souvenirs de pique-niques anciens en compagnie de jeunes gens – autour d'un feu de camp, avec des hot-dogs et de la bière –, un bras se matérialise hors de l'ombre et se glisse autour de ses épaules, avec assurance mais aussi une certaine timidité. Est-il vraiment là, ce bras, ou l'imagine-t-elle simplement ?

« Vous êtes en sécurité avec moi, chère madame », dit Tobias.

Tout est relatif, songe Wilma.

« Que font-ils maintenant ? demande-t-elle en frissonnant légèrement.

— Ils tournent un peu en rond, répond Tobias. Ça commence toujours comme ça, par tourner en rond. Et puis les gens s'emportent. »

Avec sollicitude, il l'enveloppe dans la couverture. Il y a tout un alignement de petits personnages, hommes et femmes, vêtus de costumes de velours rouge foncé, d'une riche texture et brodés de motifs dorés. Ils doivent se tenir sur la rambarde du pavillon, où elle ne peut pas voir. Ils sont impliqués dans une promenade solennelle : bras dessus, bras dessous, les couples avancent, s'arrêtent, se retournent, saluent et font la révérence, puis reprennent leur marche en pointant le bout de leurs souliers dorés. Les femmes portent des couronnes fleuries d'ailes de papillons, les hommes ont des mitres, comme les évêques. Il doit y avoir une musique d'accompagnement, dans une fréquence inaudible pour des oreilles humaines.

« Là, ça y est, dit Tobias. Les premières flammes. Ils ont des flambeaux. Nul doute qu'ils ont aussi des explosifs.

— Mais les autres..., commence Wilma.

— Il n'y a rien que nous puissions faire pour les autres, répond Tobias.

— Mais Noreen... Jo-Anne... Elles sont restées à l'intérieur. Elles vont être... »

Elle se rend compte qu'elle a les mains crispées l'une dans l'autre. Elle a l'impression que ce ne sont pas les siennes.

« Ça s'est toujours passé comme ça », dit-il tristement.

Ou est-ce froidement ? Impossible à savoir.

Le grondement de la foule s'amplifie.

« Ils sont maintenant à l'intérieur des murs, reprend Tobias. Ils empilent des objets contre la porte du bâtiment. La porte latérale aussi, j'imagine. Pour empêcher quiconque de sortir, ou d'entrer. Et la porte de derrière, ils ne vont rien laisser au hasard. Ils sont en train de faire rouler les fûts par le portail, et ils ont amené une voiture juste devant les marches du perron, pour bloquer toute tentative.

« Je n'aime pas ça du tout », dit Wilma.

Il y a une soudaine explosion. Si seulement c'était un feu d'artifice.

« Il brûle, annonce Tobias. Le Manoir. »

On entend des cris perçants. Wilma se plaque les mains sur les oreilles, mais elle les entend quand même. Ils continuent un long moment, forts au début, puis de plus en plus faibles.

Quand les pompiers vont-ils arriver ? Il n'y a pas de sirènes.

« Je ne peux plus supporter ça », dit-elle.

Tobias lui tapote le genou.

« Ils vont peut-être sauter par les fenêtres, suggère-t-il.

— Non, ils ne feront pas ça. »

À leur place, elle ne sauterait pas. Elle renoncerait simplement à lutter. De toute façon, c'est la fumée qui les aura en premier.

Les flammes ont à présent envahi le bâtiment. Elles sont si brillantes. Même en regardant directement, Wilma peut les voir. Et au milieu des flammes, emmêlés avec elles, scintillants, s'élèvent les petits personnages. Leurs vêtements rouges brillent de l'intérieur, violets, orange, jaunes, dorés. Ils montent vers le ciel en tourbillonnant, ils sont si joyeux ! Ils se rencontrent et s'enlacent, puis ils se séparent. C'est un ballet aérien.

Regardez ! Regardez ! Ils chantent !

Remerciements

Ces neuf contes ont une dette envers les contes à travers les âges. Appeler une nouvelle de fiction un « conte » l'écarte, ne serait-ce que très légèrement, du domaine des jours et des œuvres réalistes, car ce terme évoque le monde des contes folkloriques, des contes merveilleux, et les conteurs de village d'autrefois. Nous pouvons raisonnablement considérer que tous les contes sont de la fiction, alors qu'une « histoire » peut être une histoire vraie, traitant de ce que nous sommes généralement d'accord pour appeler la « vraie vie », ou encore une nouvelle qui s'en tient aux limites du réalisme social. Dans sa complainte, c'est un conte que nous raconte le vieux marin. « Donnez-moi une pièce de cuivre, et je vous dirai un conte en or », aimait dire le regretté Robertson Davies.

Plusieurs de ces contes sont des contes à propos de contes. Je vous laisse le soin de découvrir lesquels. Trois d'entre eux ont été publiés.

J'ai commencé « Matelas de pierre » dans l'Arctique canadien au cours d'une croisière avec Adventure Canada, visant à distraire mes compagnons aventuriers. Graeme Gibson y a apporté une contribution substantielle, car il semblait avoir en tête un plan détaillé de la façon dont une personne pourrait en assassiner une autre pendant un tel voyage, sans se faire prendre. Comme les passagers tenaient tous à savoir comment l'histoire finirait (les nombreux Bob à bord étaient particulièrement intéressés), je l'ai terminée. Elle a été publiée dans le *New Yorker* (19 et 26 décembre 2011), ce pour quoi je remercie son éditrice, Deborah Triesman.

« *Lusus naturae* » a été écrit pour Michael Chabon, qui composait un recueil d'histoires étranges : *McSweeney's Enchanted Chamber of Astonishing Stories*[1].

« Je rêve de Zenia aux dents rouges et brillantes » a été écrit pour le *Walrus* (numéro d'été, 2012). Des écrivains étaient mis au défi de revisiter un personnage d'une de leurs œuvres de fiction, et j'ai choisi Zenia et ses amies – ou dupes – Ros, Charis et Tony, qui figuraient dans *La Voleuse d'hommes*.

Ma reconnaissance, comme toujours, va à mes éditeurs : Ellen Seligman de McClelland & Stewart, Random House (Canada) ; Nan Talese de Doubleday, Random House (États-Unis) ; et Alexandra Pringle de Bloomsbury (Grande-Bretagne). Et à Heather Sangster, relectrice chez Strongfinish.ca.

Merci aussi à mes premiers lecteurs : Jess Atwood Gibson, Phoebe Larmore, mon agent pour l'Amérique du Nord, et mes agents pour la Grande-Bretagne, Vivienne Schuster et Karolina Sutton de Curtis Brown.

Également à Betsy Robbins et Sophie Baker de Curtis Brown, qui gèrent les droits pour l'étranger. Merci encore à Ron Bernstein de ICM. Et aussi à Louise Dennys de Vintage, LuAnn Walther d'Anchor, Lennie Goodings de Virago, et à mes nombreux agents et édi-

1. Ouvrage paru en français sous le titre : *McSweeney's : Méga-anthologie d'histoires effroyables*, Folio, 2011.

teurs à travers le monde. Aussi à Alison Rich, Ashley Dunn et Madeleine Feeny, ainsi qu'à Judy Jacobs.

Je remercie ma collaboratrice, Suzanna Porter. Également Sarah Webster et Laura Stenberg, Penny Kavanaugh, VJ Bauer, Joel Rubinovich et Sheldon Shoib. Merci à Michael Bradley, Sarah Cooper, Coleen Quinn et Xiaolan Zhao. Sans oublier l'université d'Est-Anglie – en particulier Andrew Cowan et le Writers' Centre de Norwich – où j'ai passé une partie d'un semestre en tant que professeure invitée dans le cadre du réseau des villes créatives de l'Unesco, et où deux de ces contes ont pu être terminés.

Enfin, mes remerciements tout particuliers à Graeme Gibson, qui a toujours eu un esprit tortueux.

TABLE

Imprimé en France par CPI
en mars 2018

N° d'édition : 56733/01
N° d'impression : 145975